Isabella Ackerl
Geschichte Österreichs in Daten

W0229137

ISABELLA ACKERL

Geschichte Österreichs in Daten

Von 1806 bis heute

marixverlag

FSC
Mix
Produktgruppe aus vorbildlich
bewirtschafteten Wäldern und
anderen kontrollierten Herkünften

Zert.-Nr. SGS-COC-1940
www.fsc.org
© 1996 Forest Stewardship Council

Bibliografische Information der Deutschen Nationalbibliothek
Die Deutsche Nationalbibliothek verzeichnet diese Publikation
in der Deutschen Nationalbibliografie; detaillierte bibliografische Daten
sind im Internet über
http://dnb.d-nb.de abrufbar.

Covergestaltung: Nele Schütz Design, München nach der Gestaltung von
Thomas Jarzina, Köln
Bildnachweis: akg-images GmbH, Berlin
Lektorat: Verlagsagentur Michael Hlatky, A – Graz
Korrekturen: Christine Klinger, Usingen
Satz und Bearbeitung: C&H Typo-Grafik, Miesbach
Gesamtherstellung: GGP Media GmbH, Pößneck
Printed in Germany

ISBN: 978-3-86539-945-8

www.marixwissen.de
www.marixverlag.de

INHALT

KAISERTUM ÖSTERREICH

1804–1866

1804

11. August   Kaiser Franz II. (1768–1835) erlässt unter dem
Eindruck der Kaiserkrönung Napoleons I. (1769–1821) in
Frankreich ein Patent, mit dem er Titel und Würde eines erb-
lichen Kaisers von Österreich annimmt. Damit soll die Rang-
gleichheit Österreichs mit Frankreich hergestellt werden.

6. November   Österreich schließt mit Russland ein Verteidi-
gungsbündnis gegen Frankreich. Daraufhin tritt Erzherzog
Carl (1771–1847), Präsident des Hofkriegsrates, von seiner
Funktion zurück, da er die Ausrüstung der österreichischen
Armee für ungenügend erachtet.

1805

9. August   Österreich, gemeinsam mit Neapel, schließt sich
dem Petersburger Bündnis, das am 11. April zwischen Russland und Großbritannien abgeschlossen worden ist, an. Inzwischen ist auch Schweden dem Bündnis beigetreten. Damit entsteht die dritte Koalition gegen Napoleon I.

8. September   Österreichische Truppen überschreiten die Grenze nach Bayern, das sich mit Napoleon I. verbündet hat.

23. September   Frankreich erklärt Österreich den Krieg, damit
beginnt der 3. Koalitionskrieg.

17. Oktober   Die kaiserliche Armee unter dem Kommando von
Feldmarschall-Leutnant Karl Freiherr von Mack (1752–1828)
muss in Ulm kapitulieren und die Stadt an die Franzosen
übergeben. Mack wird später vor ein Kriegsgericht gestellt.

30. Oktober   Französische Soldaten besetzen die Festung Ho-
hensalzburg. Zum ersten Mal in der Geschichte nehmen damit fremde Soldaten diese Festung in Besitz.

14. November   Kaiser Napoleon I. trifft mit einem Truppen-
kontingent in Wien ein und besetzt die Stadt.

2. Dezember   Die österreichisch-russische Koalitionsarmee
unterliegt bei Austerlitz, in der Nähe von Brünn, der Armee
Napoleons I. Diese Schlacht wird »Dreikaiserschlacht« ge-

7

nannt, weil Kaiser Franz I., Kaiser Napoleon I. und Zar Alexander I. (1777–1825) von Russland daran teilnehmen.

4. Dezember   Kaiser Napoleon I. und Kaiser Franz I. treffen zu einem Gespräch in Nasiedlowitz in Südmähren zusammen. Zwei Tage später wird von den beiden Herrschern ein Waffenstillstand unterzeichnet.

10. Dezember   Kaiser Napoleon I. erhebt Bayern zum Königreich und verspricht außerdem noch österreichische Gebietsteile als Entschädigung für geleistete Waffenhilfe.

25. Dezember   Kaiser Franz I. ernennt Johann Philipp Reichsgraf Stadion (1763–1824) zum neuen Außenminister.

26. Dezember   Österreich muss mit Frankreich den Frieden von Pressburg schließen, der dem Land harte Bedingungen auferlegt. Österreich muss Venetien, Istrien und Dalmatien an das Königreich Italien abtreten, an Bayern Tirol, Brixen, Trient, Vorarlberg, sowie die Städte Eichstädt, Tettnang, Argen, Burgau und Lindau. Das neue Königreich Württemberg erhält die Städte Elchingen, Munderkingen, Riedlingen, Villingen und Bräunlingen, Mengen und Salgau, sowie die Grafschaften Hohenberg und Nellenburg. Baden wird mit dem Breisgau, Ortenau, Mainau und der Stadt Konstanz belohnt. Vorderösterreich ist damit unter die mit Napoleon I. verbündeten neuen Staaten aufgeteilt. Als geringen Ausgleich erhält Österreich Salzburg und Berchtesgaden. Großherzog Ferdinand III. (1769–1824), jüngerer Bruder von Kaiser Franz I. und seit drei Jahren Kurfürst von Salzburg, wird mit dem Kurfürstentum Würzburg entschädigt. Österreich muss 40 Millionen Franc Kriegsentschädigung zahlen.

1806

22. Januar   Kaiser Franz I. erlässt eine Proklamation, in der er zur Erneuerung des Landes aufruft.

6. Februar   Erzherzog Carl übernimmt wieder die Führung des Hofkriegsrates und leitet eine Heeresreform ein.

März   Clemens Wenzel Lothar Graf Metternich (seit 1813 Fürst, 1773–1859) wird zum österreichischen Gesandten in Paris ernannt.

6. August   Kaiser Franz I. legt die römisch-deutsche Kaiserwürde ab. Ausgelöst wurde dieser Schritt durch die Unterzeichnung der Rheinbundakte am 12. Juli, mit der sich

16 Mitglieder des Reiches dem unter französischem Protektorat stehenden Rheinbund anschließen. Ihren Austritt aus dem Reichsverband, der sich damit auflöst, geben sie zuvor bekannt. Außerdem steht die französische Drohung im Raum, die Inngrenze zu überschreiten, sollte Franz I. als Kaiser des römisch-deutschen Reiches nicht abdanken.

6. Oktober   Österreich hält sich aus dem französisch-preußischen Konflikt heraus.

1807

Februar   Der österreichische Außenminister Johann Philipp Graf Stadion versucht im Konflikt mit Preußen und Russland einerseits und Frankreich andererseits zu vermitteln.

15. Februar   Erzherzog Johann (1782–1859), jüngster Bruder von Kaiser Franz I. und mit der Aufstellung einer Volksmiliz nach französischem Vorbild beauftragt, veröffentlicht eine Denkschrift, in der er die Rolle Österreichs bei der Befreiung Deutschlands von französischer Besatzung thematisiert.

1808

18. Februar   Österreich muss sich der von Napoleon I. im November 1806 über England verhängten Kontinentalsperre anschließen.

9. Juni   Mit kaiserlichem Patent wird die Errichtung der Landwehr beschlossen. Damit wird die Grundlage zu einer allgemeinen Bewaffnung der Bevölkerung geschaffen. 1809 kommt diese Landwehr erstmals zum Einsatz.

Sommer   Gemeinsam mit dem Historiker Josef Hormayr zu Hortenburg (1781–1848) lanciert Erzherzog Johann in Österreich, aber auch in den Staaten des Rheinbundes eine vaterländische Propaganda.

27. Juli   Frankreich fordert Österreich auf, seine Streitkräfte abzurüsten.

Die bayerischen Besatzer in Tirol schaffen den Landesnamen Tirol ab, das Gebiet heißt nun bayerischer Innkreis. Geldentwertung und Beseitigung von traditionellen Landesfreiheiten sowie die Einmischung in Kirchenangelegenheiten führen zu Unzufriedenheit unter der Bevölkerung.

1809

Ende Januar   Erzherzog Johann bespricht in Wien mit dem Tiroler Schützenhauptmann Andreas Hofer (1767–1810) eine
Volkserhebung Tirols gegen die bayerischen Besatzer.

9. April   Nach einer Kriegserklärung an Frankreich rücken
österreichische Truppen in Bayern ein, gleichzeitig erheben
sich die Tiroler gegen die Bayern.

15. April   Die »Wiener Zeitung« veröffentlicht das aus der Fe-
der von Friedrich Gentz (1764–1832) stammende Kriegsma-
nifest an die Mächte Europas, es ist ein Aufruf zum Befrei-
ungskampf gegen die Herrschaft von Napoleon I.

12. Mai   Nach einer Beschießung durch Napoleons Truppen
muss Wien kapitulieren. Einen Tag darauf bezieht Kaiser
Napoleon I. in Schloss Schönbrunn Quartier.

21./22. Mai   In der Schlacht bei Aspern und Eßling zwingen die
österreichischen Truppen unter dem Kommando von Erzherzog Carl, Napoleon I. zum Rückzug. Es ist die erste Niederlage des als unbesiegbar geltenden Franzosenkaisers.

29. Mai   Im Überschwang dieses Erfolges richtet Kaiser Franz I.
aus Wolkersdorf ein Handbillett an die Tiroler, in dem er
feststellt, » … daß sie nie mehr von dem Körper des Oesterreichischen Kaiserstaates getrennt werden …«

5./6. Juli   Napoleon I. stellt sich mit einem Heer von fast
180.000 Mann den österreichischen Truppen bei Deutsch-
Wagram zu einer Entscheidungsschlacht: Da die bei Pressburg stehenden Einheiten Erzherzog Johanns nicht recht-
zeitig eintreffen können, gibt Erzherzog Carl die Schlacht in
den Nachmittagsstunden des 6. Juli als verloren auf.

11. Juli   Bei Znaim wird ein Waffenstillstand mit den Franzosen vereinbart.

19. Juli   Kaiser Franz I. muss den Waffenstillstand akzeptie-
ren.

4. August   Johannn Philipp Graf Stadion tritt als Außenminister zurück. Sein Nachfolger wird der bisherige Gesandte in
Paris Graf Metternich.

13. August   Andreas Hofer, der Kommandant der Tiroler
Volkserhebung, besiegt die Bayern am Berg Isel.

15. August   Andreas Hofer zieht als siegreicher Kommandant
der Truppen in Innsbruck ein, er übernimmt die Führung
der Landesregierung.

12. Oktober   In Wien scheitert ein Attentatsversuch eines deutschen Pastorensohnes auf Napoleon I. im Ehrenhof des
Schlosses Schönbrunn. Der Attentäter Friedrich Staps wird
hingerichtet.

14. Oktober   Mit dem Frieden von Schönbrunn wird der öster-
reichisch-französische Krieg beendet. Österreich muss die
rückeroberten Gebiete wieder abtreten: Bayern erhält Salzburg, Berchtesgaden, das Innviertel, Teile des Hausruckvier-
tels, Tirol und Vorarlberg; Italien erhält Görz, Monfalcone,
Triest, Krain, den Villacher Kreis und das Gebiet rechts der
Save; das Großherzogtum Warschau wird durch Westgali-
zien, Krakau und Zamocser Kreis erweitert; Russland
schließlich kann sich Ostgalizien einverleiben. Insgesamt
verliert Österreich 3,5 Millionen Einwohner und muss 85
Millionen Franc Kriegsentschädigung zahlen.

1. November   Die Bayern siegen in einer weiteren Schlacht am
Berg Isel über Andreas Hofer, der sich danach nach Südtirol
zurückzieht.

1810

28. Januar   Andreas Hofer und seine Familie werden auf der
Südtiroler Pfandleralm von französischen Truppen verhaftet.

Ende Januar   Außenminister Clemens Wenzel Lothar Metternich übernimmt auch das Amt des Staatskanzlers.

20. Februar   Der Tiroler Schützenhauptmann Andreas Hofer
wird im Festungsgraben von Mantua erschossen.

11. März   In der Wiener Augustinerkirche findet die Trauung
von Erzherzogin Maria Louise (1791–1847), einer Tochter
von Kaiser Franz I., »per procurationem« (= in Stellvertre-
tung) mit Kaiser Napoleon I. statt. Den Bräutigam vertritt bei
dieser Zeremonie Erzherzog Carl. Diese Ehe soll den Frieden
zwischen den beiden Kaiserreichen festigen.

10. September   Die bereits bestehenden Zensurvorschriften
werden verschärft, sogar Unterhaltungsschriften und All-
tagsliteratur werden streng kontrolliert.

30. September   Österreich übergibt, wie im Frieden von Schönbrunn vorgesehen, Salzburg an Bayern.

1811

Jahresanfang   Infolge der österreichischen Niederlagen gegen Napoleon I. herrscht in Österreich Inflation, der Banknotenumlauf erreicht die Milliardengrenze. Ein Kilogramm Rindfleisch kostet sechs Gulden, die Jahrespension einer Advokatenwitwe beträgt nur 90 Gulden.

20. Februar   Um den drohenden Staatsbankrott zu verhindern, wird das Papiergeld (»Banco-Zettel«) auf ein Fünftel seines Nennwertes abgewertet.

1. Juni   Das »Allgemeine Bürgerliche Gesetzbuch« (ABGB) wird verlautbart, es tritt mit 1. Januar 1812 in Kraft. Es beruht auf dem Codex Theresianus von 1766 und regelt in mehr als 1500 Paragraphen das gesamte Personen- und Sachrecht.

1812

14. März   Im Bündnis von Paris muss sich Österreich verpflichten, ein Hilfscorps in der Stärke von 30.000 Mann zu stellen, falls Frankreich an Russland den Krieg erklären sollte.

16. Mai   Bevor Napoleon I. zum Russlandfeldzug aufbricht, versammelt er zahlreiche europäische Souveräne, unter anderen auch seinen Schwiegervater Kaiser Franz I., in Dresden, wo er einen geradezu demütigenden Prunk entfaltet.

22. Juni   Ein österreichisches Hilfscorps unter dem Kommando von Karl Philipp Fürst zu Schwarzenberg (1771–1820) nimmt an Napoleons Russlandfeldzug teil.

1813

30. Januar   Zwischen Russland und Österreich wird ein Waffenstillstand vereinbart.

14. April   In der Auseinandersetzung zwischen Russland und Preußen einerseits und Frankreich andererseits übernimmt Österreich die Vermittlung, was schließlich im Juni 1813 zum Waffenstillstand von Pläswitz führt.

26. Juni   Es kommt zur berüchtigten Entrevue von Dresden zwischen Napoleon I. und dem österreichischen Staatskanzler Metternich. Napoleon ist nicht bereit, auf Metternichs Vermittlungsvorschläge für eine Friedensordnung einzugehen. Voraussetzung wäre die Rückgabe eroberter Gebiete.

27. Juni   Österreich verpflichtet sich im Vertrag von Reichenbach (Böhmen) zur Kriegserklärung an Frankreich, sollte

dieses nicht die Mindestforderungen von Russen und Preußen erfüllen.

10./11. August Metternich löst den Friedenskongress von Prag
auf und stellt Frankreich die österreichische Kriegserklärung
zu. Der französische Gesandte Louis Graf Narbonne-Lara erhält seinen Pass.

16.–19. Oktober In der so genannten »Völkerschlacht« bei
Leipzig besiegen die verbündeten Österreicher, Russen und
Preußen das napoleonische Heer. Das Kommando der Ver-
bündeten liegt in den Händen von Karl Philipp Fürst zu
Schwarzenberg, sein Generalstabschef ist Johann Josef Wen-
zel Graf Radetzky von Radetz (1766–1858).

Anfang November Staatskanzler Metternich legt einen Frie-
densvorschlag vor, der Frankreich auf seine natürlichen Grenzen, d. h. Alpen, Pyrenäen und Rheingrenze beschränkt.

20. Dezember Die österreichische Armee überschreitet bei Basel die Rheingrenze.

Ende Dezember Österreichische Truppen erobern Dalmatien
zurück.

1814

10. Januar In Basel treffen Metternich und Henry Robert Ste-
wart Viscount Castlereagh (1769–1822) zusammen, um eine
europäische Friedensordnung zu diskutieren. Großbritannien wünscht Frankreich in den Grenzen von 1791 zu be-
schränken.

11. Januar Österreich schließt mit Joachim Murat (1767–1815),
einem Schwager Napoleons und König von Neapel, einen
Vertrag, in dem sich Murat zum Kampf gegen Frankreich
verpflichtet.

1. März Österreich, Preußen, Russland und Großbritannien
schließen die Quadrupelallianz von Chaumont, sie verpflichten sich zu enger Zusammenarbeit zur »Wahrung des
Gleichgewichts« in Europa.

10. April Staatskanzler Metternich trifft in Paris ein.

11. April Im Vertrag von Fontainebleau erhält der inzwischen
abgesetzte Napoleon I. die Insel Elba als künftigen Aufent-
haltsort und Herrschaftsgebiet. Er darf den Kaisertitel behal-
ten. Kaiserin Maria Louise erhält das Fürstentum Parma.

30. Mai Der erste Pariser Friede wird geschlossen. Österreich verzichtet darin auf Belgien, das unter die Herrschaft des Hauses Oranien kommt. Dafür erhält es das lombardo-venetianische Königreich. Bayern muss Tirol, Salzburg und Vorarlberg an Österreich zurückgeben. Zur politischen Neuordnung Europas wird ein Kongress nach Wien einberufen.

Ab 15. September Die ersten Sitzungen des Wiener Kongresses finden im Palais Metternich (heute Bundeskanzleramt) in Wien statt.

20. September Die vier Souveräne von Preußen, Russland, Großbritannien und Österreich halten in einem Protokoll fest, dass territoriale Veränderungen in Europa ihnen vorbehalten bleiben.

13. Dezember In Wien stirbt Feldmarschall Charles Joseph Fürst de Ligne (*1735), von dem das Diktum »Le congrès ne marche pas, il danse« (Der Kongress macht keine Fortschritte, er tanzt.) stammt.

1815

3. Januar Österreich, Großbritannien und Frankreich schließen einen Geheimvertrag, um die preußisch-russischen Ansprüche abzuwehren.

5. März In Wien trifft die Nachricht ein, dass Napoleon I. die Insel Elba verlassen hat und sich auf dem Weg nach Paris befindet.

13. März Die auf dem Wiener Kongress versammelten Mächte geben eine Erklärung ab, dass Napoleon des »Schutzes der Gesetze und der bürgerlichen Ordnung« für verlustig befunden wird.

21. März Im zweiten Vertrag von Wien verpflichten sich die versammelten Mächte zum Krieg gegen Napoleon I.

April Unter dem Eindruck von Napoleons Erfolgen bricht Joachim Murat von Neapel das Bündnis mit Kaiser Franz I. und erklärt Österreich den Krieg.

2./3. Mai Die Truppen Murats werden bei Tolentino von österreichischen Truppen unter dem Kommando von Adam Graf Neipperg (1775–1829) vernichtend geschlagen, Murat flieht daraufhin nach Südfrankreich.

8. Juni Auf dem Wiener Kongress einigen sich die versammelten Delegierten auf die Gründung des Deutschen Bundes. Es

ist dies eine Lösung im Sinne der deutschen Territorialfürsten und gegen die bürgerlich-liberalen und patriotischen Bestrebungen.

9. Juni   Mit der Beschlussfassung und Annahme der so genannten Kongressakte geht der Wiener Kongress zu Ende. Etwa 200 Staaten bzw. deren Vertreter, haben am Wiener Kongress teilgenommen. Es wird eine weitgehende Neuordnung Europas beschlossen, wobei die Eckpunkte die russischen Ansprüche auf das Großherzogtum Warschau und die Forderungen Preußens auf Sachsen darstellen. Die so genannte deutsche Frage wird durch die Gründung des Deutschen Bundes gelöst. Generell stellt der Kongress die Verhältnisse her, wie sie vor 1792 herrschten. Österreich verzichtet auf die österreichischen Niederlande und Vorderösterreich; es erhält dafür Istrien, Dalmatien, Venetien einschließlich der Stadt Venedig, die Bucht von Cattaro, die Herzogtümer Mailand und Mantua, die Fürstentümer Brixen und Trient, die Grafschaften Tirol, Vorarlberg, Friaul, Triest, Krain, Oberkärnten, Kroatien, Fiume und das ungarische Küstenland. Krakau wird als freie Stadt unter den Schutz der drei Mächte der Heiligen Allianz gestellt.

18. Juni   Nach der Niederlage Napoleons gegen ein preußisch-britisches Heer bei Waterloo muss er ein zweites Mal abdanken.

10. Juli   Kaiser Franz I., Zar Alexander I. und König Friedrich Wilhelm III. von Preußen halten feierlich in Paris Einzug.

8. August   Die von österreichischen Truppen eingeschlossene Festung Gaeta kapituliert, damit ist das ganze Königreich Neapel in österreichischer Hand.

26. September   Österreich, Preußen und Russland schließen sich auf Anregung des Zaren zur »Heiligen Allianz« zusammen. Die drei Mächte sichern sich gegenseitige Hilfe gegen innere und äußere Feinde zu. Sie rufen die christlichen Staaten Europas zum Beitritt zu diesem Bündnis auf. Nur die Briten und der Papst lehnen ab, ebenso die Türkei; letztere aber aus religiösen Gründen. Prinzipiell richtet sich das Bündnis gegen alle liberalen Bestrebungen.

1816

März   Der Text der Vereinbarungen der Heiligen Allianz wird veröffentlicht.

14. April   Österreich und Bayern schließen einen Vertrag, durch den die im Frieden von Schönbrunn an Bayern abgetretenen Gebiete wieder an Österreich zurückkommen. Es sind dies Teile des Hausruck- und des Innviertels und das Herzogtum Salzburg. Der Rupertiwinkel und Berchtesgaden verbleiben bei Bayern.

1. Mai   In einem Festakt wird Salzburg wieder an Österreich übergeben.

1. Juni   Mittels kaiserlichem Patent wird die Gründung der Oesterreichischen Nationalbank verfügt. Sie beginnt einen Monat später mit der Ausgabe von Banknoten. Diese Maßnahme ist durch den Verfall der bisherigen Währung dringend nötig.

5. November   Unter dem Vorsitz des Österreichers Johann Rudolf Graf Buol-Schauenstein (1763–1834) wird in Frankfurt am Main der Deutsche Bundestag eröffnet.

1817

Durch die Bestellung von Josef Graf Sedlnitzky (1778–1853) zum Präsidenten der Obersten Polizei- und Zensurbehörde wird das in Österreich herrschende Spitzelsystem im Sinne Metternichs, der eine lückenlose Kontrolle über alle politischen Willensäußerungen haben will, perfektioniert.

23. Dezember   Ein Gesetz über die Anlage eines Grundkatasters wird erlassen. Die Aufgabe der Vermessung wird dem Militär übertragen. Erstmals werden alle Grundbesitzer ermittelt und die Grundstücke nach Ertragsklassen eingeteilt.

1818

2. Mai   Papst Pius VII. (1742–1823) erlässt die Bulle »Ex imposito«, die u. a. die Errichtung der Diözese Vorarlberg beinhaltet.

29. September   In Aachen beginnt ein Kongress der Heiligen Allianz, entsprechend den Vereinbarungen von 1815, die regelmäßige Konsultationen vorgesehen haben. Die Herrscher von Russland, Preußen und Österreich sind persönlich anwesend, jene von Großbritannien und Frankreich werden von Delegierten vertreten.

9. Oktober   Die in Aachen versammelten Mächte beschließen eine Konvention, mit der Frankreich als fünfte europäische Großmacht anerkannt wird. Bisher von deutschen Truppen besetzte französische Grenzfestungen werden daraufhin geräumt. Die französischen Kriegsschuldzahlungen werden von 700 Millionen Franc auf 265 Millionen herabgesetzt.

1819

29. Juli   Der österreichische Staatskanzler Fürst Metternich trifft in Teplitz im Erzgebirge den preußischen König Friedrich Wilhelm III., um mit ihm ein gemeinsames Vorgehen gegen die radikalen Burschenschaften zu erörtern. Am 1. August werden entsprechende Punktationen vereinbart, die als Grundsätze in die Politik des Deutschen Bundes einfließen sollen.

6. August   In Karlsbad beginnt eine von Fürst Metternich einberufene Ministerkonferenz, an der außer Preußen und Österreich noch acht weitere deutsche Staaten teilnehmen. Beschlossen werden eine strenge Überwachung der Universitäten, eine Vorzensur und strenge Strafen für zuwiderhandelnde Redakteure. Im Falle eines Aufruhrs in einem der deutschen Staaten steht dem Deutschen Bund die Bundesexekution, d. h. militärisches Eingreifen, zu.

20. September   Die in Karlsbad gefassten Entschlüsse werden am Deutschen Bundestag in Frankfurt einstimmig angenommen.

25. November   In Wien beginnt eine von Metternich einberufene Konferenz der deutschen Bundesstaaten. Ziel ist eine Verschärfung der Karlsbader Beschlüsse.

1820

15. Mai   Die Schlussakte der seit November 1819 in Wien tagenden Konferenz unterstreicht die Souveränität der deutschen Bundesfürsten. Sie stellt eine Ergänzung zur deutschen Bundesakte dar. Dieses Dokument wird am 8. Juni vom Deutschen Bundestag in Frankfurt angenommen.

Juli   König Ferdinand I. (1751–1825) von Neapel und Sizilien wird von einer Verschwörung zu Zugeständnissen hinsichtlich einer Verfassung gezwungen.

20. Oktober   In Troppau beginnt der von Metternich einberufene Fürstenkongress zu tagen. Metternich verlangt das Ein-

greifen der Mächte der Heiligen Allianz in jenen Ländern, die vom Umsturz bedroht sind. Es sind dies das Königreich beider Sizilien, aber auch Spanien und Portugal.

19. November   Österreich, Russland und Preußen unterzeichnen das Troppauer Protokoll, Großbritannien legt dagegen Protest ein.

1821

26. Januar   Als Fortsetzung des Troppauer Kongresses beginnt in Laibach ein Treffen der Mächte der Heiligen Allianz. Neben Kaiser Franz I. sind Zar Alexander I. und König Ferdinand I. von Neapel anwesend. Österreich soll in Neapel eine bewaffnete Intervention vornehmen, wogegen sich französische und italienische Vertreter aussprechen.

6. Februar   Unter dem Kommando von General Johann Maria Frimont Graf Palato (1759–1831) werden etwa 45.000 Mann österreichischer Truppen nach Neapel entsandt.

Mitte Februar   Im Königreich Savoyen-Piemont kommt es zu Unruhen, König Viktor Emanuel I. (1759–1824) muss zurücktreten.

7. März   Österreichische Truppen besiegen bei Rieti die Neapolitaner.

24. März   Österreichische Truppen besetzen Neapel, worauf sich einen Tag später die Festung Gaeta ergibt.

8. April   Österreichische Truppen unter dem Kommando von General Ferdinand Graf Bubna besiegen, gemeinsam mit piemontesischen Einheiten, in der Schlacht bei Novara die Aufständischen in Neapel.

10. April   Österreichische Truppen ziehen in Turin ein.

5. Mai   Der ehemalige Kaiser der Franzosen Napoleon Bonaparte stirbt in seinem Exilort auf der britischen Insel St. Helena an Magenkrebs.

15. Mai   Das Königreich beider Sizilien ist mit Hilfe Österreichs restauriert, König Ferdinand I. ist wieder Souverän.

25. Mai   Kaiser Franz I. ernennt Klemens Wenzel Lothar Fürst Metternich zum Haus-, Hof- und Staatskanzler, ein Titel, wie ihn davor nur Wenzel Anton Fürst Kaunitz-Rietberg (1711–1794), Minister Maria Theresias (1717–1780) und Kaiser Josephs II. (1741–1790), getragen hat.

September   Maria Louise, Herzogin von Parma und Witwe Napoleons, heiratet Adam Albert Graf Neipperg.

1822

20. Oktober   In Verona beginnt ein neuerlicher Fürstenkongress. Thema der Diskussionen sind die Wirren in Spanien
und Italien.

14. Dezember   Die Staaten der Heiligen Allianz sowie Sardinien-Piemont und Neapel, verurteilen den Aufstand der
Griechen gegen das Osmanische Reich. Frankreich wird er-
mächtigt, mittels einer bewaffneten Intervention die revolutionäre Bewegung in Spanien niederzuschlagen, was Frankreich im April des folgenden Jahres vollzieht. Der Vertreter
Großbritanniens spricht sich gegen diese Beschlüsse aus.

1823

Kaiser Franz I. stimmt einer Ehe seines Bruders, Erzherzog
Johann, mit der Ausseer Postmeisterstochter Anna Plochl
(1804–1866) zu. Eventuelle Nachkommen aus dieser Ehe
sind jedoch nicht Mitglieder des Erzhauses und damit auch
nicht erbberechtigt.

14. April   Die Donau-Dampfschifffahrtsaktiengesellschaft wird
gegründet. Ab Oktober verkehren immer wieder Dampf-
schiffe auf der Donau.

Mit dem Vatikan werden langwierige Verhandlungen abgeschlossen, die dem Erzbistum Salzburg wieder alle früheren
Privilegien zugestehen.

1824

8. Februar   Georg Ritter von Högelmüller (1770–1826) und
andere fordern die Öffentlichkeit auf, Vorschläge zu Erfindungen und Verbesserungen des Feuerlöschwesens und der
Feuerverhütung zu unterbreiten.

9. Mai   Auf Grund einer allerhöchsten Entschließung vom
17. April wird die Aufhebung der Kommerz-Hofkommis-
sion bekannt gegeben, ihre Geschäfte werden in Zukunft
von der Hofkammer geführt.

16. August   Im Deutschen Bundestag in Frankfurt wird einer
Verlängerung der Karlsbader Beschlüsse auf unbestimmte
Zeit zugestimmt.

19. Oktober   Die seit Jahren von Georg Högelmüller propagierte Brandversicherung erhält ein Privileg für 30 Jahre. Alle
2000 aufgelegten Aktien sind sofort vergriffen, damit ist ein
Fonds von zwei Millionen Gulden geschaffen.

4. November   In der Wiener Augustinerkirche heiratet Erzherzog Franz Karl (1802–1878) Prinzessin Sophie von Bayern (1805–1872).

1825

In Ungarn wird nach einer Pause von 13 Jahren wieder der
Reichstag einberufen.

Der ungarische liberale Magnat István Széchenyi (1791–1860)
spendet 60.000 Gulden für die Gründung der Ungarischen
Akademie der Wissenschaften. Dies bedeutet eine nationale Kampfansage gegen Österreich, vor allem im Kulturbe-
reich.

1826

9. Juni   In einer Instruktion für den österreichischen Gesandten in der Schweiz legt Metternich die Grundlagen seiner
Politik dar. Oberstes Ziel ist die Aufrechterhaltung der bestehenden Ordnung in Europa. Alle liberalen und revolutionären Bestrebungen müssen von allem Anfang an unterdrückt
werden, denn der revolutionäre Geist ist von Übel.

Oktober   Franz Anton Graf Kolowrat-Liebsteinsky (1778–1861),
ein Liberaler und erklärter Gegner Metternichs, wird zum
dirigierenden Staats- und Konferenzminister ernannt. Er übt
ab nun einen großen Einfluss auf die Innenpolitik aus.

1827

26. März   In Wien stirbt Ludwig van Beethoven (1770–1827).
Er wird von einer Trauergemeinde von tausenden Menschen
zu Grabe getragen. Seine Grabrede hält Franz Grillparzer
(1791–1872).

1828

Eine kaiserliche Entschließung gewährt in Graz die Errichtung der k. k. privilegierten wechselseitigen Brandschaden-
Versicherungs-Anstalt.

1829

13. März   Anlässlich einer konstituierenden Generalversammlung kommt es zur Neugründung der Donau-Dampfschifffahrts-Gesellschaft.

14. September   Durch den Abschluss des Friedens von Adrianopel zwischen dem Zarenreich und dem Osmanischen Reich ist die Position Russlands in Europa erheblich gestärkt worden. Das Osmanische Reich muss auf Griechenland verzichten, außerdem erhält Russland Handelsprivilegien auf dem Balkan. Darüber beunruhigt, fordert Metternich eine militärische Stärkung der Donaumonarchie.

 8. Dezember   Anton Freiherr von Baldacci (1762–1841) präsentiert Kaiser Franz I. statistische Tafeln mit dem Titel »Versuch einer Darstellung der österreichischen Monarchie in statistischen Tafeln«. Dies führt zur Gründung des Statistischen Zentralamtes.

1830

28. Februar   Ein Eisstoß auf der Donau führt zu verheerenden Überschwemmungen in den Wiener Vorstädten und Vororten. Umfangreiche Hilfsmaßnahmen sind nötig.

Sommer   In Österreich bricht die Cholera aus, die Epidemie erreicht im Herbst 1831 ihren Höhepunkt.

28. September   Erzherzog Ferdinand (1793–1875) wird in der St. Martinskirche von Pressburg zum König von Ungarn gekrönt.

10. Oktober   Kaiser Franz I. erlässt ein Dekret über die Schaffung der k. k. Grenzjägertruppe; sie ist Vorläufer der späteren Zollwache.

31. Oktober   Der Bundestag in Frankfurt beschließt unter dem Eindruck der französischen Julirevolution Maßregeln zur Herstellung und Erhaltung der Ruhe in Deutschland, die ebenso für Österreich gelten.

1831

 5. Februar   Ein von Rom ausgehender Aufstand breitet sich auch auf Modena und Parma aus, Marie Louise, Witwe Napoleons I., verlässt das Herzogtum und reist nach Österreich.

25. Februar   Österreichische Truppen unter dem Kommando von General Johann Graf Frimont besiegen die Aufständischen in Parma bei Firenzuola.

5. März   Ein weiterer Sieg der Österreicher bei Novi unterwirft wieder das Herzogtum Modena.

29. März   Nach einem Sieg bei Rimini besetzen österreichische Truppen das zum Kirchenstaat gehörende Ancona. Papst Gregor XVI. (1765–1846) hat Österreich um Hilfe gebeten.

10. Juli   In Wien wird wegen der noch drohenden Cholera eine »Local-Sanitäts-Commission« aufgestellt. Als Prophylaxe wird entlang des Wienflusses vom Linienwall bis zum Donaukanal mit dem Bau eines Sammelkanals begonnen, damit die Abwässer nicht unkontrolliert in den Wienfluss gelangen.

Sommer   General Johann Josef Wenzel Graf Radetzky von Radetz wird zum Oberkommandierenden der Truppen in Lombardo-Venetien ernannt.

1832

Als erster Schritt zur Magyarisierung des politischen Lebens werden die Landtagsberichte in ungarischer Sprache abgefasst.

Ende Mai   Als Reaktion auf das Hambacher Fest in der Pfalz, bei dem mehr als 30.000 Bürger mehr demokratische Freiheiten gefordert haben, wird die Presse- und Versammlungsfreiheit weiter eingeschränkt.

21. Juli   Kaiser Franz I. und seine Gemahlin eröffnen mit einer Fahrt von Urfahr nach St. Magdalena die Pferdeeisenbahn von Linz nach Budweis.

22. Juli   In Wien stirbt nur 21-jährig Napoleon Franz Joseph Karl, Herzog von Reichstadt (*1811), einziger Sohn aus der Ehe Marie Louises mit Kaiser Napoleon I., an Tuberkulose.

9. August   Im Helenental bei Baden wird auf Erzherzog Ferdinand ein Attentat verübt. Er bleibt unverletzt.

1833

22. März   Der Zusammenschluss des preußisch-hessischen und des bayrisch-württembergischen Zollvereines zum Deutschen Zollverein bedeutet den Ausschluss Österreichs aus der wirtschaftlichen Einigung Deutschlands.

30. Juni Einem Antrag Österreichs folgend, beschließt der Deutsche Bundestag eine Zentraluntersuchungskommission gegen die revolutionären Umtriebe in Deutschland.

August Bei der Konferenz von Münchengrätz in Böhmen beschließen Kaiser Franz I., Zar Nikolaus I. (1796–1855) und der preußische Kronprinz Friedrich Wilhelm (1795–1861) ein gemeinsames Vorgehen gegen die revolutionären Bewegungen und sichern sich gegenseitigen militärischen Beistand zu.

1834

Januar Geheime Zusammenkunft der Bevollmächtigten der Regierungen des Deutschen Bundes in Wien: Die Minister beraten über Maßnahmen gegen »revolutionäre Umtriebe«.

12. Juni Die Ministerkonferenz verabschiedet ein Schlussprotokoll, das die Wiener Schlussakte von 1820 bekräftigt. Die Beschlüsse werden nur teilweise veröffentlicht. Generell werden die Zensurbestimmungen verschärft. In Geheimartikeln werden Vorgehensweisen gegen einen eventuellen Steuerstreik beschlossen.

1835

2. März Kaiser Franz I. stirbt in Wien. Sein Nachfolger wird sein ältester Sohn Ferdinand, bereits zum König von Ungarn gekrönt, obwohl er keineswegs die Fähigkeiten für dieses Amt mitbringt.

Juni/Oktober Österreichische Truppen bleiben zweimal über bosnische Einheiten, die die österreichischen Grenzen überschritten haben, siegreich.

1. September In den Räumen der k. k. Winterreitschule wird die »Zentral-Gewerbe-Produkten-Ausstellung« eröffnet. Es ist die erste umfassende Leistungsschau des österreichischen Gewerbes und soll den großen Messen in Leipzig und Prag Konkurrenz machen. Kaiser Ferdinand I. fördert diese Schau nach Kräften.

9. Oktober Zar Nikolaus I. von Russland trifft in Wien ein. Er besucht die Kapuzinergruft und erweist Kaiser Franz I. damit die letzte Ehre.

12. Dezember Erstmals tritt die Geheime Staatskonferenz zusammen, sie soll Kaiser Ferdinand I. bei seiner Regierungstätigkeit unterstützen.

1836

9. April   Kaiser Ferdinand I. gestattet die Verwendung seines Namens für die von Salomon von Rothschild (1803–1874) projektierte Eisenbahnlinie zwischen Wien und Bochnia in Galizien. Diese Namensgebung führt zur raschen Zeichnung der Aktien.

17. September   Der 72-jährige General Radetzky wird zum Feldmarschall ernannt.

In Triest wird der »Österreichische Lloyd« gegründet. Er soll den Seeverkehr mit der Levante und dem Fernen Osten aufnehmen.

Der 1830 in Frankreich entthronte König Karl X. (1757–1836) findet Aufnahme in Kirchberg am Walde in Niederösterreich.

1837

12. Januar   Mit kaiserlicher Entschließung werden die Zillertaler Protestanten, die sich weigerten zum katholischen Glauben überzutreten, zur Auswanderung gezwungen. Sowohl Franz I. als auch Ferdinand I. haben ihr Ansuchen, eine Glaubensgemeinschaft bilden zu dürfen, abgelehnt. Etwa 400 Zillertaler verlassen, unter Mitnahme ihres Hab und Gut, das Land und wandern großteils nach Preußisch-Schlesien aus.

13. September   Erstmals fährt das Dampfschiff »Maria Anna« stromaufwärts von Wien nach Linz. Die Fahrt mit dem Raddampfer dauert etwas mehr als 55 Stunden.

19. November   Auf der »Kaiser-Ferdinands-Nord-Bahn« findet die Jungfernfahrt zwischen Floridsdorf und Deutsch Wagram statt.

1838

Die Eisenbahnbrücke über die Donau wird fertig gestellt, sodass die Nordbahn vom neu gebauten Wiener Nordbahnhof bis Deutsch Wagram verkehren kann.

6. September   Kaiser Ferdinand I. wird in Monza mit der Eisernen Krone der Lombardei gekrönt.

1839

20. Februar   In Kärnten wird erstmals ein Brief verschickt, auf dem eine Postmarke aufgeklebt ist.

19. April   Österreich ist neben Großbritannien, Frankreich, Russland und Preußen Mitunterzeichner des Londoner Protokolls, mit dem Belgiens Unabhängigkeit und dauernde Neutralität bestätigt wird.
Als wichtiger Meilenstein in der Entwicklung der österreichischen Kartographie wird das »Militärgeographische Institut« in Wien gegründet.

1840

Im ungarischen Reichstag wird der Beschluss gefasst, dass im Verkehr mit den Behörden ausschließlich die ungarische Sprache gelten soll. Erst 1844 anerkennt die Wiener Verwaltung diesen Beschluss.

15. Juli   Österreich schließt in London mit Großbritannien, Frankreich und Preußen den so genannten Quadrupelvertrag über die Befriedung der Levante. Die vier Staaten sichern dem Osmanischen Reich Unterstützung gegen den Vizekönig von Ägypten Mehmet Ali (1769–1841) zu.

1841

Frühjahr   Auf Grund des Londoner Übereinkommens besetzt eine britisch-österreichische Flotte Beirut. Im Zuge dieser Operation wird auch Alexandria beschossen.

20. Juni   Auf der Strecke Wien–Wiener Neustadt wird eine Bahnlinie eröffnet. Der ursprüngliche Plan, diese über Bruck an der Leitha bis Győr zu verlängern, wird fallengelassen.

13. Juli   In London wird von den Unterzeichnern der Quadrupelallianz der Dardanellen-Vertrag unterschrieben. Nichttürkischen Kriegsschiffen wird die Durchfahrt durch die Dardanellen und den Bosporus untersagt.

1842

In Österreich wird die Arbeit von Kindern unter zwölf Jahren verboten. Jugendliche unter 16 Jahren dürfen maximal zwölf Stunden täglich arbeiten. Die Normalarbeitszeit pro Woche beträgt etwa 97 Stunden.

1843

Im niederösterreichischen Landtag wird ein Antrag von Anton von Doblhoff-Dier (1800–1872) zur Abschaffung der Robot-, Urbarial- und Zehentleistungen der Bauern mit 47 : 33 Stimmen abgelehnt.

1844

24. Januar   Die niederösterreichischen Stände unterbreiten Kaiser Ferdinand I. eine Eingabe, in der neuerlich auf die Unproduktivität von Zehentleistungen hingewiesen wird. Robotleistungen sind eine der »… wesentlichsten Ursachen der sittlichen Entartung des Volkes«.

21. Oktober   Zwischen Mürzzuschlag und Graz wird eine Eisenbahnlinie eröffnet. Die Strecke über den Semmering muss noch mit Pferdewagen bewältigt werden.

1845

11. März   Die Wiener Schriftsteller richten eine Petition an Kaiser Ferdinand I., in der sie sich über die willkürlichen Zensurverfahren beschweren. Einer der wichtigsten Unterzeichner ist Franz Grillparzer. Sie weisen vor allem auf die wirtschaftlichen Nachteile der Zensur für die österreichischen Buchhändler hin.

3. Juni   In einer Petition fordern die niederösterreichischen Stände die Wiederherstellung ihrer verfassungsgemäßen Rechte.

Oktober   In zahlreichen Polizeiberichten wird die verheerende Situation der Arbeiterschaft vor allem in den Wiener Vororten thematisiert.

November   Seit Juni sind die Weizenpreise um 100 % gestiegen, die generelle Verteuerung der Lebensmittel bedroht viele Gewerbetreibende mit dem Bankrott. Dies führt zu Entlassungen in den Betrieben und in weiterer Folge zu Arbeiterunruhen.

1846

18. Februar   In Krakau kommt es zum Aufstand polnischer Nationalisten gegen die österreichischen Unterdrückungsmaßnahmen.

3. März   Österreichische Truppen besetzen Krakau und schlagen den Aufstand in Galizien nieder.

15. April   Nach Zustimmung durch Preußen und Russland wird die bisherige Freistadt Krakau Österreich einverleibt. Sowohl Großbritannien als auch Frankreich protestieren dagegen.

1847

Frühjahr   Die Wirtschaftskrise und Missernten des Vorjahres führen zu einer Hungersnot. Arbeitslose plündern in Wien die Lebensmittelgeschäfte.

14. Mai   In Wien kommt es zur Gründung der Akademie der Wissenschaften.

1. Juni   Es kommt zu einer drastischen Erhöhung der Lebensmittelpreise, da eine neuerliche Missernte droht.

10. Oktober   Wegen der Preiserhöhungen, einer merkbaren Lebensmittelknappheit und hoher Arbeitslosigkeit steigt die Unzufriedenheit der Massen; es werden Bäckerläden und die Häuser von Fabrikanten gestürmt.

17. Dezember   In Parma stirbt Erzherzogin Marie Louise, Witwe Kaiser Napoleons I.

1848

1./2. Januar   In den österreichischen Besitzungen Mailand, Padua und Brescia kommt es zu blutigen Aufständen. Ausgangspunkt war der Boykott österreichischer Tabakwaren durch die italienische Bevölkerung. Dieser »Zigarrenrummel« wurde durch das Militär brutal niedergeschlagen.

3. Januar   Die anhaltende Hungersnot führt dazu, dass an die Armen billige Suppen verteilt werden.

3. März   Vor dem ungarischen Reichstag hält der Abgeordnete Lajós Kossuth (1802–1894) eine flammende Rede gegen die »... Bleikammern des Wiener Regierungssystems ...«.

13. März   In Wien kommt es unter dem Eindruck anderer revolutionärer Bewegungen in Europa zu Unruhen. Staatskanzler Klemens Wenzel Lothar Fürst Metternich tritt zurück und flieht nach Großbritannien.

15. März   Kaiser Ferdinand I. verspricht den revoltierenden Massen eine Verfassung.

17./18. März   Auch in Venedig und Mailand erhebt sich die Bevölkerung gegen die österreichische Herrschaft.

21. März   Anstelle der Geheimen Staatskonferenz wird ein provisorisches Staatsministerium gebildet.

25. April   Die von Franz Freiherr von Pillersdorf (1786–1862) ausgearbeitete Verfassung, eine von oben dekretierte Konstitution, wird verkündet. Sie wird als zu wenig demokratisch abgelehnt.

11./13. Mai   Slowaken und Banater Serben erheben sich gegen den ungarischen Zentralismus. Am 15. Mai folgen die Rumänen.

15./16. Mai   Die so genannte Sturmpetition der Nationalgarden, Studenten und Arbeiter, fordert die Rücknahme der Pillersdorf'schen Verfassung.

17. Mai   Kaiser Ferdinand I. flieht mit Familie und Hofstaat nach Innsbruck.

18. Mai   An der Nationalversammlung in der Frankfurter Paulskirche nehmen auch 115 Abgeordnete aus Österreich teil. Die Arbeit der Abgeordneten geht nur sehr langsam voran, haben sie doch im Grunde keinerlei Befugnisse. Erzherzog Johann, Bruder von Kaiser Franz I., wird als »unverantwortlicher Reichsverweser« Haupt einer deutschen Reichsregierung.

26. Mai   Neuerlicher Aufstand in Wien, da Gerüchte über eine Auflösung der »Akademischen Legion« kursieren.

29. Mai   In Prag bildet sich eine provisorische böhmische Regierung unter dem Vorsitz von Leo Graf Thun-Hohenstein (1811–1888).

17. Juni   Die kaiserlichen Truppen unter dem Kommando von Feldmarschall Alfred Fürst zu Windischgraetz (1787–1862) schlagen den Prager Pfingstaufstand nieder.

28. Juni   In Wien wird der »Erste Allgemeine Arbeiterverein« gegründet.

2. Juli   Palatin Erzherzog Stephan Viktor (1817–1867) eröffnet in Budapest den neu gewählten ungarischen Reichstag.

3. Juli   Die erste Nummer der unabhängigen Zeitung »Die Presse« erscheint.

8. Juli   Freiherr von Pillersdorf wird zum Rücktritt genötigt, Anton Freiherr von Doblhoff-Dier wird mit der Bildung einer Regierung beauftragt.

22. Juli   Erzherzog Johann eröffnet in Wien den konstituierenden Reichstag in der Hofreitschule.

7. September   Kaiser Ferdinand I. bestätigt den Reichstagsbeschluss vom 31. August über die Aufhebung der bäuerlichen
Untertänigkeit.

12. September   Lajós Kossuth übernimmt das Amt des ungarischen Ministerpräsidenten.

21. September   Erzherzog Stephan Viktor legt die Würde eines
Palatins von Ungarn nieder.

28. September   Der Kommandant der kaiserlichen Truppen in Ungarn Feldmarschall Franz Philipp Graf Lamberg
(1781–1848) wird in Budapest ermordet.

29. September   Die kaisertreuen Truppen des Banus von Kroatien Josef von Jellačić (1801–1859) werden von den Ungarn
bei Velencze zurückgeschlagen.

6. Oktober   Neuerlich setzen in Wien revolutionäre Aufstände
ein. Prominentestes Opfer ist Kriegsminister Theodor Graf
Baillet von Latour (1780–1848), der vor dem Kriegsministe-
rium in Wien von der Menge gelyncht wird.

31. Oktober   Der Aufstand der Wiener wird von der kaiserlichen Armee unter dem Kommando von Feldmarschall Windischgraetz niedergeschlagen.

22. November   In Kremsier wird der österreichische Reichstag
eröffnet.

2. Dezember   Kaiser Ferdinand I. dankt zu Gunsten seines
Neffen Franz Joseph I. (1830–1916) ab.

5. Dezember   Ein kaiserliches Patent hebt die Befreiung des
Adels von der Militärpflicht auf.

12. Dezember   Die Ungarn verweigern Franz Joseph I. die
Anerkennung als König von Ungarn. Daraufhin rückt Feldmarschall Windischgraetz mit einer Armee in Ungarn ein,
er besetzt Pressburg, Györ und Sopron und marschiert auf
Budapest.

1849

15. Januar   In Wien konstituiert sich eine Handelskammer, erster Präsident wird der Seidenfabrikant Theodor von Horn-
bostel (1815–1888).

4. März   Kaiser Franz Joseph I. erlässt ein Gesetz über die
Grundentlastung. Damit werden alle auf Grund und Boden

liegenden Rechte und Lasten gegen eine Entschädigung aufgehoben, d.h. keine weiteren bäuerlichen Robotleistungen.

7. März Die von Alexander Freiherr von Bach (1813–1893) ausgearbeitete Verfassung wird mit kaiserlichem Edikt verkündet. Vorrangiges Ziel ist die Entmachtung des Kremsierer Reichstages und die Verhinderung seiner Beschlüsse. Der Reichstag wird mit militärischer Gewalt aufgelöst.

13. März Ein weiteres kaiserliches Patent gegen den Missbrauch der Presse wird erlassen. Presseerzeugnisse unterliegen weitgehenden Einschränkungen.

17. März Das von Innenminister Franz Graf Stadion (1806–1853) ausgearbeitete Gemeindegesetz wird erlassen. Es ist die Grundlage des österreichischen Gemeindewesens. Der erste Satz lautet: »Die Grundlage des freien Staates ist die freie Gemeinde.«

14. April Der in Debrecen tagende ungarische Reichstag erklärt das Haus Habsburg-Lothringen für abgesetzt und ruft die Republik aus.

12. Mai Angesichts der schwierigen militärischen Lage in Ungarn ruft Kaiser Franz Joseph I. russische Truppen zu Hilfe.

8. Juni Neben der Polizei, die für die Städte zuständig ist, wird als neuer Sicherheitsapparat die Gendarmerie für das Land geschaffen. Sie ist zunächst Bestandteil der Armee.

14. Juni In Österreich wird eine neue Gerichtsverfassung institutionalisiert. Sie trennt streng Justiz und Verwaltung, die gesamte Gerichtsbarkeit liegt nur mehr in den Händen des Staates. Die Richter sind unabhängig.

28. Juli Infolge von Krankheit von Innenminister Graf Stadion bildet Ministerpräsident Felix Fürst Schwarzenberg (1800–1852) die Regierung um. Das Heer wird wesentliche Stütze des Herrschers, es kommt aber auch zu weitgehenden Reformen, wie der Vereinheitlichung des Zollsystems, der Verwaltung und von Teilen des Steuersystems.

9. August General Julius Freiherr von Haynau (1786–1853) besiegt die Ungarn entscheidend bei Temesvár. Weitere ungarische Einheiten ergeben sich den Russen. Kossuth kann fliehen.

30. August Mit der Besetzung von Venedig durch Feldmarschall Graf Radetzky ist der italienische Aufstand niedergeschlagen. Zuvor hat Radetzky in mehreren erfolgreichen

Gefechten, vor allem in der Schlacht bei Novara, die Piemontesen besiegt. König Karl Albert (1798–1849) dankt zu Gunsten seines Sohnes Viktor Emanuel (1820–1878) ab.

1. September   Der Entwurf des Unterrichtsministers Leo Graf Thun-Hohenstein zur Organisation der Gymnasien und Realschulen erhält die kaiserliche Zustimmung.

3. Oktober   Mit der Kapitulation der Festung Komorn an der Donau endet der ungarische Aufstand.

6. Oktober   Die ungarischen Revolutionsführer werden vom »Arader Blutgericht« unter Anklage gestellt. 14 Anführer und weitere 114 Personen werden hingerichtet.

29. Oktober   Kaiser Franz Joseph I. dekretiert die Einführung einer Einkommensteuer. Sie entspricht der heutigen Vermögenssteuer.

30. Dezember   Ein kaiserliches Patent erlässt Landesverfassungen und Landtagswahlordnungen für die Länder Nieder- und Oberösterreich, Salzburg, Tirol, Vorarlberg, Steiermark, Kärnten, Krain, Böhmen, Mähren und Schlesien.

1850

1. März   Die kaiserliche Regierung stellt 650.000 Gulden für die in den Oktobertagen des Jahres 1848 »empfindlich« Geschädigten zur Verfügung.

26. April   Österreich beruft eine Plenartagung des »Deutschen Bundes« nach Frankfurt ein, da sich ein Richtungsstreit zwischen Österreich und Preußen über die künftige Struktur Deutschlands abzeichnet. Preußen will unter Ausschluss Österreichs die Führungsrolle in Deutschland übernehmen.

7. Juni   Kaiser Franz Joseph I. hebt die Zollgrenzen zwischen Ungarn und den übrigen Kronländern auf.

26. Juni   Die ungarische Verfassung vom März 1848 wird aufgehoben. Siebenbürgen, Kroatien, Slavonien und die Wojwodina werden eigene Kronländer; das übrige Ungarn wird in fünf Distrikte und 45 Komitate geteilt. General Haynau wird zum Generalgouverneur ernannt.

7. August   Mit der Schaffung des »Obersten Gerichts- und Cassationshofes« wird die Neuordnung des Justizwesens abgeschlossen.

29. September   Für den Wiener Gemeinderat beginnen Wahlen. Durch die Eingemeindung der Vororte bis zum Linienwall hat Wien nun mehr als 400.000 Einwohner.

29. November   Österreich und Preußen schließen die »Olmützer Punktationen«. Preußen stimmt einer Konferenz, die im Dezember in Dresden stattfinden soll, über die zukünftige Form des Deutschen Bundes zu.

23. Dezember   In Dresden wird die Ministerialkonferenz zur Regelung der deutschen Verhältnisse eröffnet.

1851

15. Januar   Zum ersten Mal tagt in Wien ein Geschworenengericht.

2. März   Mit kaiserlicher Verordnung wird der Unterricht in den Realschulen und gewerblichen Fortbildungsschulen geregelt.

14. April   Als Ersatz für eine Volksvertretung genehmigt Kaiser Franz Joseph I. den Reichsrat als beratende Körperschaft.

29. April   Ministerpräsident Felix Fürst Schwarzenberg übernimmt die Funktion eines Zivil- und Militärgouverneurs von Siebenbürgen.

16. Mai   Die seit Dezember in Dresden tagende Ministerialkonferenz über die Regelung der deutschen Verhältnisse kommt zu einem Abschluss. Der Konflikt zwischen Österreich und Preußen wird vorläufig beigelegt. In einer geheimen Allianz, auf drei Jahre befristet, wird gegenseitig der jeweilige Besitzstand garantiert.

20. August   Eine kaiserliche Verordnung legt fest, dass die Minister ausschließlich dem Herrscher verantwortlich sind. Damit erfolgt ein weiterer Schritt zur absolutistischen Regierung.

12. September   Erzherzog Albrecht (1817–1895) wird zum Militär- und Zivilgouverneur von Ungarn ernannt.

18. Oktober   Österreich und Sardinien unterzeichnen einen Handels- und Schifffahrtsvertrag, der gegenseitige Garantien enthält.

1852

1. Januar   Das so genannte Sylvesterpatent, mit dem Kaiser Franz Joseph I. die absolute Monarchie wiederherstellt, wird

öffentlich kundgemacht. Damit wird die Verfassung vom März 1849 aufgehoben.

5. April   Nach dem plötzlichen Tod von Ministerpräsident Felix Fürst Schwarzenberg übernimmt Kaiser Franz Joseph I. selbst die Staatsführung, Alexander Freiherr von Bach wird Regierungschef.

25. April   Die Polizeibehörde wird aus dem Innenministerium ausgegliedert und eine »Oberste Polizeibehörde« geschaffen, der die Polizeidirektionen aller Kronländer unterstehen. Chef dieser Polizeibehörde wird Johann Kempen Freiherr von Fichtenstamm (1793–1863).

1.–11. Mai   Zar Nikolaus I. von Russland hält sich zu einem Besuch in Wien auf.

5. Juni–9. Juli   Kaiser Franz Joseph I. unternimmt eine große Reise durch Ungarn und Siebenbürgen.

20. November   Mit der Erlassung der »Jurisdiktionsnorm« wird die Zuständigkeit der Gerichte in bürgerlichen Rechtssachen geregelt.

1853

6. Februar   Eine Revolte in Mailand wird von den Truppen Feldmarschall Radetzkys niedergeschlagen.

18. Februar   Bei einem Mordanschlag eines ungarischen Attentäters wird Kaiser Franz Joseph I. anlässlich eines Spazierganges auf der Bastei leicht verletzt. Der Attentäter wird vom Adjutanten des Kaisers und einem zu Hilfe eilenden Wiener Fleischhauer überwältigt, er wird wenige Tage später hingerichtet.

19. Februar   Österreich und Preußen unterzeichnen einen Handelsvertrag für die Dauer von zwölf Jahren.

31. Juli   Von Wien aus richten die Gesandten Österreichs, Preußens, Frankreichs und Großbritanniens eine Note an das Osmanische Reich, in der dieses aufgefordert wird, der russischen Forderung nach Räumung der Donaufürstentümer stattzugeben.

24. September   Kaiser Franz Joseph I. berät mit Zar Nikolaus I. in Olmütz über die drohende Gefahr eines russisch-türkischen Krieges.

5. Dezember   In Wien treffen die europäischen Großmächte zu einer Konferenz über die Beilegung des russisch-türki-

schen Konflikts zusammen. Die unterbreiteten Vorschläge
werden von Russland abgelehnt.

1854

20. April   Österreich und Preußen verlängern den geheimen
Allianzvertrag vom Mai 1851 für die Dauer des Krimkrieges.

24. April   In der Wiener Augustinerkirche heiratet Kaiser Franz
Joseph I. Elisabeth in Bayern (1837–1898). Es ist die 17. ehe-
liche Verbindung der regierenden Habsburger mit Bayern.

28. April   Österreich und Preußen vereinbaren, gegen Russland
mit Waffengewalt vorzugehen, falls dieses die Donaufürstentümer besetzen sollte und auf dem Balkan einmarschiert.

17. Juli   Über den Semmering wird eine Eisenbahnstrecke er-
öffnet. Die von Karl Ritter von Ghega (1802–1860) geplante
Bahnlinie ist die erste Gebirgsbahn Europas. Sie verbindet
Wien mit Graz und führt weiter nach Süden.

 2. Dezember   Österreich tritt dem Bündnis der Westmächte
Frankreich und Großbritannien gegen Russland bei. Österreich stellt Soldaten bereit, greift aber nicht in die Kampf-
handlungen ein.

1855

15. Januar   Mit Erlass des neuen Militärstrafgesetzes wird das
Spießrutenlaufen abgeschafft.

 4. Juni   Die seit März in Wien laufenden Friedensverhandlungen im Krimkrieg scheitern an den russischen Bedingungen.

18. August   Zwischen Österreich und dem Vatikan wird ein
Konkordat geschlossen. Die Kirche erhält Rechte zurück,
die seinerzeit von Kaiser Joseph II. abgeschafft worden sind.
Die Kirche verwaltet wieder ihr Vermögen, sie behält den
Religionsunterricht an öffentlichen Schulen und die Jesuiten
dürfen wieder Schulen eröffnen.

31. Oktober   Mit kaiserlicher Ermächtigung wird die »privile-
gierte österreichische Creditanstalt« errichtet.

16. Dezember   Der österreichische Außenminister Karl Ferdinand Graf Buol-Schauenstein (1797–1865) übermittelt Russland die Forderungen, die die verbündeten Mächte, das sind
Österreich, Frankreich, Großbritannien, Sardinien-Piemont

und das Osmanische Reich, zur Beendigung des Krimkrieges stellen.

1856

10. Januar   Russland akzeptiert die von den verbündeten Mächten gestellten Bedingungen zur Beendigung des Krimkrieges.

30. März   Mit dem Frieden von Paris wird der Krimkrieg beendet: Russland muss die Donaumündung und einen Teil Bessarabiens an das Fürstentum Moldau abtreten. Das russische Protektorat für die Christen im Osmanischen Reich erlischt. Die Donauschifffahrt wird frei, das Schwarze Meer neutral.

17. April   Österreich räumt die von österreichischen Truppen besetzten Teile der Donaufürstentümer.

29. April   Österreich, Frankreich und Großbritannien ratifizieren den am 15. April abgeschlossenen Separatvertrag, der sie zu gemeinsamem Vorgehen im Falle einer Verletzung des Pariser Vertrages verpflichtet.

1857

24. Januar   Österreich schließt mit den Mitgliedsstaaten des Deutschen Zollvereins einen Münzvertrag.

30. April   Die Fregatte »Novara« startet von Triest zu einer Weltumseglung.

19. September   Mit kaiserlichem Patent wird das Münzwesen neu geregelt. Anstelle der seit 100 Jahren gültigen Conventionsmünze wird die österreichische Guldenwährung eingeführt.

20. Dezember   Mit kaiserlichem Erlass wird die Schleifung der Wiener Stadtmauern angeordnet. Dies ist zur Erweiterung der Stadt dringend nötig.

1858

5. Januar   In Mailand stirbt im Alter von 91 Jahren Feldmarschall Johann Josef Wenzel Graf Radetzky von Radetz. Sein Leichnam wird nach Wien überführt und schließlich in der Gruft am Heldenberg, einem vom Militärlieferanten Josef Pargfrieder (1782–1863) errichteten Pantheon für ausgewählte Militärpersonen, beigesetzt.

29. März   In Wien wird mit der Abtragung der alten Fortifikationen begonnen.

 1. Mai   In Wien wird der so genannte Donaukai, das erste anstelle der Festungsmauern trassierte Straßenstück, dem Verkehr übergeben.

26. September   Die seit April 1857 im Bau befindliche Kaiserin-Elisabeth-Westbahn wird im Streckenabschnitt Wien–Linz eröffnet.

1859

10. Januar   Österreich verhängt das Kriegsrecht über die Lombardei. Es ist dies die Antwort auf die Erklärung von König Viktor Emanuel II. von Sardinien-Piemont, er könne dem »Schmerzenschrei Italiens« gegenüber nicht gleichgültig sein.

23. April   Österreich verlangt ultimativ von Sardinien-Piemont die Auflösung des Freikorps Garibaldi, was zwei Tage später abgelehnt wird.

26. April   Kaiser Napoleon III. (1808–1873) von Frankreich erklärt, dass ein Übergang österreichischer Truppen über den Ticino einer Kriegserklärung gleichkäme.

11. Mai   In Graz stirbt Erzherzog Johann von Habsburg-Lothringen, der jüngste Bruder von Kaiser Franz I. und großer Förderer und Freund des Kronlandes Steiermark.

20. Mai   Es kommt zu ersten Gefechten im Krieg zwischen Österreich und Sardinien-Piemont.

11. Juni   In Wien stirbt Klemens Wenzel Lothar Fürst Metternich, österreichischer Staatskanzler und Organisator des Wiener Kongresses von 1815. Er war nach der Revolution von 1848 nach Großbritannien geflohen, aber bald wieder nach Österreich zurückgekehrt.

24. Juni   Österreich unterliegt in der Schlacht bei Solferino den verbündeten französischen und sardinischen Truppen.

 8. Juli   Österreich schließt in Villafranca einen Waffenstillstand.

11. Juli   Kaiser Franz Joseph I. nimmt das französische Friedensangebot an.

10. August   Die Fregatte »Novara« kehrt von ihrer Weltumseglung nach Triest zurück.

21. August   Innenminister Alexander Freiherr von Bach und Polizeipräsident Johann Kempen von Fichtenstamm werden als Zeichen für die Lockerung des kaiserlichen Absolutismus entlassen.

10. November   Mit dem Frieden von Zürich wird der Krieg in Oberitalien beendet. Österreich muss die Lombardei an Frankreich abtreten, das diese an Sardinien übergibt.

1860

1. Januar   Die Salzburger Landesregierung wird aufgelöst und das Kronland Salzburg der Statthalterei Linz unterstellt.

5. März   Mit kaiserlichem Patent wird die Erweiterung des Reichsrates um 38 Mitglieder verfügt. Den Vorsitz führt Erzherzog Rainer (1827–1913), Enkel Kaiser Leopold II. (1747–1792) und ein populärer Liberaler. Seine Ernennung leitet eine Verfassungsreform ein.

18.–22. März   Die Einwohner der Herzogtümer Toskana, Parma und Modena sprechen sich für eine Vereinigung mit dem Königreich Sardinien-Piemont aus.

19. April   Kaiser Franz Joseph I. enthebt Erzherzog Albrecht des Amtes als Generalgouverneur in Ungarn. Dieses Amt übernimmt Feldzeugmeister Ludwig August Ritter von Benedek (1804–1881). Gleichzeitig wird die ungarische Komitatsverfassung, wie sie vor 1848 gegolten hat, wieder hergestellt.

22. April   Finanzminister Karl Ludwig Freiherr von Bruck (1798–1860), der infolge der durch den Krieg in Italien ausgelösten Finanzkrise unter Druck geraten ist, wird vom Kaiser ungnädig entlassen, worauf er Selbstmord begeht.

26. Juli   Kaiser Franz Joseph I. trifft in Teplitz den preußischen Prinzregenten Wilhelm (1797–1888); bei dieser Gelegenheit gibt dieser eine Garantie für Österreichisch-Venetien ab.

20. Oktober   Da die Beratungen im Reichsrat über eine neue Verfassung gescheitert sind, erlässt Kaiser Franz Joseph I. das Oktoberdiplom als »beständig unwiderrufliches Staatsgrundgesetz«. Es garantiert die Autonomie der Kronländer, welche Landtage erhalten. Letztlich scheitert das Oktoberdiplom am Widerstand der Ungarn, die auf der Beibehaltung ihrer traditionellen Verfassung bestehen und am Widerstand der Deutschen, die ein Übergewicht des slawischen Elements befürchten.

1861

26. Februar   Mit dem so genannten Februarpatent wird eine zentralistische Verfassung erlassen. Außerdem werden für alle Kronländer, mit Ausnahme von Ungarn und Venetien, Landesverfassungen erlassen. Das Februarpatent ist von Anton Ritter von Schmerling (1805–1893) ausgearbeitet worden. Anstelle des Reichsrates wird als beratendes Gremium der Staatsrat geschaffen.

8. April   Mit dem »Protestantenpatent« wird den Protestanten »prinzipielle Gleichheit vor dem Gesetz und hinsichtlich der Beziehung ihrer Kirchen zum Staat« zugesichert.

5. Mai   In Wien wird der neue Reichsrat eröffnet, allerdings weigern sich die Landtage von Ungarn, Kroatien, Istrien und Venetien Delegierte zu entsenden, sodass nur ein »engerer« Reichsrat zustande kommt.

1862

2. Februar   Gemeinsam mit Bayern, Württemberg, Sachsen, Hannover, Hessen-Darmstadt und Nassau protestiert Österreich in einer Note an Preußen bezüglich Plänen zur Schaffung eines deutschen Bundesstaates unter preußischer Führung.

20. Juli   Der österreichische Antrag auf Eintritt in den deutschen Zollverein wird von Preußen abgelehnt.

17. Dezember   Ein Handelsgesetzbuch für Österreich wird erlassen.

1863

30. März   Österreich und Preußen legen gegen die Vereinigung des Herzogtums Schleswig mit Dänemark Protest ein.

14. April   Erzherzog Maximilian (1832–1867), jüngerer Bruder von Kaiser Franz Joseph I., reist mit seiner Gattin Charlotte (1840–1927) von Triest aus nach Mexiko, wo er die ihm von Adeligen des Landes angetragene Kaiserwürde annehmen will.

Juni   Die zweite Sitzungsperiode des Reichsrates ist durch Abstinenz der Ungarn und Südslawen sowie durch vorzeitigen Rückzug der Tschechen gekennzeichnet. Damit ist der Reichsrat arbeitsunfähig.

17. August–1. September Der Versuch, auf dem Frankfurter Fürstentag eine Reform des Deutschen Bundes zu erreichen, scheitert. Der preußische Ministerpräsident Otto von Bismarck (1815–1898) lehnt für Preußen eine Teilnahme ab.

1. Oktober Auf Antrag Preußens beschließt der Deutsche Bundestag in Frankfurt eine Bundesexekution gegen Dänemark wegen der Annexion des Herzogtums Schleswig.

1864

18. Januar Da der dänische Reichstagsbeschluss über die Vereinigung von Schleswig mit Dänemark Rechtskraft erlangt hat, beginnt der deutsch-dänische Krieg.

22. August Als Folge der Schlacht von Solferino von 1859 wird in Genf auf Initiative von Henri Dunant (1828–1910) die Konvention »zum Schutz der Verwundeten und Kranken im Kriege« unterzeichnet. Damit wurde das »Rote Kreuz« geschaffen.

30. Oktober Mit dem Frieden von Wien wird der deutsch-dänische Krieg beendet. Nach einigen erfolgreichen Gefechten der Österreicher und der Preußen, sowie nach einem unentschiedenen Seegefecht einer österreichischen Flotte bei Helgoland unter dem Kommando von Linienschiffskapitän Wilhelm von Tegetthoff (1827–1871), ist im Mai ein Waffenstillstand vereinbart worden. Dänemark tritt die Herzogtümer Schleswig, Holstein und Lauenburg an Österreich und Preußen ab, die gemeinsam die drei Herzogtümer verwalten wollen.

1865

16. Februar Österreich und Großbritannien unterzeichnen ein Freihandelsabkommen.

1. Mai In Wien wird die anstelle der alten Befestigungsmauern errichtete Ringstraße durch Kaiser Franz Joseph I. feierlich eröffnet.

Juni Anlässlich eines Besuches von Kaiser Franz Joseph I. in Budapest verzichtet der Kaiser auf das Februarpatent und ernennt den Konservativen Georg Graf Mailath (1818–1883) zum ungarischen Hofkanzler. Damit leitet Franz Joseph I. die Versöhnung mit Ungarn ein.

27. Juli   Nach dem Rücktritt von Anton von Schmerling als Staatsminister wird das so genannte Drei-Grafen-Ministerium gebildet, in dem österreichische Föderalisten gemeinsam mit ungarischen Konservativen in der Regierung sitzen.

14. August   Mit der »Gasteiner Konvention«, die von Otto von Bismarck für Preußen und für Österreich vom österreichischen Gesandten in Bayern Gustav Graf Blome (1829–1906) verhandelt worden ist, legen die beiden Staaten die Differenzen um die gemeinsame Verwaltung von Schleswig-Holstein bei. Es kommt zu einer Teilung, Holstein geht in österreichischen Besitz über, Schleswig wird preußisch. Das Herzogtum Lauenburg wird an Preußen abgetreten, Österreich erhält eine Abschlagszahlung von 2,5 Millionen dänischen Talern.

1866

28. Februar   Im preußischen Ministerrat wird Krieg gegen Österreich beschlossen. Ziel ist es, die Frage der Vorherrschaft in Deutschland ein für alle Mal zu klären. Tatsächlich hatte Österreich wenig konkrete Macht in Deutschland, dafür umso mehr symbolischen Vorrang durch die Tatsache, dass die Habsburger durch Jahrhunderte den deutschen Kaiser stellten. Zum Kriegsanlass wird die Holstein'sche Frage.

8. April   Preußen schließt ein Schutz- und Trutzbündnis mit Italien.

27. April   Kaiser Franz Joseph I. ordnet die Mobilmachung der Nordarmee, die unter dem Kommando von Feldzeugmeister Ludwig Ritter von Benedek steht, an.

7. Juni   Preußische Truppen rücken in Holstein ein.

12. Juni   Frankreich erklärt sich für die Abtretung Venetiens durch Österreich im österreichisch-preußischen Konflikt für neutral.

14. Juni   Österreich beantragt beim deutschen Bundestag in Frankfurt die Mobilmachung gegen Preußen. Daraufhin erklärt der preußische Gesandte den Deutschen Bund für aufgelöst.

16. Juni   Preußen rückt in Hannover, Sachsen und Hessen-Kassel, jenen Staaten, die sich an der Bundesmobilmachung gegen Preußen beteiligt haben, ein.

20. Juni   Italien erklärt seinerseits den Krieg an Österreich.

24. Juni   Die österreichische Südarmee unter dem Kommando von Erzherzog Albrecht besiegt die Italiener bei Custozza.

3. Juli   Die für Österreich verlorene Schlacht bei Königgrätz in Böhmen führt die Kriegsentscheidung herbei. Ausschlaggebend für diese Entscheidung ist die unglückliche Taktik von Feldzeugmeister Benedek, noch mehr aber die rüstungstechnische Überlegenheit der Preußen, die bereits Zündnadelgewehre besitzen.

8. Juli   Die Preußen besetzen Prag.

13. Juli   Preußische Truppen erreichen die Thaya im Norden Niederösterreichs.

20. Juli   In der Seeschlacht bei Lissa besiegen die Österreicher unter dem Kommando von Admiral Tegetthoff die Italiener.

26. Juli   Österreich und Preußen einigen sich in Nikolsburg auf einen Präliminarfrieden.

23. August   Im Frieden von Prag wird der deutsche »Bruderkrieg« beendet. Österreich muss das Ende des Deutschen Bundes anerkennen. Es tritt seine Rechte in Holstein an Preußen ab und muss eine Kriegsentschädigung in der Höhe von 20 Millionen Talern zahlen.

24. August   in Wien und Niederösterreich bricht eine Choleraepidemie aus, die bis in den späten November anhält. Etwa 13.000 Menschen fallen der Seuche zum Opfer.

August   In Wien tagt ein Slawenkongress, bei dem für die slawischen Völker Föderalismus gefordert wird.

3. Oktober   Im Frieden von Wien wird die Auseinandersetzung zwischen Österreich und Italien beendet. Italien erhält trotz seiner Niederlage Venetien.

ÖSTERREICHISCH-UNGARISCHE MONARCHIE

1867–1918

1867

7. Februar   Die Deutschnationalen verweigern die Teilnahme an den Reichsratswahlen. Daraufhin muss Ministerpräsident Richard Graf Belcredi (1823–1902) zurücktreten. Seine Nachfolge tritt der bisherige Außenminister Friedrich Ferdinand Freiherr von Beust (1890–1886) an.

18. Februar   Die von den Vertretern der Ungarn Ferenc Deák (1803–1876) und Gyula Graf Andrássy dem Älteren in Wien geführten Verhandlungen über einen Ausgleich führen endlich zu einem Ergebnis: Der ungarische Reichstag wird wieder hergestellt, eine eigene ungarische Regierung gebildet. Die Monarchie zerfällt in zwei Reichshälften, nämlich Österreich und Ungarn, die selbstständige Staatsgebilde sind und nur durch die Person des Herrschers und die gemeinsamen Angelegenheiten, das sind Außenpolitik, Militärwesen und Finanzen, verbunden sind. Durch den Ausgleich mit Ungarn wird ein duales Staatengebilde geschaffen, das aber keine Lösung für das Nationalitätenproblem bietet, da die Ansprüche der slawischen Völker ausgeklammert bleiben. Die Bevölkerungsanteile liegen bei 47% Slawen, 24% Deutschen und 20% Ungarn.

15. März   In Budapest leistet die ungarische Regierung den Treueeid auf Kaiser Franz Joseph I.

22. Mai   Der cisleithanische Reichsrat wird eröffnet. Eduard Graf Taaffe (1833–1895) wird mit der Bildung einer Regierung beauftragt.

8. Juni   Kaiser Franz Joseph I. und seine Gemahlin Elisabeth werden in Budapest zum König bzw. zur Königin von Ungarn gekrönt.

19. Juni   Im mexikanischen Querétaro wird Erzherzog Maximilian, der erfolglose Kaiser von Mexiko, nach der Niederlage gegen die Truppen des rechtmäßig gewählten Präsidenten Benito Juárez (1806–1872) zum Tode verurteilt und standrechtlich erschossen.

18.–23. August   Kaiser Napoleon III. kommt zu einem Kondo-
lenzbesuch für Kaiser Maximilian nach Österreich, in Salzburg trifft er Kaiser Franz Joseph I.

7. November   Das Delegationsgesetz regelt die gemeinsamen
Angelegenheiten zwischen Österreich und Ungarn. Ein aus
60 Mitgliedern bestehender Parlamentsauschuss, der ab-
wechselnd in Wien und Budapest tagt, regelt jährlich die
anstehenden Fragen. Die gemeinsamen Ausgaben werden
quotenmäßig aufgeteilt (Österreich 70%, ein Anteil, der bis
1907 auf 63,4% sinken soll, Ungarn 30% mit ebenso steigen-
der Tendenz).

21. Dezember   Kaiser Franz Joseph I. erteilt dem vom Reichs-
rat beschlossenen »Staatsgrundgesetz über die allgemeinen
Rechte der Staatsbürger für die im Reichsrat vertretenen
Königreiche und Länder« seine Zustimmung. Dieses Gesetz
regelt die Staatsbürgerrechte, die Gleichheit vor dem Gesetz,
die Freizügigkeit, die Unverletzlichkeit des Eigentums, die
Freiheit der Person und des Hausrechts, das Briefgeheimnis
und das Petitionsrecht, die Versammlungsfreiheit und freie
Meinungsäußerung, Glaubensfreiheit, das Recht auf freie
Religionsausübung für die staatlich anerkannten Kirchen,
die Freiheit der Wissenschaft und die Gleichberechtigung
der Nationalitäten.

24. Dezember   Kaiser Franz Joseph I. ernennt das »Reichsmi-
nisterium für gemeinsame Angelegenheiten«; Ministerpräsident und Außenminister wird Friedrich Ferdinand Freiherr
von Beust.

1868

Die erste parlamentarische Regierung für Cisleithanien
wird ernannt; Regierungschef des deutschliberalen Kabinetts ist Ministerpräsident Carlos Wilhelm Fürst Auersperg
(1814–1890). Dem Kabinett gehören u. a. noch Eduard Graf
Taaffe (Landesverteidigung), Leopold Hasner Ritter von
Arta (1818–1891; Kultus und Unterricht) und Ignaz Edler
von Plener (1810–1908; Handel) an.

12. April   In Wr. Neustadt findet der erste »Allgemeine Arbeitertag« statt. Die Delegierten entscheiden sich für die von
Ferdinand Lassalle (1825–1864) propagierte Richtung einer
deutschnationalen Sozialdemokratie.

10. Mai   In Wien verabschiedet der V. Arbeitertag ein »Manifest an das arbeitende Volk in Österreich«. Hauptforderungen sind ein allgemeines Wahlrecht und die Klärung der Nationalitätenfrage.

25. Mai   Kaiser Franz Joseph I. stimmt drei vom Reichsrat beschlossenen Kirchengesetzen zu, die das Konkordat von 1855 etwas einschränken.

26. September   Wegen Differenzen mit der slawischen Opposition tritt Ministerpräsident Auersperg zurück. Erfolgreich ist sein Kabinett durch den Beschluss des Reichsvolksschulgesetzes gewesen, mit dem die allgemeine Schulpflicht eingeführt worden ist.

10. Oktober   Da seit Wochen gegen die Wiener Politik protestiert wird und es bei einer Massenversammlung von 20.000 Menschen in Prag zu Ausschreitungen gekommen ist, wird über Böhmen der Ausnahmezustand verhängt.

14. November   Ein kaiserliches Handschreiben legt für den neu geformten Staat die Bezeichnung »österreichisch-ungarische Monarchie« fest. Gemeinsame Behörden der beiden Länder werden als »k. u. k.« (kaiserlich und königlich) bezeichnet, die österreichischen Behörden als »k. k.« (kaiserlich-königlich) und die ungarischen als »kgl.« oder »kgl. u.« (königlich ungarisch).

5. Dezember   Für die gesamte österreichisch-ungarische Monarchie wird ein neues Wehrgesetz erlassen. Die Wehrpflicht wird mit zwölf Dienstjahren festgelegt, jährlich werden in Österreich etwa 55.000 Mann, in Ungarn 40.000 Mann, ausgehoben. Die Kriegsstärke der k. u. k. Armee wird mit 800.000 Mann beziffert.

1869

11. April   Die erste Nummer der sozialdemokratischen Zeitschrift »Volksstimme« erscheint.

9. Mai   Auf Initiative des Tirolers Franz Senn (1831–1884) wird in München der Deutsche Alpenverein gegründet. Der im Ötztal geborene Alpinist und Priester ist einer der bekanntesten Bergführer seiner Zeit.

10. Mai   Österreich-Ungarn, Frankreich und Italien arbeiten gemeinsam einen Bündnisvertrag gegen Preußen aus.

21. Oktober   In Österreich wird die »Correspondenzkarte« eingeführt. Dies geht auf eine Anregung des Nationalökonomen Emanuel Herrmann (1839–1902) am 26. Januar 1869 in der Zeitung »Neue Freie Presse« zurück.

17. November   Kaiser Franz Joseph I. nimmt an der feierlichen Eröffnung des Suezkanals, die von der französischen Kaiserin Eugénie (1826–1920) vorgenommen wird, teil. Erste Planungen für den Bau des Suezkanals gehen auf den Österreicher Alois Negrelli von Moldelbe (1799–1860) zurück.

8. Dezember   Bei der Eröffnung des I. Vatikanischen Konzils in Rom bilden die Erzbischöfe von Wien, Prag und Kroatien eine starke Opposition.

13. Dezember   Auf dem Paradeplatz in Wien demonstrieren 20.000 Arbeiter für das Koalitionsrecht.

1870

1. Februar   Leopold Hasner Freiherr von Arta übernimmt die Regierung, scheitert aber bereits im April an der slawischen Frage. Die slawischen Abgeordneten boykottieren den Reichsrat.

7. April   Im Reichsrat wird ein Gesetz angenommen, das Streik und Aussperrung erlaubt.

12. April   Ein Beamtenkabinett unter Alfred Graf Potocki (1817–1889) übernimmt die Regierung, doch bereits im Mai werden Reichsrat und Landtage aufgelöst und Neuwahlen ausgeschrieben.

14. Mai   In Wien wird mit den Arbeiten an der Donauregulierung begonnen.

19. Mai   Der »Grazer Verein der Deutschnationalen« veröffentlicht in der »Tagespost« ein Aktionsprogramm für die Deutschen, das diese auffordert, in ihrem Sprachgebiet eine radikal-deutsche Politik zu verfolgen.

23. Juni   Mit der Fertigstellung des Teilstückes zwischen Wien und Eggenberg ist die Kaiser-Franz-Josephs-Bahn von Wien nach Pilsen fertig.

18. Juli   Der Kronrat beschließt, dass Österreich-Ungarn in der bevorstehenden französisch-preußischen Auseinandersetzung neutral bleiben wird.

1871

27. Februar   Karl Sigmund Graf Hohenwart (1824–1899) wird neuer Ministerpräsident der cisleithanischen Reichshälfte.

April   Das Kabinett wird um einen Minister für Galizien erweitert. Es ist dies Kasimir Ritter von Grocholski (1815–1888).

5. Mai   Ministerpräsident Hohenwart legt dem Reichsrat einen Autonomieentwurf für Galizien vor, einen für Böhmen kündigt er an.

23. Juli   In Österreich werden neue Maßeinheiten eingeführt: Es gilt nur mehr das Metermaß und das Kilogramm.

August   Kaiser Franz Joseph I. trifft in Gastein Kaiser Wilhelm I. zu politischen Gesprächen. Man einigt sich auf ein »vorläufiges Einverständnis«.

12. September   Kaiser Franz Joseph I. stimmt einer Autonomie für Böhmen zu.

26. Oktober   Ministerpräsident Hohenwart tritt zurück, nachdem Kaiser Franz Joseph I. am 21. Oktober die böhmische Autonomie abgelehnt hat.

6. November   Der ungarische Ministerpräsident Gyula Graf Andrássy wird gemeinsamer Außenminister.

25. November   Zum neuen Regierungschef in Cisleithanien wird der Deutschliberale Adolf Carl Daniel Fürst Auersperg (1821–1885) ernannt.

1872

13. Juni   Unter dem Kommando von Julius Ritter von Payer (1842–1915) und Karl Weyprecht (1838–1881) verlässt der Dreimastschoner »Admiral Tegetthoff« Bremerhaven. Das Schiff unternimmt eine österreichische Nordpolexpedition; vier Jahre später erscheint ein genauer Bericht über dieses Forschungsunternehmen.

5. September   Kaiser Franz Joseph I. reist zu einem Besuch nach Berlin, wo er mit Kaiser Wilhelm I. und Zar Alexander II. (1818–1881) zusammentrifft.

1873

15. Februar   Im Reichsrat wird ein Gesetz über die Wahlreform beschlossen. In Zukunft werden die Abgeordneten direkt gewählt, allerdings sind nur jene wahlberechtigt, die jährlich

zehn Gulden Steuer bezahlen. Das sind nur 6% der Bevölkerung.

1. Mai Im Wiener Prater wird die 5. Weltausstellung eröffnet. Für die Ausstellung wird ein besonderes Gebäude, die Rotunde, mit einer Höhe von 84 Metern errichtet. Während der Dauer der Ausstellung bis zum November besuchen tausende Menschen das Areal, illustre Gäste kommen aus der ganzen Welt, u. a. Schah Nasr-ed-din (1829–1896) von Persien. Trotzdem ist die Ausstellung finanziell kein Erfolg.

9. Mai In Wien kommt es zu einem großen Krach an der Börse. Ausgelöst wurde der rapide Kurssturz durch Spekulationen infolge der überhitzten Konjunkturlage.

6. Juni Österreich-Ungarn und Russland schließen die so genannte »Schönbrunner Konvention«. Aufbauend auf den Berliner Gesprächen vereinbaren die Vertragspartner die gegenseitige Verpflichtung zu gemeinsamem Vorgehen im Falle von kriegerischen Auseinandersetzungen in Europa. Mit dieser Vereinbarung wird der Versuch unternommen, die seinerzeit in der Heiligen Allianz beschworene Solidarität zu wahren.

30. August Die österreichische Nordpolexpedition entdeckt eine unbekannte Inselgruppe, die sie Kaiser Franz-Josephs-Land nennt.

1874

5./6. April In Neudörfl, nahe Wr. Neustadt, gründen 74 Delegierte der österreichischen Arbeiter- und Arbeiterbildungsvereine die Sozialdemokratische Partei Österreichs und verabschieden ein Parteiprogramm. Es unterscheidet sich nur geringfügig vom so genannten »Eisenacher Programm« des Deutschen Sozialdemokratischen Arbeiterkongresses aus dem Jahr 1869.

Mai Vier neue Kirchengesetze regeln die Rechtsverhältnisse der katholischen Kirche, das staatliche Aufsichtsrecht über die Klöster, die Beiträge aus den Pfründenvermögen und die Anerkennung der Religionsgemeinschaften.

1875

20. Mai Österreich, vertreten durch Botschafter Graf Apponyi, unterzeichnet in Paris ein internationales Abkommen von 17 Staaten zur Einführung des metrischen Systems.

30. Mai   Das regulierte Flussbett der Donau wird für den Schiffsverkehr freigegeben. Der Regulierungsabschnitt der Donau bei Wien reicht von Nußdorf bis Albern; damit ist für viele Teile Wiens die Überschwemmungsgefahr gebannt.

29. Juni   In Prag stirbt im Alter von 82 Jahren Ferdinand I. von Habsburg-Lothringen, Onkel von Kaiser Franz Joseph I., der 1848 zu Gunsten seines Neffen abgedankt hat.

22. Oktober   Die Errichtung eines Verwaltungsgerichtshofes wird gesetzlich geregelt.

1876

31. Januar   Österreich-Ungarn unterbreitet dem Osmanischen Reich Vorschläge zur Beseitigung der Missstände auf dem Balkan. Trotz der türkischen Beteuerungen, sofort tätig zu werden, halten die Unruhen in Bosnien und Herzegovina an.

10.–13. Mai   Der österreichisch-ungarische Außenminister Gyula Graf Andrássy, der deutsche Reichskanzler Otto Fürst Bismarck und der russische Kanzler Alexander Fürst Gortschakow (1798–1883) beraten in Berlin die »orientalische Frage«. Das Osmanische Reich wird aufgefordert, binnen zwei Monaten Reformen auf dem Balkan durchzuführen.

8. Juli   Kaiser Franz Joseph I. trifft in Schloss Reichstadt in Nordböhmen mit Zar Alexander II. von Russland zusammen. Der österreichische Monarch sichert dem Zaren österreichische Neutralität für den Fall eines russisch-türkischen Krieges zu. Russland seinerseits wäre bereit, einer österreichischen Besetzung von Bosnien und Herzegovina zuzustimmen.

1877

15. Januar   Österreich-Ungarn und Russland schließen den Geheimvertrag von Budapest, in dem die Ergebnisse des Gesprächs der beiden Monarchen vom Juli des Vorjahres festgeschrieben werden. Öffentlich bekannt wird dieser Vertrag erst zehn Jahre später.

30. April–3. Mai   In Wien findet der erste gesamtösterreichische Katholikentag statt. Hauptthema für die mehr als 2 000 Delegierten ist das eher antikirchliche Schulsystem des Staates. Dieser Katholikentag leitet eine neue Aufbruchswelle der katholischen Kirche in Österreich ein.

1. Juli   Beim »Atzgersdorfer Parteikongress« der Sozialdemokratischen Arbeiterpartei Österreichs wird das Parteiprogramm von Neudörfl bestätigt, eine Einigung der gesamten
Arbeiterbewegung kommt nicht zustande.

1878

13. Juni   In Berlin beginnt ein internationaler Kongress zur Be-
reinigung der »orientalischen Frage«. Die unter dem Vorsitz
des deutschen Reichskanzlers Otto von Bismarck stehende
Konferenz will vor allem die im Vorfrieden von San Stefano
vom März 1878 dem Osmanischen Reich auferlegten harten
Friedensbedingungen mildern.

13. Juli   Mit der Unterzeichnung des Schlussdokuments durch
Österreich-Ungarn, Frankreich, Großbritannien, Russland,
Italien, Deutsches Reich und Osmanisches Reich geht der
Berliner Kongress zu Ende. Russland verzichtet auf die Bildung von Großbulgarien, es erhält Bessarabien und Arme-
nien. Rumänien, Serbien und Montenegro werden selbst-
ständig. Ostrumelien, zwischen Balkan und Ägäis gelegen,
wird eine autonome osmanische Provinz. Großbritannien
erhält Zypern als Militärstützpunkt. Österreich wird das
Besatzungsrecht in Bosnien und Herzegovina sowie in der
Region Novipazar zugesprochen. Keine der Großmächte hat
daher ein Übergewicht auf dem Balkan.

13. Juli   Österreich-Ungarn und das Osmanische Reich schließen eine geheime Konvention über die Besetzung Bosniens
und der Herzegovina, die völkerrechtlich als Okkupation zu
betrachten ist. Damit bleibt die Souveränität des Sultans ge-
wahrt.

29. Juli   Österreichische Truppen unter dem Kommando von
Feldzeugmeister Josef Freiherr von Philippović (1819–1889)
besetzen Bosnien und die Herzegovina, wobei sie in zahlreiche Gefechte verwickelt werden.

1879

15. Februar   Der deutschliberale Ministerpräsident Adolf Fürst
Auersperg tritt wegen der Balkanpolitik Österreich-Ungarns
zurück. Sein Nachfolger wird der bisherige Unterrichtsminister Karl von Stremayer (1823–1904).

21. April   Österreich-Ungarn und das Osmanische Reich schließen eine Vereinbarung über die Verwaltung Bosniens und der Herzegovina durch Österreich.

27. April   Anlässlich der Silbernen Hochzeit des Kaiserpaares findet in Wien ein prunkvoller »Festzug der Stadt Wien« statt. Die künstlerische Gestaltung des Festzuges liegt in den Händen des prominenten Malers Hans Makart (1840–1884). 14.000 Teilnehmer ziehen in historischen Kostümen über die Wiener Ringstraße.

Juni/Juli   Bei den Wahlen zum Reichsrat verlieren die Deutschliberalen auf Grund ihrer antislawischen und antikirchlichen Politik die Mehrheit.

11. Juli   Das interimistische Ministerium Stremayr tritt zurück. Damit ist die deutschliberale Ära in Österreich zu Ende.

12. August   Eduard Graf Taaffe wird als neuer Ministerpräsident vereidigt. Er steht dem so genannten »Versöhnungsministerium« vor, dem kurzfristig alle Parteien, d. h. auch die Deutschliberalen, angehören. Taaffe kann auch die Tschechen, die dem Reichsrat mehr als zehn Jahre ferngeblieben sind, zur Zusammenarbeit gewinnen. Eine langfristige Lösung der Nationalitätenfrage gelingt auch ihm nicht.

7. Oktober   Österreich-Ungarn und das Deutsche Reich schließen den Zweibund. Dieser Vertrag enthält eine gegenseitige militärische Beistandspflicht im Falle eines russischen Angriffs.

8. Oktober   Gyula Graf Andrássy, gemeinsamer Außenminister seit 1871, tritt zurück. Sein Nachfolger wird Heinrich Freiherr von Haymerle (1828–1881).

1880

14. März   Unter der Patronanz des Kaiserpaares wird die Österreichische Gesellschaft vom Roten Kreuz gegründet.

19. April   Für Böhmen und Mähren wird eine Sprachenverordnung erlassen, die die Behörden verpflichtet, Eingaben in der Landessprache anzunehmen und auch zu erledigen. Die Prager Universität wird in zwei Sprachbereiche geteilt. Dies führt zu Protesten der Deutschen.

2. Juli   Der radikal-deutschnationale Leseverein gründet den österreichischen Schulverein, dessen Aufgabe die Errichtung

und Erhaltung deutscher Schulen in gemischtsprachigen Regionen der Monarchie sein soll.

1881

Kaiser Franz Joseph I. genehmigt die Pläne für den Umbau der Hofburg.

10. Mai   Kronprinz Rudolf (1858–1889) heiratet in Wien Prinzessin Stephanie von Belgien (1864–1945).

3. Juni   Fünf Jahre nach Erfindung des Telefons durch Graham Bell (1847–1922), erhält die »Wiener Telegraphen-Gesellschaft« eine Konzession zur Installierung eines Telefonnetzes in Wien.

18. Juni   Österreich-Ungarn, Russland und das Deutsche Reich schließen ein Bündnis, den so genannten Drei-Kaiser-Vertrag. Darin verpflichten sich Kaiser Franz Joseph I., Kaiser Wilhelm I. und Zar Alexander III. (1845–1894) zur wohlwollenden Neutralität im Falle des Konfliktes eines Partners mit einer anderen Macht.

28. Juni   Kaiser Franz Joseph I. und Fürst Milan (1854–1901) von Serbien unterzeichnen einen Geheimvertrag, der Serbien zu einer pro-österreichischen Politik verpflichtet.

15. Oktober   In Berlin wird der Allgemeine Deutsche Schulverein gegründet, in dem der Österreichische Schulverein aufgeht.

November   Die Deutschliberalen schließen sich zur »Vereinigten Linken« zusammen.

8. Dezember   Ein Brand im Wiener Ringtheater fordert 386 Menschenleben. Als Folge dieser Katastrophe werden in allen Wiener Theatern so genannte Eiserne Vorhänge eingeführt und für den Theaterbetrieb strenge Brandschutzvorschriften erlassen. Unter dem Eindruck der schlechten Erstversorgung der Verletzten gründen Hans Graf Wilczek (1837–1922), Eduard Graf Lamezan-Salins (1835–1903) und Jaromir Mundy (1822–1894) die »Wiener freiwillige Rettungsgesellschaft«.

1882

20. April   Für die slowenischen Gebiete der Steiermark wird eine Sprachenverordnung erlassen.

20. Mai   Österreich-Ungarn, Italien und das Deutsche Reich unterzeichnen ein Bündnis, das nur in Kraft tritt, wenn einer

der Vertragspartner von zwei oder mehr Staaten angegriffen wird. Dies ist eine Erweiterung des Zweibundes von 1879.

2. Juni   Georg Ritter von Schönerer (1842–1921) gründet den »Deutschnationalen Verein«.

1. September   Der Deutschnationale Verein veröffentlicht das so genannte »Linzer Programm«, das von Victor Adler (1852–1918), Engelbert Pernerstofer (1850–1918) und Heinrich Friedjung (1851–1920) erarbeitet worden ist.

20. Oktober   Für Österreichisch-Schlesien wird eine Sprachenverordnung erlassen.

1883

12. Januar   Der aus Kurhessen stammende Georg Coch (1842–1890) gründet in Wien das Postsparkassenamt. Es ist das erste Postamt der Welt, das den Postscheckverkehr einführt.

17. Juni   Das Statut über die Einrichtung von Gewerbeinspektoraten wird erlassen. Diese sollen die Durchführung der zum Schutz der Arbeiter erlassenen Gesetze, wie etwa maximale Arbeitszeit, Sonntagsruhe oder Jugendbeschäftigung, gewährleisten.

30. Oktober   Österreich-Ungarn schließt mit Rumänien ein geheimes Defensivbündnis gegen Russland, dem sich das Deutsche Reich anschließt.

4. Dezember   Im von Theophil Hansen (1813–1891) bewusst im Stil der griechischen Antike errichteten Reichsratsgebäude an der Wiener Ringstraße findet die erste Sitzung statt.

1884

30. Januar   Wegen Häufung anarchistischer Attentate – zwei Wochen zuvor ist ein Kriminalbeamter und ein Wechselstubenbesitzer getötet worden – wird über Wien-Floridsdorf, Korneuburg und Wr. Neustadt der Ausnahmezustand verhängt.

27. März   In Skierniewice in Russland wird das Dreikaiserbündnis von 1881 für weitere drei Jahre verlängert.

20. September   In Anwesenheit von Kaiser Franz Joseph I. wird die Arlbergbahn zwischen Innsbruck und Bregenz dem Verkehr übergeben.

1885

März   Kaiser Franz Joseph I. lehnt die von König Milan von Serbien vorgeschlagene Einverleibung Serbiens in die k. u. k. Monarchie ab.

11. März   Das erste Gesetz zum Schutz der Fabrikarbeiter wird erlassen. Es legt die Maximalarbeitszeit auf elf Stunden fest und verbietet Nachtarbeit für Frauen und Jugendliche.

28. November   Österreich-Ungarn fordert im serbisch-bulgarischen Konflikt wegen der Besetzung Ostrumeliens durch Bulgarien die sofortige Waffenruhe; andernfalls würde Österreich-Ungarn militärisch eingreifen.

1886

9. Mai   Auf Anregung der Abgeordneten Engelbert Pernerstofer, Ferdinand Kronawetter (1838–1913) und Karl Außerer (1844–1920) findet in Wien eine gemeinsame Versammlung der gemäßigten und radikalen Sozialdemokraten statt. Man will sich um eine gemeinsame Linie bemühen.

11. Dezember   Die erste Nummer der von Victor Adler herausgegebenen sozialdemokratischen Wochenschrift »Gleichheit« erscheint.

Im k. u. k. Heer wird das Mannlicher Repetiergewehr, eine Entwicklung des Waffentechnikers Eduard Ritter von Mannlicher (1848–1904), eingeführt.

1887

9. Februar   Der Geheimvertrag zwischen Österreich-Ungarn und Serbien von 1881 wird bis 1895 verlängert.

20. Februar   Der Bündnisvertrag zwischen Österreich-Ungarn, Italien und dem Deutschen Reich von 1882 wird bis 1892 verlängert.

7. März   In Wien wird der »Christlichsoziale Verein« gegründet. Er wird von Ludwig Psenner (1834–1917) geführt. Etwa gleichzeitig entsteht die Partei »Vereinigte Christen«, an deren Spitze Karl Lueger (1814–1910) steht.

24. März   Österreich-Ungarn, Großbritannien und Italien schließen den Orientalischen Dreibund, er soll die Aufrechterhaltung des Status quo im Mittelmeerraum gewährleisten.

5. Mai   Spanien schließt sich hinsichtlich des westlichen Mittelmeeres dem Abkommen vom März an.

18. Juni   Das Deutsche Reich und Russland schließen einen geheimen Neutralitätsvertrag, da das Dreikaiserbündnis von 1873 wegen Spannungen zwischen Österreich-Ungarn und Russland nicht verlängert wurde.

1888

30. März   Das Gesetz über die obligate Arbeiterkrankenversicherung wird erlassen. Arbeiter erhalten im Falle einer Krankheit finanzielle Unterstützung, Beerdigungskosten werden erstattet.

5. Mai   Der deutschnationale Abgeordnete Georg Ritter von Schönerer verliert wegen einer Verurteilung sein Reichsratsmandat und sowohl das aktive als auch das passive Wahlrecht. Er hat tätlich gegen die verfrühte Meldung einer Zeitung vom Ableben Kaiser Wilhelms I. protestiert.

28. Oktober   In Wien findet die konstituierende Versammlung des Vereins für erweiterte Frauenbildung statt.

30. Dezember   Die Sozialdemokraten halten in Hainfeld in Niederösterreich einen Parteitag ab. Victor Adler und Engelbert Pernerstofer gelingt es, die Radikalen und Gemäßigten auf eine Linie zu bringen.

1889

30. Januar   Der österreichische Thronfolger Erzherzog Rudolf begeht im Jagdschloss Mayerling bei Wien Selbstmord. Seine Geliebte, Baronesse Mary Vetsera (1871–1889), nimmt er mit in den Tod.

4. April   Ein Gesetz über die obligate Arbeiterunfallversicherung wird erlassen.

11. April   Für Österreich-Ungarn wird ein neues Wehrgesetz erlassen. Die Wehrpflicht besteht ab dem 21. Lebensjahr und dauert zwölf Jahre, wobei drei aktiv und sieben Jahre in der Reserve, sowie zwei Jahre bei der Landwehr zu absolvieren sind.

26. Juni   Die sozialdemokratische Wochenschrift »Gleichheit« wird wegen ihrer Berichterstattung über den Streik der Tramwaykutscher verboten.

21. Juli   Die erste Nummer der sozialdemokratischen »Arbeiter-Zeitung« erscheint als Wochenblatt.

Alexander von Battenberg (1857–1893), bis 1886 Fürst von Bulgarien, lässt sich als Graf Hartenau in Graz nieder und tritt als Oberst in die k. u. k. Armee ein.
Die in Wien lebende Schriftstellerin Bertha von Suttner (1843–1914) veröffentlicht den Roman »Die Waffen nieder«, dessen erste Auflage nur 1000 Stück erreicht. Trotzdem wird das Werk die Initialzündung für das Erstarken der pazifistischen Bewegung in Österreich.

1890

1. Mai   Die österreichischen Sozialdemokraten feiern im Wiener Prater zum ersten Mal den Tag der Arbeit. Hauptforderung dieses Aufmarsches von 200.000 Menschen ist die Einführung des Acht-Stunden-Tages.
19. Dezember   Kaiser Franz Joseph I. genehmigt das Eingemeindungsgesetz für Wien. Damit werden die 43 außerhalb des Linienwalles gelegenen Vororte Wiens in das Wiener Gemeindegebiet eingegliedert.

1891

Jahresanfang   Angesichts der bevorstehenden Reichsratswahlen arbeitet der Moraltheologe der Universität Wien und konservative Politiker Franz Martin Schindler (1847–1922) das »Christlich-soziale Programm« aus.
März   Die Wahlen zum Reichsrat bringen einen erheblichen Gewinn für die liberalnationale Partei der Jungtschechen. Ministerpräsident Taaffe kann nur mit Unterstützung der »Vereinigten Linken« eine Regierung bilden.
6. Mai   Der Dreibundvertrag zwischen Österreich-Ungarn, Italien und dem Deutschen Reich wird zum zweiten Mal verlängert.
Herbst   Ab dem Wintersemester 1891/92 dürfen an der Wiener Universität erstmals Frauen an der philosophischen Fakultät inskribieren.

1892

11. August   In Österreich-Ungarn werden eine neue Münzeinheit, die Krone und die Goldwährung eingeführt. Beides wird ab dem 1. Januar 1900 ausschließliches Zahlungsmittel.

4. Dezember   Der »Christlichsoziale Arbeiterverein« wird von dem Sattlergehilfen Leopold Kunschak (1871–1853) gegründet.

Der Wiener Afrikaforscher Oskar Baumann (1864–1899) erreicht als erster Europäer den Kagara-Nil in Ruanda, der die tatsächliche Quelle des Nils darstellt, kartografisch erfasst wird diese erst 1898.

1893

28. Januar   Durch den Zusammenschluss verschiedener Frauengruppen konstituiert sich in Wien der allgemeine Österreichische Frauenverein.

17. Mai   Während einer Sitzung des Böhmischen Landtages in Prag kommt es zu tumultartigen Szenen. Die Abgeordneten der Jungtschechen protestieren gegen Adel und Deutschtum in Böhmen. Wegen andauernder Krawalle zwischen Tschechen und Deutschen werden Truppen aus anderen Kronländern nach Prag entsandt und der Ausnahmezustand verhängt.

10. Oktober   Ministerpräsident Graf Taaffe legt einen Wahlrechtsreformplan vor, mit dem er die traditionellen Parteien zerschlagen möchte. Sowohl Konservative als auch Vereinigte Linke protestieren gegen Beteiligung breiter Bevölkerungskreise, vor allem der Arbeiter, an Wahlen.

29. Oktober   Tumultartige Proteste im Reichsrat gegen die Wahlrechtsreform Taaffes führen zu seinem Rücktritt.

11. November   Alfred Fürst zu Windischgrätz (1851–1927) bildet eine neue Regierung aus Katholisch-Konservativen, Vereinigter Linke und Polen. Die Tschechen bleiben dem Kabinett fern.

24.–26. Dezember   In Wien tagt der 1. allgemeine Gewerkschaftskongress, er gründet eine »Reichsgewerkschaftskommission«.

1894

2. Januar   Die »Reichspost«, das neue Parteiorgan der Christlichsozialen Partei, erscheint erstmals.

25. Februar   Der plötzliche Tod des bisherigen Wiener Bürgermeisters Johann Prix (* 1836) führt zu einer drei Jahre lang dauernden Auseinandersetzung zwischen Kaiser Franz Jo-

seph I. und dem Gemeinderat über die Besetzung des Amtes.

1895

1. Januar   Die sozialdemokratische »Arbeiter-Zeitung« erscheint als Tageszeitung.

9. Februar   Der 1887 zwischen Österreich und Serbien geschlossene Geheimbund wird nicht mehr verlängert.

16. Mai   Agenor Graf Goluchowski (1849–1921) wird neuer k. u. k. Außenminister.

17. Mai   In Wien veranstalten die Christlichsozialen eine große Kundgebung im Musikvereinssaal, bei der sie ihr besonderes Treueverhältnis zu Papst und Bischof, zu Staat und Kaiser betonen.

19. Juni   Ministerpräsident Alfred Fürst zu Windischgrätz tritt zurück. Er scheitert an der Einrichtung einer slowenischen Schule in Cilli. An seine Stelle tritt interimistisch Erich Graf Kielmansegg (1847–1923).

7. Juli   Der aus Wien stammende Rudolf Slatin (1857–1932) kehrt nach elfjähriger Gefangenschaft in der Gewalt des Mahdi (1844–1885) aus dem Sudan nach Wien zurück. Ein Jahr später veröffentlicht er unter dem Titel »Feuer und Schwert im Sudan« einen Erlebnisbericht.

17.–26. September   Bei den Wahlen zum Wiener Gemeinderat gehen die Christlichsozialen als Sieger hervor. Sie wählen Karl Lueger zum Bürgermeister, dem Kaiser Franz Joseph I. allerdings die Bestätigung wegen dessen Eintreten für ein allgemeines und gleiches Wahlrecht aller Staatsbürger verweigert. Auch bei der Wiederwahl Luegers im November gibt der Kaiser keine Zustimmung.

2. Oktober   Kaiser Franz Joseph I. ernennt Kasimir Graf Badeni (1846–1919), bisher Statthalter von Galizien, zum neuen Ministerpräsidenten.

1896

5. Januar   In Wien findet der erste Christlichsoziale Arbeitertag statt. Er verabschiedet ein 19 Punkte umfassendes Arbeitsprogramm, das unter anderem unentgeltliche Bildung für alle, eine Reform des Erbrechtes oder das Verbot von Kinder- und Frauenarbeit in den Fabriken fordert.

27. April   In einem von Ministerpräsident Badeni vermittelten Gespräch des Kaisers mit dem vom Wiener Gemeinderat designierten Bürgermeister Karl Lueger, verzichtet dieser »dermalen« auf seine Wahl. An seiner Stelle übernimmt Josef Strobach (1852–1905) das Amt.

1. Mai   Anlässlich der Maifeiern der Wiener Arbeiterschaft kommt es im Wiener Prater zu blutigen Auseinandersetzungen.

19. Mai   In Wien stirbt Erzherzog Karl Ludwig (*1833), jüngerer Bruder Kaiser Franz Josephs I., der nach dem Tod von Kronprinz Rudolf der nächste in der Thronfolge gewesen ist. Sein Sohn Franz Ferdinand (1863–1914) wird nun offizieller Thronfolger.

22. Mai   In Wien wird das »Alpine Rettungscomité« gegründet. Diese später »Alpiner Rettungsausschuß« genannte Institution ist der Vorläufer der Bergrettung.

14. Juni   Kaiser Franz Joseph I. sanktioniert die Wahlrechtsreform des Kabinetts Badeni. Als 5. Kurie wird eine allgemeine Wählerklasse eingeführt, in der alle Staatsbürger ohne Rücksicht auf ihre Steuerleistung ab dem 24. Lebensjahr wahlberechtigt sind. Die Zahl der Abgeordneten wird von 355 auf 425 erhöht. Gerecht ist das Wahlsystem noch immer nicht, da in der 1. Kurie der Großgrundbesitzer 85 Abgeordnete mehr als 5000 Grundbesitzer vertreten, in der 5. Kurie 72 Abgeordnete 5,5 Millionen Wähler.

25. Oktober   Das Personaleinkommensteuergesetz wird erlassen. Die Steuerhöhe beträgt 5%. Neu an diesem Gesetz ist das Progressionsprinzip, d.h. höhere Einkommen müssen prozentuell mehr Steuern bezahlen.

1897

22. Januar   Ministerpräsident Graf Badeni löst den Reichsrat auf und schreibt Neuwahlen aus.

März   Bei den Reichsratswahlen erleiden die Deutschliberalen eine empfindliche Niederlage. Sie fallen von fast zwei Drittel der Mandate auf 47%. Gewinner sind die Christlichsozialen bzw. die Sozialdemokraten.

2. April   Erstmals wird eine Frau, Gabriele Possaner (1860–1940), an der Wiener Universität zur Doktorin der gesamten Heilkunde promoviert.

5. April   Ministerpräsident Graf Badeni erlässt eine Sprachenverordnung für Böhmen und Mähren. Es wird eine doppel-
sprachige Amtsführung auch in deutschsprachigen Gebieten
eingeführt.

8. April   Nach dem Rücktritt von Josef Strobach wird Karl
Lueger Wiener Bürgermeister; diesmal wird die Wahl vom
Kaiser bestätigt.

24. April   Kaiser Franz Joseph I. besucht Zar Nikolaus II.
(1868–1918) in Petersburg. Bei diesem Anlass wird münd-
lich ein Abkommen vereinbart, das den Status quo auf dem
Balkan erhalten soll. Eine entsprechende Note an die Balkanstaaten wird verfasst.

26. November   Die Sprachenverordnung von Ministerpräsident Kasimir Graf Badeni führt zu Unruhen in Böhmen und
Mähren und in Wien. Im Reichsrat kommt es zu tumultartigen Szenen. Bürgermeister Lueger erklärt, nicht mehr Ruhe
und Ordnung in der Stadt gewährleisten zu können.

28. November   Kaiser Franz Joseph I. muss das Kabinett Badeni entlassen.

30. November   Paul Freiherr Gautsch von Frankenthurn
(1851–1918) wird neuer Ministerpräsident.

1898

7. März   Die Regierung des Ministerpräsidenten Gautsch tritt
zurück. Sein Nachfolger wird Franz Anton Graf Thun-Hohenstein (1847–1916), der ein Kabinett aus Deutschkonser-
vativen, Tschechen und Polen bildet. Das starke Gewicht der
Katholisch-Konservativen in der Regierung führt zu einer
radikal antikatholischen Stimmung in den Städten. Die Los-
von-Rom-Bewegung der Deutschnationalen erhält Zulauf.

10. September   Kaiserin Elisabeth von Österreich wird in Genf
Opfer eines anarchistischen Attentäters.

1899

1. April   In Wien erscheint die erste Nummer der Zeitschrift
»Die Fackel«, herausgegeben von Karl Kraus (1874–1936).
Sie erreicht in kurzer Zeit eine Auflage von 30.000 Stück.

20. Mai   Die Deutschnationalen veröffentlichen ihr so genann-
tes Pfingstprogramm, einen radikalen Forderungskatalog.

24.–29. September   In Brünn findet der Gesamtparteitag der Sozialdemokraten statt.

2. Oktober   Ministerpräsident Thun-Hohenstein wird vom bisherigen Statthalter der Steiermark, Manfred Graf Clary-Aldringen (1852–1928) abgelöst. Er bringt die Rücknahme der Sprachenverordnung zum Abschluss.

21. Dezember   Graf Clary-Aldringen tritt zurück, da er wohl erfolgreich in den Ausgleichsverhandlungen mit den Ungarn ist, die Tschechen ihm aber Widerstand entgegensetzen. Sein Nachfolger Heinrich Wittek (1844–1930) kann sich auch nur bis Januar 1900 halten.

1900

2. Januar   Die von Gustav Davis (1865–1951) herausgegebene »Österreichische Kronen-Zeitung« erscheint erstmals.

19. Januar   Neuer Ministerpräsident wird Ernest von Koerber (1850–1919), der bereits Innen- und Handelsminister gewesen ist und in den große Hoffnungen wegen seiner Besonnenheit gesetzt werden.

1. Juli   In Reichstadt in Böhmen findet die Hochzeit von Thronfolger Erzherzog Franz Ferdinand mit Sophie Gräfin Chotek (1867–1914) statt. Obwohl die Braut einer altadeligen Familie entstammt, ist sie für den Bräutigam nicht ebenbürtig, da sie nicht aus einem regierenden Hause kommt. Franz Ferdinand muss daher für seine Nachkommen auf die Thronfolge verzichten. Nach der Eheschließung wird Sophie Chotek zur Fürstin Hohenberg erhoben, ihre Kinder tragen später diesen Namen.

1901

2.–5. November   In Wien findet der 2. Gesamtparteitag der Sozialdemokraten statt. In dem aus diesem Anlass beschlossenen Programm finden sich Forderungen wie Koalitionsfreiheit, Anerkennung von Gewerkschaftsorganisationen, Achtstunden-Maximalarbeitstag, Verbot der Nachtarbeit, strenges Verbot von Kinderarbeit, Lehrlingsschutzgesetze und verpflichtende Sonntagsruhe.

Jahresende   Nach langen Beratungen einigen sich Österreich-Ungarn und Rumänien auf ein Verteidigungsbündnis. Hauptgegner ist das auf dem Balkan zunehmend aggressiver auftretende russische Zarenreich.

1902

28. Juni   Der 1882 zwischen Österreich-Ungarn, dem Deutschen Reich und Italien geschlossene Dreibund-Vertrag wird zum dritten Mal verlängert.

1. November   Durch ein französisch-italienisches Abkommen wird der Dreibund-Vertrag de facto fast aufgehoben. Es ist dies ein Erfolg der italienischen Irredenta(= unerlöst)-Bewegung, die für eine Vereinigung der italienischsprachigen Gebiete der k. u. k. Monarchie – etwa Südtirol oder Istrien – mit Italien kämpft.

31. Dezember   Die österreichische und ungarischen Reichshälften einigen sich auf den Fortbestand des gemeinsamen Wirtschaftsgebietes, obwohl die ungarische Unabhängigkeitspartei für ein Ausscheiden aus der Donaumonarchie eintritt.

1903

11. Juni   In Belgrad wird der österreichfreundliche serbische König Alexander Obrenović (*1876) gemeinsam mit seiner Gattin Draga Maschin (*1867) von Offizieren der Armee ermordet.

15. Juni   Der neue serbische König Peter Karadjordjević (1844–1921) leitet in Serbien eine der k. u. k. Monarchie gegenüber feindselige Politik ein.

31. Juli–4. August   Kaiser Franz Joseph I. legt durch den polnischen Kardinal Jan Puzyna (1842–1911) von Krakau beim Konklave der Papstwahl gegen Kardinal Mariano Rampolla (1843–1913) ein Veto ein, da er als österreichfeindlich angesehen wird. Daraufhin wird der Patriarch von Venedig Giuseppe Sarto zum neuen Papst gewählt. Er nimmt den Namen Pius X. (1835–1914) an.

30. September–3. Oktober   Kaiser Franz Joseph I. trifft im kaiserlichen Jagdschloss Mürzsteg in der Steiermark mit Zar Nikolaus II. zusammen. Die beiden Monarchen einigen sich auf einen Plan für den Balkan, der das Osmanische Reich zur Befriedung Mazedoniens, wo seit Jahren ein erbitterter Kleinkrieg geführt wird, zwingen soll.

1904

3. Juli   In Edlach an der Rax in Niederösterreich stirbt der jüdische Schriftsteller und Journalist Theodor Herzl (*1860).
Unter dem Eindruck des Dreyfus-Prozesses in Frankreich
und des dabei auftretenden massiven Antisemitismus, trat
er öffentlich für die Gründung eines jüdischen Staates ein.
Damit wurde er der Begründer der Zionistischen Bewegung,
die letztlich in die Gründung des Staates Israel mündete.

27. Dezember   Ministerpräsident Ernest von Koerber tritt nach
fast fünfjähriger Führung der Regierungsgeschäfte zurück.

1905

1. Januar   Paul Freiherr Gautsch von Frankenthurn tritt die
Nachfolge von Ministerpräsident Ernest von Koerber an.

November   Eine internationale Flotte unter der Führung Österreich-Ungarns demonstriert vor Piräus gegen die osmanische Politik in Mazedonien. Die türkischen Inseln Mytilene
und Lemnos werden besetzt. Daraufhin sieht sich Sultan Abdulhamid II. (1842–1918) gezwungen, das von den europäischen Großmächten geforderte Reformpaket für Mazedoni-
en anzunehmen.

4. November   Ministerpräsident Gautsch verspricht die Vor-
lage einer Wahlrechtsreform.

27. November   Der so genannte Mährische Ausgleich, gültig
für Mähren und mährische Enklaven in Schlesien, wird verabschiedet. Die vier Gesetzesvorlagen sind ein Versuch, den
Nationalitätenkonflikt mit den Tschechen beizulegen.

28. November   In Wien findet eine Großkundgebung für ein
allgemeines und gleiches Wahlrecht statt. Etwa 200.000 Menschen demonstrieren auf der Wiener Ringstraße.

10. Dezember   In Oslo wird der Friedensnobelpreis an Bertha
von Suttner (1843–1914) verliehen. Die aus Prag stammende ehemalige Mitarbeiterin Alfred Nobels (1833–1896) wird
damit für ihre langjährige Mitarbeit in der »Österreichischen
Gesellschaft für Friedensfreunde« geehrt. Sie hat bereits mit
ihrem Antikriegsroman »Die Waffen nieder!« Weltruhm erlangt.

1906

7. Januar In Österreich-Ungarn werden die ersten Kraftfahrzeugkennzeichen ausgegeben. Es sind weiße Tafeln mit schwarzer Beschriftung.

30. April Ministerpräsident Gautsch tritt zurück. Er ist an der Gesetzesvorlage für eine Wahlrechtsreform gescheitert.

2. Mai Konrad Prinz Hohenlohe-Waldenburg-Schillingsfürst (1863–1918), bisher Statthalter von Triest, bildet ein Übergangskabinett.

2. Juni Max Wladimir Freiherr von Beck (1854–1943) bildet eine neue Koalitionsregierung aus Deutschen, Tschechen und Polen.

24. Oktober Alois Graf Lexa von Aehrenthal (1854–1912) wird neuer Minister des Äußeren. Er ist ein Vertrauter von Thronfolger Franz Ferdinand und verfolgt eine aktive außenpolitische Linie.

18. November Franz Conrad von Hötzendorf (1852–1925) wird über Empfehlung des Thronfolgers Franz Ferdinand neuer Chef des k. u. k. Generalstabes. Er verfolgt den Plan eines präventiven Krieges gegen Serbien und gegen Italien, kann aber weder den Kaiser noch den Thronfolger für seine Pläne gewinnen.

1. Dezember Ministerpräsident Beck setzt im Reichsrat ein neues Wahlgesetz durch. Es sieht zumindest für Männer ein allgemeines Wahlrecht vor.
Der rumänische Publizist Aurel Popovici (1863–1917) veröffentlicht das Buch »Die Vereinigten Staaten von Großösterreich«, mit dem er eine bundesstaatliche Gliederung für die Doppelmonarchie vorschlägt.

1907

26. Januar Kaiser Franz Joseph I. stimmt dem Gesetz über die Einführung des allgemeinen, gleichen, geheimen und direkten Wahlrechts für Männer zu. Die Anzahl der Abgeordneten im Reichsrat wird auf 516 erhöht. Die Dauer der Legislaturperiode wird mit sechs Jahren festgelegt.

14.–24. Mai In Österreich werden die ersten allgemeinen Wahlen durchgeführt. Die Sozialdemokraten werden mit 87 Abgeordneten die stärkste Fraktion, worauf sich die Christlichsozialen (66 Mandate) mit den 30 Katholisch-Konservativen zu einer Fraktion zusammenschließen. Bei den Nationalitäten überwiegen die Deutschen mit 233 Abgeordneten, gefolgt von 107 Tschechen, 82 Polen, 33 Ruthenen, 24 Slowenen, 19 Italienern, 13 Kroaten und 5 Rumänen.

8. Juni   Das auf Grund des neuen Wahlrechts gewählte Parlament beginnt seine erste Session. Der Christlichsoziale Richard Weiskirchner (1861–1926) wird Präsident des Abgeordnetenhauses.

8. Oktober   Mit Ungarn wird ein neuer Ausgleich unterzeichnet. Ungarn übernimmt nunmehr statt 30% 36,6% der gemeinsamen Ausgaben. Das Zoll- und Handelsbündnis wird durch einen Handelsvertrag und gesonderte Zolltarife ergänzt.

1908

29. März   Der deutsche Reichskanzler Bernhard Fürst Bülow (1849–1929) trifft zu politischen Gesprächen in Wien ein. Hauptthema ist das Verhältnis zu Russland, über dessen Haltung Kaiser Franz Joseph I. Sorge äußert.

12. Juni   Aus Anlass des 60-jährigen Regierungsjubiläums von Kaiser Franz Joseph I. findet auf der Wiener Ringstraße ein Huldigungsfestzug statt. Tausende Delegierte aus den Kronländern nehmen daran teil.

Juli   Ein unblutiger Aufstand der Jungtürkischen Gruppierung im Osmanischen Reich bestärkt Österreich-Ungarn, auf Grund des Drei-Kaiser-Vertrags aus 1881 eine Annexion Bosniens und der Herzegovina zu unternehmen.

6. August   In einem Schreiben an den k. u. k. österreichischen Außenminister Graf Lexa von Aehrenthal spricht sich Thronfolger Franz Ferdinand deutlich gegen eine Annexion Bosniens und der Herzegovina aus.

13. August   König Edward VII. (1841–1910) von Großbritannien nimmt einen Besuch bei Kaiser Franz Joseph I. in Ischl zum Anlass, um diesen zu einer Lösung des Bündnisses mit dem Deutschen Reich zu bewegen.

15. September   Außenminister Lexa von Aehrenthal trifft in Buchlau bei Brünn mit dem russischen Amtskollegen Alexander Iswolski (1856–1919) zusammen und informiert ihn über die geplante Annexion Bosniens und der Herzegovina. Russland erhebt keinen Einspruch.

3. Oktober   Kaiser Franz Joseph I. benachrichtigt die europäischen Großmächte über die Annexion von Bosnien und Herzegovina. Ablehnung erfolgt von Seiten Großbritanniens und Frankreichs, sowie von Serbien und Montenegro.

5. Oktober   Österreich-Ungarn teilt den Signatarmächten des Berliner Kongresses von 1878 die Annexion von Bosnien und Herzegovina mit. Es zieht seine Truppen aus dem Bezirk Novipazar ab. Das Osmanische Reich erhält eine Entschädigung von 56 Millionen Kronen.

7. November   Ministerpräsident Freiherr von Beck tritt zurück, da Ausgleichsverhandlungen mit den Tschechen gescheitert sind.

15. November   Richard Graf Bienerth-Schmerling (1863–1918) bildet ein Beamtenkabinett.

2. Dezember   Am Jahrestag der Thronbesteigung von Kaiser Franz Joseph I. finden in ganz Österreich Feierlichkeiten statt.

In Prag kommt es wegen des Scheiterns der Ausgleichsverhandlungen zu schweren Ausschreitungen. Es wird das Standrecht verhängt.

7. Dezember   Der deutsche Reichskanzler Fürst Bülow sichert Österreich-Ungarn bei der Annexionskrise auf dem Balkan volle Unterstützung zu.

1909

10. Februar   Ministerpräsident Bienerth-Schmerling bildet sein Kabinett um, die Ressorts Justiz, Finanzen, Ackerbau, Eisenbahnen, öffentliche Arbeiten sowie der Staatsminister für Galizien werden neu besetzt.

26. Februar   Österreich-Ungarn und das Osmanische Reich unterschreiben über die Annexion Bosniens und der Herzegovina einen Vertrag, den die europäischen Großmächte anerkennen.

10. März   In einer Zirkulardepesche betont Serbien, dass die Annexion Bosniens und der Herzegovina eine Angelegenheit der Signatarstaaten des Berliner Kongresses sei.

29. März   Neuerlich betont der deutsche Reichskanzler Bülow seine Unterstützung für Österreich-Ungarn in der Annexionskrise.

31. März   Serbien stimmt dem Abkommen Österreich-Ungarns und des Osmanischen Reiches zu.

Dr. Karl Lueger wird zum siebenten Mal zum Wiener Bürgermeister gewählt.

5. April   In einer Geheimsitzung akzeptiert das türkische Parlament das Abkommen mit Österreich-Ungarn.

27.–29. September   In Wien findet ein Kongress für Sozialpolitik statt.

24. Oktober   In Racconigi vereinbaren Russland und Italien, den Status quo auf dem Balkan aufrechterhalten zu wollen. Damit stellt sich Italien auf die Seite der Entente. Dieser Vertrag ist eindeutig gegen Österreich-Ungarn gerichtet.

Dezember   Im Reichsrat kommt es zu einer fast endlosen Budgetdebatte. Die Annahme des Budgets wird durch die Obstruktionspolitik der Tschechen verzögert.

22. Dezember   Der Historiker Heinrich Friedjung (1851–1920), der wegen seines Artikels »Österreich-Ungarn und Serbien«, der in der »Neuen Freien Presse« erschienen ist, von serbischen und kroatischen Abgeordneten wegen Ehrenbeleidigung verklagt worden ist, erzielt in dem Verfahren einen Vergleich.

1910

In der österreichisch-ungarischen Monarchie findet im Laufe des Jahres eine Volkszählung statt. Diese ergibt eine Einwohnerzahl von 50,9 Millionen.

17. Februar   Bosnien und die Herzegovina erhalten eine eigene Verfassung, die ihnen eine Sonderstellung innerhalb der Doppelmonarchie einräumt, da die beiden Provinzen an keine der beiden Reichshälften angeschlossen werden.

10. März   In Wien stirbt der ebenso beliebte wie umstrittene Bürgermeister Karl Lueger.

15.–16. April   Der Präsident der Vereinigten Staaten von Nordamerika Theodore Roosevelt (1858–1919) besucht Wien. Er hat auch eine einstündige Audienz bei Kaiser Franz Joseph I.

Jahresende   Die Obstruktion der Tschechen im Reichsrat nimmt unhaltbare Ausmaße an.

Handelsminister Viktor Mataja (1857–1937) veröffentlicht das Buch »Die Reklame« und begründet damit die moderne Werbewissenschaft.

1911

2. Januar   Kaiser Franz Joseph I. betraut Bienerth mit der Fortführung der Regierungsgeschäfte.

Ende März   Der Reichsrat der cisleithanischen Reichshälfte wird vorzeitig aufgelöst und Neuwahlen ausgeschrieben.

13.–20. Juni   In Österreich finden die Neuwahlen zum Reichsrat statt: Gewinne verzeichnen die Deutschradikalen, die Deutschnationalen und die Deutschfortschrittlichen, insgesamt 25 Mandate. Verluste erleiden die Christlichsozialen und auch die Sozialdemokraten.

28. Juni   Mit der Regierungsbildung wird wieder Paul Gautsch Freiherr von Frankenthurn betraut.

Sommer   Durch große Trockenheit kommt es in ganz Österreich zu Missernten, die eine Verteuerung der Grundnahrungsmittel verursachen.

17. September   Wegen der Teuerungswelle bei Grundnahrungsmitteln kommt es in Wien zu großen Demonstrationen, wobei nur mit Polizeieinsatz und mit dem Einsatz des Wiener Hausregiments der Deutschmeister wieder Ruhe und Ordnung hergestellt werden können.

21. Oktober   In Schloss Schwarzenau (Niederösterreich) findet die Hochzeit von Erzherzog Karl (1887–1922) mit Prinzessin Zita von Bourbon-Parma (1892–1989) statt.

28. Oktober   Wegen der ungelösten nationalen Probleme tritt Ministerpräsident Gautsch zurück.

3. November   Karl Reichsgraf Stürgkh (1859–1916) bildet eine neue Regierung.

10. Dezember   Der Österreicher Alfred Hermann Fried (1864–1921), der Gründer der »Deutschen Friedensgesellschaft«, erhält den Friedensnobelpreis.

1912

17. Februar   Nach dem plötzlichen Tod von Aloys Freiherr Lexa von Aehrenthal wird Leopold Graf Berchtold (1863–1942) neuer k. u. k. Außenminister.

13. März   Serbien und Bulgarien schließen den gegen die Doppelmonarchie gerichteten Balkanbund.

30. September   Infolge der Mobilisierung der Balkanstaaten Serbien, Montenegro, Bulgarien und Griechenland gegen das Osmanische Reich erhöht Österreich-Ungarn den Mannschaftsstand der Armee.

8. Oktober   Österreich und Russland versuchen vergeblich in Istanbul im Balkankonflikt zu vermitteln.

5. Dezember   Österreich-Ungarn, das Deutsche Reich und Italien erneuern den Dreibund, dem allerdings nur mehr formale Bedeutung zukommt, da Italien längst mit der Entente verbündet ist.

17. Dezember   In London beginnt eine Botschafterkonferenz zur Regelung der Differenzen auf dem Balkan. Österreich-Ungarn verhindert gemeinsam mit Italien, dass Serbien einen Zugang zur Adria erhält. Albanien soll ein selbstständiger Staat werden.

1913

2. Januar   Ein politischer Streit um den Einsatz von Polizei im ungarischen Abgeordnetenhaus zwischen den beiden Politikern István Graf Tisza (1861–1918) und Mihály Graf Károlyi (1875–1955) führt zu einem Säbelduell, bei dem beide Kontrahenten leicht verletzt werden.

Mitte Januar   Im Auftrag von Wladimir Iljitsch Lenin (1870–1924) hält sich Josef Stalin (1879–1953) in Wien auf, um die Nationalitätenfrage zu studieren. Er beginnt sein theoretisches Werk »Marxismus und nationale Frage«.

25. Mai   Durch einen Zufall wird der k. u. k. Oberst Alfred Redl (*1864), Leiter des Nachrichtendienstes der kaiserlichen Armee, als russischer Spion entlarvt. Seit 1898 hat der Offizier, der wegen seiner Homosexualität in finanziellen Schwierigkeiten war, militärische Geheimnisse an Russland verkauft. Um die Affäre zu vertuschen, wird ihm Selbstmord gestattet.

8. Juli   Österreich-Ungarn, das Deutsche Reich und Rumänien erneuern ihr Defensivbündnis.

17. August   Erzherzog Franz Ferdinand wird von Kaiser Franz Joseph I. zum »Generalinspektor der gesamten bewaffneten Macht« ernannt. Der Thronfolger lehnt weiterhin den von

Generalstabschef Conrad von Hötzendorf geforderten Präventivkrieg gegen Serbien ab.

7. September   Die Dreibundstaaten Österreich-Ungarn und Italien festigen ein weiteres Mal ihre Bündnistreue. Trotzdem zweifelt man in Wien an Italien.

1914

2. Februar   Zwischen Wien und Pressburg wird eine elektrische Bahn eröffnet.

März   Wegen »Arbeitsunfähigkeit« infolge von Obstruktion wird der österreichische Reichsrat vertagt.

11. Mai–4. Juni   Während der Landtagssession des Vorarlberger Landtages wird wegen der großen finanziellen Lasten der Gemeinden eine Automobilsteuer beschlossen.

28. Juni   Thronfolger Franz Ferdinand und seine Gattin Sophie werden in Sarajewo vom bosnischen Studenten Gavrilo Princip (1895–1918) bei einem Attentat erschossen.

23. Juli   Österreich-Ungarn fordert Serbien ultimativ auf, antiösterreichische Bewegungen und Geheimbünde zu bekämpfen.

25. Juli   Da Serbien eine unbefriedigende Antwort erteilt, bricht Österreich-Ungarn die diplomatischen Beziehungen zu Serbien ab.

28. Juli   Österreich-Ungarn erklärt Serbien den Krieg. Kaiser Franz Joseph I. wendet sich mit einem Handschreiben »An meine Völker!«

29. Juli   Die Tageszeitung »Illustrierte Kronen-Zeitung« erscheint mit weißen Flecken, da Textpassagen von der Zensur gestrichen wurden.

31. Juli   Allgemeine Mobilisierung der k. u. k. Streitkräfte, etwa 75% der männlichen Bevölkerung, das sind rund 8,5 Millionen, werden davon erfasst.
Durch den Mechanismus des europäischen Bündnissystems gelingt es nicht, den österreichisch-serbischen Konflikt zu begrenzen, denn Serbiens Verbündeter Russland ordnet die Generalmobilmachung an, worauf das Deutsche Reich als österreichischer Bündnispartner den Krieg an Russland erklärt.

2. August   Österreich-Ungarn, das Deutsche Reich und das Osmanische Reich schließen sich zusammen. Der Dreibund-

partner Italien erklärt sich als neutral, da seiner Ansicht nach Österreich-Ungarn gegen Serbien einen Angriffskrieg führe.

5. August   Montenegro erklärt Österreich-Ungarn den Krieg.

12. August   Frankreich und Großbritannien erklären Österreich-Ungarn den Krieg.

16. August   Der österreichische Kreuzer »Zenta« wird von französischen Kriegsschiffen vor der Bucht von Cattaro versenkt.

12.–24. August   Die österreichisch-ungarische Offensive gegen Serbien setzt ein. Nach anfänglichen Erfolgen müssen sich die k. u. k. Truppen hinter Save und Drina zurückziehen.

21. August   An der Front im Osten gegen Russland kommt es in Jaroslavice in Galizien zur letzten Reiterschlacht der Geschichte. Die k. u. k. 15. Dragoner treffen auf die 10. russische Reiterdivision, die allerdings eine dreifache Artillerieüberlegenheit aufweist. Die äußerst verlustreichen Kämpfe bringen keine Entscheidung, die Auseinandersetzung erstarrt in einem Stellungskrieg.

23. August   Österreich-Ungarn erklärt Japan den Krieg.

26.–30. August   Nach der Schlacht um Lemberg muss sich die 3. k. u. k. Armee zurückziehen.

26. August–1. September   Die k. u. k. Armee siegt bei Komarów über die Russen.

28. August   Österreich-Ungarn erklärt Belgien den Krieg.

30. August   Die Russen erobern Lemberg.

5. September   Die Westmächte Großbritannien und Frankreich einerseits und Russland andererseits verpflichten sich im Londoner Vertrag keinen Sonderfrieden zu schließen.

10. September   Nach dem gescheiterten Versuch, Lemberg zurückzuerobern ziehen sich die k. u . k. Truppen aus Galizien zurück.

25. September   Rumänien und Italien schließen einen geheimen Neutralitätsvertrag.

22.–26. Oktober   Nach der Schlacht bei Iwangorod nahe Warschau, ziehen sich die k. u. k. Truppen auf die Karpatenlinie zurück.

29. Oktober   Das Osmanische Reich tritt an der Seite der Mittelmächte Österreich-Ungarn und Deutsches Reich in den Krieg ein.

6. November   Eine neuerliche österreichische Großoffensive gegen Serbien setzt ein.

7. November   Nach der Kapitulation der deutschen Kolonie Tsingtau in China, versenkt die an der Verteidigung beteiligte Besatzung den k. u. k. Kreuzer »Kaiserin Elisabeth«.

1.–12. Dezember   In der Schlacht bei Limanowa-Lapanowa bleibt die 3. und 4. k. u. k. Armee siegreich.

2. Dezember   K. u. k. Truppen besetzen Belgrad.

3. Dezember   Durch einen serbischen Gegenangriff bei Arangjelovac müssen sich die 5. und 6. k. u. k. Armee hinter die Save zurückziehen.

21. Dezember   Das österreichische U-Boot U12 torpediert in der Straße von Otranto das französische Linienschiff »Jean Bart« und beschädigt es schwer.

22. Dezember   Feldzeugmeister Oskar Potiorek (1853–1933), bisher Befehlshaber an der serbischen Front, legt sein Kommando zurück. Dieses übernimmt Erzherzog Eugen (1863–1954), ein Enkel von Erzherzog Carl, dem Sieger in der Schlacht von Aspern 1809.

1915

13. Januar   Stephan Burián (1851–1922) Freiherr von Rajecz wird neuer k. u. k. Außenminister.

17. Februar   Czernowitz und Stanislau werden von den verbündeten Truppen zurückerobert.

27. Februar–14. März   Die Offensive der k. u. k. Truppen zum Entsatz der Festung Přemysl misslingt.

5. März   Österreich-Ungarn erklärt sich bereit, das Trentino an Italien abzutreten.

23. März   Die Festung Přemysl fällt.

7. April   Erste Lebensmittelkarten für Brot und Milch werden in Wien und Niederösterreich ausgegeben.

27. April   Das österreichische U-Boot U 5 versenkt in der Straße von Otranto den französischen Kreuzer »Léon Gambetta«.

3. Mai   Italien schließt einen Geheimvertrag mit der Entente, in dem die Abtretung von Südtirol bis zum Brenner, Istriens und Dalmatiens an Italien, im Falle eines Sieges der Entente, zugesagt wird.

4. Mai   Italien erklärt den Austritt aus dem Dreibund.

23./24. Mai   Die k. u. k. Flotte greift die italienische Küste zwischen Rimini und Bari an.

3. Juni   Die k. u. k. Armee erobert die Festung Přemysl zurück.

9. Juni   In der Adamellogruppe nordwestlich von Trient erzielt die k. u. k. Armee einen Erfolg im Kampf auf dem Gletscher.

22. Juni   Die Truppen der Mittelmächte erobern Lemberg.

23. Juni–7. Juli   Die erste einer Reihe von Schlachten am Isonzo endet mit geringen italienischen Erfolgen.

1. Juli–27. September   Österreichische und deutsche Truppen starten eine Großoffensive in Russisch-Polen und Ostgalizien.

Mitte Juli   Die Italiener greifen zwischen Gardasee und Dolomiten an, der Monte Pasubio wird von den Italienern besetzt.

17. Juli–10. August   Auch nach der 2. Schlacht am Isonzo ändert sich nicht viel am Frontverlauf.

20. Juli   Das österreichische U-Boot U 4 versenkt den italienischen Panzerkreuzer »Giuseppe Garibaldi«.

6./7. August   Nach der Eroberung Lublins trägt die k. u. k. Armee einen Sieg bei Lubartow davon.

14. August   Die Italiener starten eine Großoffensive bei Flitsch-Tolmein.

31. August/1. September   K. u. k. Truppen besetzen Luck und Brody.

6. September   Österreich-Ungarn und das Deutsche Reich schließen mit Bulgarien einen Bündnisvertrag und eine Militärkonvention.

14. September   Das Osmanische Reich tritt dem Bündnis mit Bulgarien bei.

6. Oktober   Die Mittelmächte unternehmen neuerlich eine Offensive gegen Serbien.

8. Oktober   Wieder wird Belgrad von den Mittelmächten erobert.

18. Oktober–4. November   3. Schlacht am Isonzo ohne nennenswerte Veränderungen der Front.

10. November–11. Dezember   In der 4. Isonzoschlacht verhindern die k. u. k. Truppen ein Vordringen der Italiener auf österreichisches Gebiet.

14. November   In Paris bildet sich ein »Tschechischer Nationalrat«.

24./25. November   Auf dem Amselfeld nahe Přistina erringen die Verbündeten einen Sieg über Serbien.

26. November   Durch italienische Artillerie wird die Stadt Görz schwer beschädigt.

Dezember   Der österreichische Industrielle Julius Meinl (1869–1944) gründet eine politische Gesellschaft, die durch eine Friedensinitiative den Krieg beenden möchte.

Weihnachten   Eine italienische Offensive bei Rovereto scheitert.

27. Dezember   In Ostgalizien und in der Bukowina beginnt die »Neujahrsschlacht«.

29. Dezember   Die k. u. k. Flotte trägt in einem Seegefecht am Kap Rodoni einen Sieg über die Italiener davon.

1916

4. Januar   K. u. k. Truppen beginnen eine Offensive gegen Montenegro, am 13. Januar wird die montenegrinische Hauptstadt Cetinje besetzt.

23. Januar   K. u. k. Truppen marschieren in Albanien ein und besetzen Skutari.

25. Januar   Montenegro unterzeichnet einen Waffenstillstand mit Österreich-Ungarn.

11.–16. März   Als Entlastungsangriff für die schweren Kämpfe um Verdun beginnen die Italiener eine weitere Schlacht am Isonzo um das Gebiet des Monte San Michele.

12.–18. April   Im Zuge von schweren Kämpfen im Adamellogebiet sprengen die Italiener den Gipfel des Col di Lana.

15. Mai   In Südtirol beginnt aus dem Raum der Sette Communi zwischen Rovereto und Val Sugana die so genannte »Thronfolger-Offensive«.

4. Juni   Unter dem Kommando von General Alexei Brussilow (1853–1926) starten die Russen zwischen Dnjepr und Pruth eine große Offensive. Sie kommt am 16. Juni östlich der Linie Wladimir-Wolynsk zum Stehen.

15. Juni   Wegen allgemeinen Mangels an Rohstoffen und Nahrungsmitteln tagt in Wien erstmals ein Approvisionierungsbeirat.

17. Juni   Nach anfänglichen, nur geringen Erfolgen, kommt die Südtiroloffensive, die auf einem Konzept von Conrad von Hötzendorf beruht, zum Stehen. Sie wird abgebrochen.

18. Juni   Wegen der Eroberung von Czernowitz durch die Russen muss die östliche Bukowina aufgegeben werden.

13. Juli   In Trient wird der ehemalige österreichische Reichsratsabgeordnete Cesare Battisti als Hochverräter standrechtlich erschossen. Er ist nach Kriegsausbruch nach Italien geflohen und ist bei Kämpfen um den Monte Corno von den Österreichern gefangen genommen worden. Für die Italiener wurde er zum Nationalheld.

4.–17. August   Zum sechsten Mal tobt um den Besitz des Karst am Isonzo eine Schlacht. Die Italiener erobern den Monte Sabotino und den Monte San Michele. Görz kann nicht mehr gehalten werden.

17. August   Rumänien schließt mit der Entente eine Militärkonvention.

27. August   Rumänien erklärt Österreich-Ungarn den Krieg.

1.–30. September   Den k. u. k. Truppen gelingt es, in der Septemberschlacht in den Karpaten ein Vordringen der Russen auf ungarisches Gebiet zu verhindern.

14.–18. September   Auch in der 7. Schlacht am Isonzo ändert sich kaum etwas am Frontverlauf.

26.–29. September   In der Schlacht bei Hermannstadt wird die 1. rumänische Armee besiegt.

6.–9. Oktober   Bei Kronstadt erleidet die 2. rumänische Armee eine Niederlage.

9.–12. Oktober   Nach der 8. Isonzoschlacht bleiben die Stellungen der Gegner fast unverändert, einen italienischen Einbruch können die Österreicher bei Kostanjevica zum Stehen bringen.

14. Oktober   Eine russische Entlastungsoffensive für Rumänien scheitert schon nach wenigen Tagen.

21. Oktober   Der Sozialdemokrat Friedrich Adler (1879–1960), Sohn des Parteiobmannes Victor Adler (1852–1918) und Anführer der linken Fraktion im Reichsrat, erschießt im Wiener Hotel Meißl & Schadn Ministerpräsident Graf Stürgkh. Er wird zum Tode verurteilt, doch nach der Thronbesteigung Kaiser Karls I. begnadigt.

31. Oktober   Ernest von Koerber bildet eine neue Regierung.

5. November   Die Mittelmächte proklamieren das unabhängige Königreich Polen.

11.–16. November   Verbündete Truppen marschieren in die Walachei ein und besiegen die Rumänen in der Schlacht bei Turgu-Jiu.

21. November   In Wien stirbt im Alter von 86 Jahren Kaiser Franz Joseph I. Nachfolger wird sein Großneffe Erzherzog Karl, der bisher kaum Anteil an den Regierungsgeschäften genommen hat.

Ende November   Kaiser Karl I. enthebt Erzherzog Friedrich (1856–1936) des Oberbefehls über die k. u. k. Armee und übernimmt selbst das Oberkommando.

1.–3. Dezember   Die Rumänen erleiden bei Argesch eine weitere Niederlage.

6. Dezember   Truppen der Mittelmächte erobern Bukarest.

12. Dezember   Die Mittelmächte unterbreiten der Entente ein Friedensangebot, das aber mangels konkreter Vorschläge am 22. Dezember abgelehnt wird.

13. Dezember   Ministerpräsident Ernest von Koerber tritt zurück.

20. Dezember   Neuer Ministerpräsident wird Heinrich Graf Clam-Martinic (1863–1932).

1917

Kaiser Karl I. enthebt Feldmarschall Conrad von Hötzendorf seines Postens als Generalstabschef und übergibt ihm den Oberbefehl über die Heeresgruppe Südtirol.

1. Februar   Die Erklärung des uneingeschränkten U-Boot-Krieges durch das Deutsche Reich stößt auf österreichische Warnungen.

Februar bis April   Kaiser Karl I. führt über seinen Schwager Prinz Sixtus von Bourbon-Parma (1886–1934) Friedensverhandlungen mit Frankreich, wobei der österreichische Außenminister Ottokar Graf Czernin (1872–1932) Kenntnis von diesen Verhandlungen hat. Über Prinz Sixtus übermittelt Karl seine Vorstellungen über Friedensverhandlungen an Raymond Poincaré (1860–1934). Österreich will Serbien einen Zugang zum Meer gewähren, keine Offensive mehr gegen Italien starten, und das Deutsche Reich sollte Elsass-Lothringen an Frankreich zurückgeben. Poincaré fordert außerdem Südtirol für Italien, was Österreich ablehnt. Die Verhandlungen werden aber fortgeführt.

23. Mai   Kaiser Karl I. veranlasst den gegen jegliche demokratische Reform opponierenden ungarischen Ministerpräsidenten István Graf Tisza (1861–1918) zum Rücktritt. Zunächst folgt ihm Moritz Graf Esterházy (1881–1960), am 20. August wird dieser von Alexander Graf Wekerle (1848–1921) abgelöst.

30. Mai   Der seit März 1914 vertagte Reichsrat wird wieder einberufen. Ministerpräsident Graf Clam-Martinic will ein »Völkerkabinett« bilden, doch er scheitert.

23. Juni   Ernst Seidler von Feuchtenegg (1862–1931) bildet eine neue Regierung.

29. Juni   Griechenland erklärt Österreich-Ungarn den Krieg.

2. Juli   Kaiser Karl I. erlässt eine politische Amnestie – u. a. werden Karl Kramař (1860–1937) und Alois Rašin (1867–1923) begnadigt –, die aber nicht zur nationalen Beruhigung beiträgt.

19. Juli   Die Mittelmächte starten eine Großoffensive an der russischen Front. Die wegen der Russischen Revolution in Auflösung befindliche russische Armee wird entscheidend zurückgedrängt.

22. Juli   Das asiatische Königreich Siam (= Thailand) erklärt Österreich-Ungarn den Krieg.

24. Juli   Mit dem »Kriegswirtschaftlichen Ermächtigungsgesetz« sichert sich die Regierung das Notverordnungsrecht für die Dauer des Krieges.

8. August   Die Mittelmächte unternehmen einen Gegenangriff gegen eine russisch-rumänische Offensive am Sereth und an der Putna.

14. August   China erklärt Österreich-Ungarn den Krieg.

18. August–13. September   Auch die 11. Isonzoschlacht bringt keine Entscheidung.

30. August   Unter der Leitung von Ivan Horbačevśkyj (1854–1942) wird ein Ministerium für Volksgesundheit geschaffen.

7. Oktober   Das Ressort für soziale Fürsorge wird neu geschaffen, Minister wird Viktor Mataja.

24. Oktober–2. Dezember   In der 12. Isonzoschlacht kommt es zum unerwarteten Erfolg der Einheiten der Mittelmächte, sie brechen bei Flitsch-Tolmein durch und gelangen bis zur Bucht von Triest. Wegen fehlender Kräfte kann dieser Sieg aber nicht ausgenutzt werden.

10. November   Im Zuge einer Offensive in Südtirol erobern die k. u. k. Truppen Asiago.

3. Dezember   Zwischen den Mittelmächten und Russland beginnen Waffenstillstandsverhandlungen.

7. Dezember   Die Vereinigten Staaten von Amerika erklären Österreich-Ungarn den Krieg.

9. Dezember   Österreich-Ungarn und Rumänien schließen in Fokschani einen Waffenstillstand.

10. Dezember   Panama erklärt Österreich-Ungarn den Krieg.

15.–20. Dezember   In Genf kommt es zu geheimen Friedensgesprächen zwischen Österreich-Ungarn und Großbritannien.

16. Dezember   Kuba erklärt Österreich-Ungarn den Krieg.

18. Dezember   In Brest-Litowsk kommt ein Waffenstillstand zwischen Russland und den Mittelmächten zustande.
Aus Kärnten stammende Einheiten der k. u. k. Armee erobern den Monte Asolone.

1918

In einer Rede vor englischen Gewerkschaften erklärt der britische Premier David Lloyd George (1863–1945), dass die Alliierten Österreich-Ungarn nicht zerschlagen wollen.

6. Januar   Die tschechischen Reichsratsabgeordneten und Landtagsabgeordneten verlangen das Recht auf nationale Selbstbestimmung.

8. Januar   Der US-amerikanische Präsident Thomas Woodrow Wilson (1856–1924) veröffentlicht ein 14 Punkte umfassendes Friedensprogramm. Grundtenor des Programms ist das Selbstbestimmungsrecht der Völker. Außerdem fordert der amerikanische Präsident die Rückgabe der von den Mittelmächten besetzen russische Gebiete, sowie aller anderen besetzten Gebiete in Frankreich und Belgien, in Serbien, Rumänien und Montenegro. Polen soll ein autonomer Staat werden.

14.–20. Januar   In Wien und anderen Industriestädten der k. u. k. Monarchie demonstrieren und streiken die Arbeiter für die Beendigung des Krieges.

1. Februar   In Cattaro meutern die Soldaten der k. u. k. Kriegsmarine.
Kaiser Karl I. ernennt Nikolaus Horthy (1868–1957) zum Oberbefehlshaber der k. u. k. Kriegsmarine.

9. Februar   Die Mittelmächte schließen einen Sonderfrieden, den so genannten »Brotfrieden«, mit der Ukraine. Der Name rührt von Getreidelieferungen aus der Ukraine her.

11. Februar   Die tschechischen Parteien fordern die Gründung einer tschechischen Republik, die auch die deutschsprachigen Gebiete der Sudetenländer einschließen soll.

25. Februar   Entsprechend den Bedingungen des Sonderfriedens von Brest-Litowsk rücken k. u. k. Truppen in die Ukraine ein.

3. März   Die Mittelmächte und Sowjetrussland unterzeichnen den Friedensvertrag von Brest-Litowsk. Polen und die baltischen Gebiete werden von Russland abgetrennt. Finnland und die Ukraine werden als selbstständige Staaten anerkannt. Russland muss sich zur Zahlung von sechs Milliarden Goldmark verpflichten.

12.–14. März   Deutsche und österreichische Truppen rücken in Odessa ein.

16. April   Der k. u. k. österreichisch-ungarische Außenminister Ottokar Graf Czernin tritt zurück. Sein Nachfolger wird Stephan Graf Burián. Auslösendes Moment war eine Auseinandersetzung zwischen Kaiser Karl I. und dem Außenminister, der öffentlich erklärt hatte, dass Friedensverhandlungen mit Frankreich an Georges Clemenceaus (1841–1929) Forderung nach Rückgabe von Elsass-Lothringen gescheitert wären. Daraufhin veröffentlicht Clemenceau die Sixtusbriefe. Czernin weist jede Kenntnis dieser Initiative des Kaisers zurück. Damit wird das Ansehen des Kaisers, vor allem beim Bündnispartner Deutsches Reich, schwer geschädigt.

30. April   Der Chef des Ernährungsausschusses General Ottokar Landwehr (1868–1944) beschlagnahmt auf der Donau deutsche Getreidetransporter, um die Wiener Bevölkerung ernähren zu können.

7. Mai   Die Mittelmächte und Rumänien schließen den Frieden von Bukarest.

12. Mai   Kaiser Karl I. besucht Kaiser Wilhelm II. in seinem Hauptquartier in Spa. Zweck des Besuches ist es, die Verstimmung, die sich durch die Veröffentlichung der Sixtus-Briefe zwischen den Bündnispartner ergeben hat, zu beseitigen. Kaiser Karl I. muss einem Separatfrieden abschwören.

10. Juni   Das k. u. k. Schlachtschiff »Szent István« wird von einem italienischen Torpedo getroffen und sinkt. 89 Mann ertrinken.

15.–20. Juni   Eine österreichische Offensive an der italienischen Front wird abgebrochen.

28. Juni   Die US-Regierung erklärt, alle slawischen Völker von österreichischer Herrschaft befreien zu wollen.

29. Juni   Die französische Regierung bestätigt dem Generalsekretär des Tschechoslowakischen Nationalrates in Paris Edvard Beneš (1884–1948) schriftlich, dass sie den Nationalrat der Tschechen und Slowaken anerkennt.

25. Juli   Ministerpräsident Ernst Seidler tritt zurück. Sein Nachfolger wird Max von Hussarek-Heinlein (1865–1935).

8. August   Großbritannien anerkennt die Tschechen und Slowaken als kriegführende Nationen an der Seite der Alliierten.

9. August   Über Wien erscheinen sechs italienische Flugzeuge, die Propagandamaterial abwerfen. Initiator und auch einer der Flieger dieser sportlichen Glanzleistung ist der italienische Dichter Gabriele d'Annunzio (1863–1938).

3. September   Die Vereinigten Staaten anerkennen den Tschechoslowakischen Nationalrat als kriegführende Macht.

14. September   Kaiser Karl I. richtet eine Friedensnote an alle kriegführenden Staaten. Er schlägt sofortige Verhandlungen für einen Verständigungsfrieden vor. Das Angebot wird von den Alliierten nicht angenommen.

26. September   Der Tschechoslowakische Nationalrat proklamiert in Paris die Errichtung eines selbstständigen Staates. Staatspräsident wird Tomáš Garrigue Masaryk (1850–1937), Edvard Beneš wird Außenminister.

4. Oktober   In einer gemeinsamen Note an Präsident Woodrow Wilson stimmen die Mittelmächte seinen 14 Punkten zu.

6. Oktober   Kroaten, Serben und Slowenen bilden in Zagreb einen eigenen Nationalrat.

16. Oktober   Ein »Völkermanifest« Kaiser Karls I., das die Umwandlung der k. u. k. Monarchie in einen Bundesstaat vorschlägt, soll den drohenden Zerfall der Doppelmonarchie verhindern.

21. Oktober   In Wien, im niederösterreichischen Landhaus, konstituiert sich die »Provisorische Nationalversammlung für Deutschösterreich«.

24. Oktober   Der bisherige k. u. k. Außenminister Stephan Graf Burián tritt zurück, sein Nachfolger wird Gyula Graf Andrássy der Jüngere (1860–1929).

26. Oktober   Kaiser Karl I. löst durch ein Telegramm nach Berlin an Kaiser Wilhelm II. das Bündnis mit dem Deutschen Reich.

27. Oktober   Heinrich Lammasch (18513–1920) bildet die letzte und damit liquidierende kaiserliche Regierung.

28. Oktober   In Prag wird die Tschechoslowakische Republik ausgerufen.

29. Oktober   Die k. u. k. Armee beginnt sich aufzulösen, da die ungarischen Truppenteile von der Front abgezogen werden.

31. Oktober   Die k. u. k. Kriegsflotte wird in Pola an die Südslawen übergeben.

2. November   Laibach wird von den Serben besetzt.
Gyula Graf Andrássy tritt als k. u. k. Außenminister zurück, die Liquidation des Ressorts übernimmt Ludwig Freiherr von Flotow (1867–1948).

3. November   In der Villa Giusti bei Padua wird zwischen der Entente und Österreich-Ungarn ein Waffenstillstand unterzeichnet. Das österreichische Armeeoberkommando stellt sofort die Feindseligkeiten ein, die Italiener halten sich an die im Abkommen festgesetzten Fristen, wodurch noch weitere 350.000 österreichische Soldaten in italienische Kriegsgefangenschaft geraten.

3./4. November   Die k. u. k. Truppen räumen die Ukraine und die Walachei.

11. November   Mit einem in Schönbrunn unterzeichneten Manifest verzichtet Kaiser Karl I. auf jeden Anteil an den »Staatsgeschäften«.
Die letzte kaiserliche Regierung unter Heinrich Lammasch tritt zurück.

Erste Republik

1918

30./31. Oktober   Unter dem Vorsitz von Karl Renner (1870–1950) wird die erste deutschösterreichische Regierung gebildet. Dem Kabinett gehören Christlichsoziale, Sozialdemokraten, Deutschnationale und parteifreie Beamte an.

31. Oktober   Auf Antrag des christlichsozialen Abgeordneten Wilhelm Miklas (1872–1956) erklärt die Regierung die aus der Babenbergerzeit stammenden Farben Rot-Weiß-Rot zur Fahne des neuen Staates.

1. November   Auf dem Parteitag der Sozialdemokratischen Partei verlangen die Delegierten die Einführung einer republikanischen Staatsform.

Vor dem Deutschmeisterdenkmal in Wien sammeln sich Linksradikale zu einer Kundgebung, sie gründen die »Rote Garde«. Unter den Versammlungsrednern sind der aus Prag stammende Journalist Egon Erwin Kisch (1885–1948) und der Dichter Franz Werfel (1890–1945).

7. November   Die provisorische Regierung erlässt den Befehl zur Demobilisierung der Armee.

8. November   Erste Richtlinien für die Aufstellung einer Volkswehr werden bekannt gegeben. Die Notwendigkeit einer Volkswehr ergibt sich aus der allgemein unsicheren Lage.

11. November   In Wien stirbt der Parteiobmann der Sozialdemokraten und Staatssekretär des Äußern Victor Adler.

12. November   In Wien wird vom Präsidenten der Provisorischen Nationalversammlung Franz Dinghofer (1873–1956) von der Parlamentsrampe aus die Republik Deutschösterreich ausgerufen. Am Tag zuvor ist dies im Staatsrat beschlossen worden. Wenige Stimmen, u. a. der spätere Bundespräsident Wilhelm Miklas, sprechen sich für die Beibehaltung der Monarchie aus.

15. November   Otto Bauer (1881–1938) wird Nachfolger des verstorbenen Victor Adler.

27. November   Mit dem Gesetz über die neue Wahlordnung für die kommenden Wahlen in die Konstituierende Nationalversammlung werden auch Frauen wahlberechtigt.

5. Dezember   In der Kärntner Landesversammlung wird der bewaffnete Widerstand gegen die Truppen der Südslawen, die auf österreichisches Gebiet einmarschiert sind, beschlossen. Die Südslawen erheben Anspruch auf Südkärnten einschließlich Klagenfurt und Villach.

18. Dezember   In der Provisorischen Nationalversammlung wird ein neues Wehrgesetz beschlossen, es sieht die allgemeine Wehrpflicht in der Volkswehr, wie die neue Truppe nunmehr heißt, vor. Die Kommandogewalt der kommunistischen Soldatenräte, die sich unmittelbar nach Kriegsende etabliert haben, wird beschränkt.

19. Dezember   In der Provisorischen Nationalversammlung wird ein Gesetz über die »Regelung der Arbeits- und Lebensverhältnisse in der Heimarbeit« beschlossen. Der achtstündige Normalarbeitstag für Fabrikbetriebe wird eingeführt.

In Tirol entstehen zahlreiche Orts- und Bürgerwehren, die in den unsicheren Zeiten, in denen Truppen von der Südfront zurückfluten, für Ruhe und Ordnung sorgen sollen.

1919

4. Februar   In Linz gibt es eine Massendemonstration wegen Fleischmangels. Die aufgebrachte Menge plündert Geschäfte.

16. Februar   In Deutschösterreich finden Wahlen zur Konstituierenden Nationalversammlung statt. Mit 72 Mandaten werden die Sozialdemokraten die stärkste Partei, die Christlichsozialen erzielen 69 Mandate, die Deutschnationalen 26.

27. Februar–2. März   Der Staatsekretär für Äußeres Otto Bauer führt mit dem deutschen Außenminister Ulrich Graf Brockdorff-Rantzau (1869–1928) geheime Gespräche über einen Anschluss Österreichs an Deutschland.

1./2. März   Auf einer »Reichskonferenz der Arbeiterräte« können sich die Kommunisten gegen die Sozialdemokraten nicht durchsetzen, sie bleiben in der Minderheit.

3. März   Die Regierung Renner tritt zurück.

4. März   Erstmals tritt die Konstituierende Nationalversammlung im Wiener Parlament zusammen. Der Sozialdemokrat

Karl Seitz (1869–1950) wird zum Präsidenten des Hauses und damit zum Staatsoberhaupt gewählt.

12. März In einer Erklärung der Nationalversammlung lautet es: »Deutschösterreich ist ein Teil der Deutschen Republik.«

15. März Karl Renner bildet eine Koalitionsregierung aus Christlichsozialen und Sozialdemokraten.

Hildegard Burjan (1883–1933) wird als einzige Frau Abgeordnete der Christlichsozialen Partei. Die Sozialdemokraten entsenden acht Vertreterinnen in das Hohe Haus.

In Paris beschließt eine Kommission für territoriale Friedensbestimmungen die Aufrechterhaltung der Grenze zwischen Deutschösterreich und Deutschland.

23. März Ex-Kaiser Karl I. verlässt mit seiner Familie, unter britischem Militärschutz, Österreich – zuletzt hielt er sich in Schloss Eckartsau in Niederösterreich auf – und begibt sich ins Exil in die Schweiz.

24. März Beim Überschreiten der Schweizer Grenze nimmt Kaiser Karl I. im Feldkircher Manifest seine Zusagen vom 11. November 1918 zurück.

3. April Die Nationalversammlung spricht den Landesverweis und die Enteignung des Hauses Habsburg-Lothringen aus. Am selben Tag wird die Todesstrafe abgeschafft und die Führung von Adelstiteln verboten.

14. April US-Präsident Woodrow Wilson erklärt öffentlich, dass Südtirol zu Italien kommen soll.

17. April In Wien kommt es unter dem Eindruck der ungarischen Räterepublik zu kommunistischen Unruhen. Ein Sturm auf das Parlament wird von der Polizei verhindert. Dieser »Gründonnerstagsputsch« fordert sechs Tote und mehr als 70 Verletzte.

25. April Mit Parlamentsbeschluss werden der 1. Mai und der 12. November zu Staatsfeiertagen erklärt.

8.–17. Mai In Klagenfurt finden ergebnislose Waffenstillstandsverhandlungen mit den Südslawen statt.

11. Mai Bei einer Abstimmung der Vorarlberger über einen Anschluss an die Schweiz, entscheidet sich die Mehrheit der Bevölkerung (etwa 80 %) dafür.

14. Mai Die österreichische Delegation für die Friedensverhandlungen trifft in St. Germain ein.

28. Mai   Auf Druck der Alliierten wird die Volkswehr von Deutschösterreich auf 12.000 Mann begrenzt.

2. Juni   Der französische Ministerpräsident Georges Clémenceau übergibt der deutschösterreichischen Delegation den Entwurf der Friedensbestimmungen.

15. Juni   Ein kommunistischer Putschversuch in Wien wird durch die Verhaftung von etwa 100 Parteigängern der Partei vereitelt. Bei einem Zusammenstoß mit Sicherheitskräften in der Hörlgasse in Wien werden 20 Personen getötet, etwa 80 verletzt.

26. Juli   Otto Bauer, Staatssekretär des Äußern, tritt zurück, da die Friedenskonferenz einen Anschluss Österreichs an Deutschland nicht duldet. Karl Renner übernimmt seine Funktion.

31. Juli   Mit der Räumung der Stadt Klagenfurt durch die jugoslawischen Einheiten und der Besetzung der Bahnlinie St. Veit–Villach durch Italiener, geht der Abwehrkampf des Kärntner Heimatschutzes zu Ende.

27. August   Das mehrheitlich kommunistische Volkswehrbataillon 41 wird entwaffnet, damit verlieren die Kommunisten ihre bewaffnete Einheit. Die Etablierung einer Räterepublik ist gescheitert.

6. September   Unter feierlichem Protest nimmt die Konstituierende Nationalversammlung die Bedingungen der Pariser Friedenskonferenz an. Österreich bezeichnet diesen Vertrag immer als einen Staatsvertrag, da es sich nicht als kriegführende Macht versteht. Wichtigste Bedingungen sind das Anschlussverbot an Deutschland, die Abtretung Südtirols und des Kanaltales an Italien, die Südsteiermark und das Mießtal erhalten die Südslawen, in Niederösterreich fällt der Grenzstreifen um Feldsberg an die Tschechoslowakei. Für das gemischtsprachige Gebiet in Kärnten wird eine Volksabstimmung gestattet.

10. September   In St. Germain wird der Vertrag zwischen den Alliierten und Österreich unterzeichnet.

17. Oktober   Karl Renner bildet sein 3. Kabinett aus Christlichsozialen und Sozialdemokraten.

21. November   Die Konstituierende Nationalversammlung beschließt das Gesetz über die Staatsform, der offizielle Name lautet nunmehr Republik Österreich. Der Beschluss vom

12. März über den Anschluss an Deutschland wird außer Kraft gesetzt.

1920

13. März Der christlichsoziale Abgeordnete Ignaz Seipel (1876–1932) führt mit dem ungarischen Gesandten in Wien Verhandlungen wegen finanzieller Unterstützung für die Heimwehrbewegung.

18. März Als Folge des Staatsvertrages von St. Germain muss ein neues Wehrgesetz erlassen werden: Es darf nur ein Söldnerheer mit einer maximalen Mannschaftsstärke von 30.000 Mann geben. Auf Grund finanzieller Engpässe erreicht das Heer aber nur 21.000 Mann Stärke.

24. März Ein Gesetz über eine staatliche Arbeitslosenversicherung wird beschlossen.

12. Mai Im Innsbrucker Landhaus kommt es zur Gründung der »Tiroler Heimatwehr«. Landesführer wird Richard Steidle (1881–1940).

4. Juni Mit der Unterzeichnung des Vertrages von Trianon verpflichtet sich Ungarn, westungarische Komitate (später Burgenland) an Österreich abzutreten.

10./11. Juni Die Christlichsozialen kündigen die Koalition mit den Sozialdemokraten. Der Zwist hat sich an einer Debatte um einen Erlass über die Wahl von Heeresvertrauensmännern entzündet.

11. Juni Die Regierung Renner tritt zurück.

7. Juli Der christlichsoziale Abgeordnete Michael Mayr (1864–1922) bildet eine Proporzregierung unter Beteiligung aller im Parlament vertretenen Parteien.

16. Juli Der Staatsvertrag von St. Germain wird ratifiziert.

5.–7. September In Salzburg findet der Gründungsparteitag der Großdeutschen Volkspartei statt. Aus diesem Anlass wird das so genannte Salzburger Programm, das eine Anschlussforderung an Deutschland enthält, beschlossen.

1. Oktober In der Konstituierenden Nationalversammlung wird die neue Verfassung der Republik Österreich angenommen. Die Verfassung wurde in einer Zusammenarbeit der Bundesländer und Parteien, von einer Reihe von Verfassungsexperten, deren herausragender Exponent Hans Kelsen (1881–1973) ist, formuliert. Die Verfassung sieht ein

Zweikammernsystem vor, es überwiegt das föderalistische Prinzip.

10. Oktober In einer Volksabstimmung im südlichen Kärnten entscheidet sich die Mehrheit der Bevölkerung für einen Verbleib bei Österreich.

17. Oktober Bei den Nationalratswahlen werden die Christlichsozialen mandatstärkste Partei mit 42% und 85 Mandaten, die Sozialdemokraten erzielen 69 Mandate, die Großdeutschen 28 Mandate. 1 Mandat fällt an die Bürgerlichen Demokraten.

22. Oktober Auf Grund des Wahlergebnisses scheiden die Sozialdemokraten aus der Regierung aus, sie bleiben hinfort in Opposition.

20. November Der Christlichsoziale Michael Mayr bildet eine neue Regierung, der nur Mitglieder der Christlichsozialen Partei angehören.

9. Dezember In der Bundesversammlung, bestehend aus Nationalrat und Bundesrat, wird der Parteilose Michael Hainisch (1858–1940) zum Bundespräsidenten gewählt.

16. Dezember Österreich wird einstimmig in den Völkerbund aufgenommen.

23. Dezember Die Alliierten fordern Ungarn auf, Westungarn, das künftige Burgenland, zu räumen.

1921

26. März–4. April Kaiser Karl I. unternimmt einen Versuch, in Ungarn wieder die Königswürde zu übernehmen, doch in Szombathely wird er zur Umkehr gezwungen.

24. April Bei einer inoffiziellen Volksbefragung in Tirol, die massiv aus Deutschland unterstützt worden ist, sprechen sich 98% der Abstimmenden für einen Anschluss an Deutschland aus.

8. Mai Bei einer Versammlung des katholischen Pfarrbauernrates in St. Lorenzen in der Steiermark kommt es zu einem Überfall durch sozialdemokratische Parteigänger. Dabei wird Landeshauptmann Anton Rintelen (1876–1946) schwer verletzt.

23. Mai Die Steiermark äußert den Wunsch nach einer Volksbefragung zum Anschluss, wird aber von der Wiener Politik zurückgepfiffen.

29. Mai   In Salzburg findet eine inoffizielle Volksbefragung statt, 99,5 % sprechen sich für einen Anschluss an Deutschland aus.

1. Juni   Wegen der Anschlussfrage tritt Bundeskanzler Michael Mayr zurück.

21. Juni   Der Parteilose Johannes Schober (1874–1932), bisher Polizeipräsident von Wien und Sympathisant der Deutschnationalen, bildet eine neue Regierung.

28. August   In den westungarischen Gebieten, die an Österreich abgetreten werden sollen, formiert sich Widerstand gegen die einrückenden Gendarmerie- und Zolleinheiten. Der Einsatz des Bundesheeres wird Österreich von den Alliierten untersagt. Es kommt zu mehreren bewaffneten Auseinandersetzungen.

11. September   Die erste »Wiener Messe« wird eröffnet. 4700 Aussteller aus allen Gewerbe- und Industriezweigen präsentieren ihre Produkte.

13. Oktober   Mit der Unterzeichnung des Protokolls von Venedig, das durch italienische Vermittlung zustande kam, wird die Burgenlandfrage einvernehmlich gelöst. Ungarn übergibt das Burgenland kampflos an Österreich, lediglich im Raum um Sopron soll eine Volksabstimmung über die Zugehörigkeit entscheiden. Der Name Burgenland leitet sich von der Bezeichnung für die vier westungarischen Komitate Pressburg, Wieselburg, Ödenburg und Eisenburg ab.

20. Oktober   Kaiser Karl I. landet mit seiner Gattin Zita mit einem Flugzeug in der Nähe von Sopron. Er will noch einen Restaurationsversuch unternehmen.

24. Oktober   Die kaisertreuen Truppen unter General Anton Lehár (1867–1962) erleiden bei Budaörs eine Niederlage gegen reguläre ungarische Armeeeinheiten. Das Kaiserpaar wird gefangen genommen.

13.–30. November   Den Vereinbarungen des Venediger Protokolls zufolge, besetzt das österreichische Bundesheer das Burgenland.

19. November   Kaiser Karl I. begibt sich mit seiner Familie in seinen neuen Exilort Funchal auf Madeira.

1. Dezember   Wegen der galoppierenden Inflation kommt es in Wien zu Plünderungen. Bei Zusammenstößen mit der Exekutive gibt es Verletzte.

14.–16. Dezember   Die Einwohner von Sopron und der umliegenden Gemeinden entscheiden sich mehrheitlich für einen Verbleib bei Ungarn.

16. Dezember   Österreich und die Tschechoslowakei unterzeichnen den Vertrag von Lana. Neben einer gegenseitigen Gebietsgarantie wird ein Kredit in der Höhe von 500 Millionen Tschechenkronen für Österreich zum Ankauf von Kohle und Zucker vereinbart.

29. Dezember   Das so genannte Trennungsgesetz wird erlassen. Die Stadt Wien trennt sich von Niederösterreich und wird damit ein eigenes Bundesland.

1922

Ungarn übernimmt Sopron und sieben umliegende Landgemeinden.

26. Januar   Bundeskanzler Johannes Schober tritt wegen Angriffen der Großdeutschen zurück. Vizekanzler Walter Breisky (1871–1944) übernimmt interimistisch die Regierungsgeschäfte.

27. Januar   Nach dem Ausscheiden der großdeutschen Kabinettsmitglieder bildet Schober eine neue Regierung, der Christlichsoziale und Parteifreie angehören.

1. April   In Funchal stirbt Kaiser Karl I.

10. Mai   Der christlichsoziale Finanzminister Alfred Gürtler (1875–1933) wird von den Sozialdemokraten und den Großdeutschen gestürzt. Ursache ist der rapide Verfall der österreichischen Währung, die Krone steht zum Schweizer Franken 3600 : 1.

24. Mai   Anhaltende Differenzen mit den Großdeutschen – sie kritisieren vehement den Abschluss des Vertrages von Lana mit der Tschechoslowakei – zwingen Schober zum Rücktritt.

31. Mai   Der Christlichsoziale Prälat Ignaz Seipel bildet, in Koalition mit den Großdeutschen, eine neue Regierung.

14. Juni   Ein neues Notenbankgesetz wird erlassen. Mit einem Aktienkapital von 30 Millionen Goldkronen wird die Oesterreichische Nationalbank gegründet.

August   Mit Reisen nach Berlin, Verona und Prag versucht Seipel, finanzielle Hilfe für Österreich zu bekommen.

6. September   In einer Rede vor dem Völkerbund in Genf macht Seipel auf die dramatische finanzielle Lage Österreichs aufmerksam.

27. September   Der Völkerbund genehmigt den von Österreich vorgelegten Sanierungsplan.

4. Oktober   Die Genfer Protokolle über die Gewährung einer Anleihe an Österreich werden unterzeichnet. Österreich erhält eine Anleihe in der Höhe von 650 Millionen Goldkronen, befristet auf 20 Jahre. Mitunterzeichner des Abkommens sind Großbritannien, Frankreich, Italien und die Tschechoslowakei.

14. November   Der christlichsoziale Finanzexperte Viktor Kienböck (1873–1956) wird neuer Finanzminister.

24. November   Gegen die Stimmen der Sozialdemokraten nimmt der Nationalrat mit 103 Stimmen die Völkerbundanleihe an.

26. November   In einem außerordentlichen Kabinettsrat werden rigorose Sparmaßnahmen beschlossen. So müssen bis Mitte 1924 100.000 Staatsbeamtenstellen abgebaut werden.

18. Dezember   In Wien trifft Alfred Zimmermann (1869–1939), ehemals Bürgermeister von Rotterdam, als Generalkommissär des Völkerbundes ein. Er ist mit der Kontrolle der korrekten Abwicklung der Völkerbundanleihe beauftragt.

1923

2. April   Auf dem Wiener Exelberg liefern sich 300 Nationalsozialisten mit Angehörigen des Republikanischen Schutzbundes, der paramilitärischen Organisation der Sozialdemokraten, die »Schlacht auf dem Exelberg«. Es gibt mehrere Verletzte.

12. April   Das Innenministerium erteilt den Nichtuntersagungsbescheid für den Republikanischen Schutzbund. Julius Deutsch (1884–1968) und der ehemalige k. u. k. General Theodor Körner (1873–1957) leiten diesen paramilitärischen Verband als Antwort auf die Heimwehren.

16. April   Um seine Regierung umzubilden, bzw. die Zahl der Ressorts drastisch zu kürzen, tritt Bundeskanzler Ignaz Seipel zurück.

17. April   Prälat Seipel bildet eine neue Regierung und übernimmt selbst auch das Innenressort. Der großdeutsche Vi-

zekanzler Felix Frank (1876–1957) übernimmt auch das Justizressort, Handel und Gewerbe werden mit dem Verkehrsressort zusammen gelegt.

Juli   Ein neues Wahlgesetz wird erlassen, das die Zahl der Abgeordneten von 183 auf 165 reduziert.

18. Juli   Die italienische Regierung unter Benito Mussolini (1883–1945) veröffentlicht ihr Programm zur »Entnationalisierung« Südtirols. Einzige Amtssprache ist Italienisch.

11.–13. August   Auf dem 2. Reichsparteitag der christlichsozialen Arbeitervereine wird das so genannte Linzer Programm, erstellt von Karl Lugmayer (1892–1972), verabschiedet.

3. September   Die von Johannes Schober gegründete internationale Polizeiorganisation Interpol, der sich 15 Staaten anschließen, tagt zum ersten Mal in Wien.

21. September   Der Wiener Stadtsenat beschließt angesichts der extremen Wohnungsnot, in den nächsten fünf Jahren 25.000 Gemeindewohnungen zu erbauen.

21. Oktober   Bei den Nationalratswahlen erzielen sowohl Christlichsoziale als auch Sozialdemokraten Gewinne. Verlierer sind die Großdeutschen. Bundeskanzler Seipel bleibt nach einem formalen Rücktritt am 20. November mit einem unveränderten Regierungsteam im Amt.

10. Dezember   Der aus Ljubljana stammende und in Graz lehrende Chemiker Fritz Pregl (1869–1930) erhält den Nobelpreis für Chemie für seine Forschungen auf dem Gebiet der quantitativen Mikroanalyse organischer Verbindungen.

1924

11. Mai   In Österreich wird zum ersten Mal der Muttertag gefeiert. Diese amerikanische Idee wird von der Mutter des Bundespräsidenten Marianne Hainisch (1839–1936) aufgegriffen.

1. Juni   Bundeskanzler Ignaz Seipel wird am Wiener Südbahnhof bei einem Revolverattentat des Arbeitslosen Karl Jaworek schwer verletzt.

22. September   Im bayerischen Innenministerium wird ein Antrag auf Landesverweis für den aus der Festungshaft in Landsberg entlassenen Adolf Hitler (1889–1945) abgelehnt. Die Rechtsvermutung, er sei österreichischer Staatsbürger, ist unrichtig, da er durch den Dienst in der deutschen Armee die österreichische Staatsbürgerschaft verloren hat.

28. September   Die Depositenbank des Kriegsgewinnlers und Spekulanten Camillo Castiglioni (1879–1957) gerät in Zahlungsschwierigkeiten. Bereits im Mai wurde gegen ihn Strafanzeige erstattet. Als man ihn im September festnehmen will, ist er unbekannten Aufenthalts.

Ende September   Die Inflation befindet sich auf dem Höhepunkt: Ein Laib Brot kostet 8.500 Kronen, ein Ei 1.650 Kronen.

8. November   Bundeskanzler Ignaz Seipel tritt wegen anhaltender Differenzen mit den Bundesländern, wegen der mit der Genfer Anleihe verbundenen Sparpolitik, zurück.

20. November   Neuer Bundeskanzler wird der Salzburger Rechtsanwalt Rudolf Ramek (1881–1941).

9. Dezember   Michael Hainisch wird zum zweiten Mal zum Bundespräsidenten gewählt.

12. Dezember   Der Schilling löst die Krone als neue Währung ab. Damit ist die Nachkriegsinflation endgültig vorbei.

1925

4. März   Die mit der Genfer Sanierung verbundenen Sparmaßnahmen sind fast abgeschlossen: 84.362 Beamtenstellen sind abgebaut worden, davon allein mehr als 42.000 bei den Eisenbahnen. Das anvisierte Ziel von 100.000 Beamten ist allerdings nicht erreicht worden.

10. März   Der nationalsozialistische Parteigänger Otto Rothstock (1904–nach 1976) verübt ein Attentat auf den Schriftsteller und Publizisten Hugo Bettauer (* 1877), bei dem dieser getötet wird. Bettauer war Herausgeber der liberalen »Wochenschrift für Lebenskultur und Erotik«.

18. Juli   In Deutschland erscheint die Kampfschrift Adolf Hitlers »Mein Kampf«. Er verfasste sie während seiner Festungshaft in Landsberg nach dem Münchner Putsch von 1923.

29. Juli   Im Nationalrat wird eine Verfassungs- und Verwaltungsreform beschlossen. Ab nun kontrolliert der Rechnungshof auch die Gebarung der Länder. Nur Wien ist nicht betroffen, da es in Wien bereits ein Kontrollamt gibt. Der Bund kann gegen die Finanz- und Steuergesetze des Bundes Einspruch erheben. Außerdem wird ein Verwaltungsgesetz beschlossen, das in seiner einfachen Klarheit zu den herausragenden Gesetzeswerken gehört.

18–31. August   In Wien findet der Zionistenkongress statt.

5. Oktober   Im Wiener Landesgericht wird Otto Rothstock von der Mordanklage im Fall Bettauer wegen »Jugendirresein« freigesprochen. Er muss 15 Monate in die psychiatrische Klinik von Julius Wagner-Jauregg (1857–1940).

19. Oktober   Eisenstadt wird die Hauptstadt des neuen Bundeslandes Burgenland.

10. Dezember   Der aus Wien gebürtige und in Göttingen lehrende Chemiker Richard Zsigmondy (1865–1929) erhält den Nobelpreis für Chemie für seine Arbeiten über die heterogene Natur von kolloiden (=gelartigen) Lösungen.

1926

14. Januar   Bundeskanzler Rudolf Ramek tritt zurück, da sein Finanzminister Jakob Ahrer (1888–1962) durch Bankenskandale ins Zwielicht geraten ist.

15. Januar   Rudolf Ramek stellt sein neues Kabinett vor, Ahrer wird durch Josef Kollmann (1868–1951) ersetzt, Andreas Thaler (1883–1939) löst den bisherigen Landwirtschaftsminister Rudolf Buchinger (1879–1950) ab.

9. Juni   Die vom Völkerbund anlässlich der Genfer Anleihe über Österreich verfügte Finanzkontrolle wird aufgehoben. Generalkommissär Alfred Zimmermann verlässt Österreich.

3.–6. Oktober   In Wien findet der 1. Paneuropa-Kongress statt. Die 1923 vom Österreicher Richard Graf Coudenhove-Kalergi (1894–1972) gegründete Paneuropa-Union verfolgt die Vision eines geeinten Europas. Politiker wie der Franzose Aristide Briand (1862–1932) oder der Deutsche Gustav Stresemann (1878–1929), aber auch der Österreicher Ignaz Seipel fördern diese Idee.

15. Oktober   Wegen eines geplanten Streiks der Bundesbeamten tritt das Kabinett Ramek zurück.

20. Oktober   Ignaz Seipel bildet neuerlich eine Regierung, in der auch Minister der Großdeutschen Volkspartei vertreten sind.

30. Oktober–3. November   In Linz hält die Sozialdemokratische Partei einen Parteitag ab, auf dem sie ein neues Parteiprogramm verabschiedet. Das »Linzer Programm«, das die unverkennbare Handschrift Otto Bauers trägt, wird

zum Hauptdokument des Austromarxismus. Es fordert den Übergang von einer kapitalistischen zu einer sozialistischen Gesellschaftsordnung. Große Bereiche der Industrie sollen verstaatlicht werden. Neuerlich wird der Wunsch nach dem Anschluss an Deutschland bekräftigt. Für Aufregung sorgt die Formulierung von der »Diktatur des Proletariats«, die vielfach überzogen interpretiert wurde.

29. November   Auch die Christlichsozialen beschließen auf einem Parteitag in Linz, als Antwort auf die Sozialdemokraten, ein neues Programm. Dem sozialdemokratischen Klassenkampf wird ein noch unausgegorenes ständestaatliches Konzept – »Berufsstände als gleichberechtigte Glieder der Volksgemeinschaft« – gegenüber gestellt.

1927

Der Architekt Karl Ehn (1884–1959) beginnt in Wien mit dem Bau des Karl Marx-Hofes. Die größte Wohnhausanlage der Gemeinde Wien erstreckt sich auf 1,2 km Länge und umfasst 1.325 Wohnungen.

30. Januar   Im burgenländischen Ort Schattendorf kommt es zu einem Zusammenstoß zwischen Angehörigen des Republikanischen Schutzbundes und der Frontkämpfervereinigung, einer rechts stehenden, paramilitärischen Gruppe. Dabei werden ein Invalide und ein Kind getötet, mehrere Personen verletzt.

24. April   In Österreich finden Nationalratswahlen statt, bei denen die Christlichsozialen gemeinsam mit den Großdeutschen auf einer Einheitsliste antreten. Während die Sozialdemokraten Gewinne verzeichnen (plus drei Mandate), verlieren die Christlichsozialen deutlich.

19. Mai   Bundeskanzler Ignaz Seipel bildet wieder eine Regierung, muss aber wegen der Mandatsverluste seiner Partei neben der Großdeutschen Volkspartei noch den Landbund für Österreich, eine liberale Bauernpartei, in die Koalitionsregierung aufnehmen.

4. Juli   Vor einem Wiener Schwurgericht beginnt der Prozess gegen drei Mitglieder der Frontkämpfervereinigung wegen der Schießerei im burgenländischen Schattendorf.

14. Juli   In einem Geschworenenprozess werden die drei Schützen der Frontkämpfervereinigung freigesprochen.

15. Juli   Ein Brandartikel des Chefredakteurs der Arbeiter-Zeitung Friedrich Austerlitz (1862–1931), der das skandalöse
Urteil vom Vortag anprangert, veranlasst Tausende Arbeiter
kurz nach Arbeitsbeginn die Arbeit wieder niederzulegen
und ungeordnet in die Innenstadt zu strömen. Am Vortag
hat der Parteivorstand der Sozialdemokraten eine Massendemonstration gegen das Urteil abgelehnt, da die Sozialdemokratie zu den Verfechtern der Schwurgerichtsordnung
gehört. Es gibt daher keine parteieigenen Ordnungskräfte
vor Ort, die die Massen hätten koordinieren können. Zunächst kommt es zu einem Sturm auf den Justizpalast am
Schmerlingplatz, der von den Demonstranten in Brand gesetzt wird. Zuvor werden Bündel an Akten auf die Straße
geworfen, dabei gehen wertvolle Dokumente zugrunde,
z. B. die Verzichtserklärung von Kaiser Karl I. Die Demonstranten hindern die Feuerwehr am Löschen, obwohl der
Wiener Bürgermeister Karl Seitz sich persönlich vor Ort dafür einsetzt. Auch eilig herbeigeholte Gruppen des Republikanischen Schutzbundes können die Demonstration nicht
mehr beruhigen. In der Folge richtet sich die Wut der Leute
gegen Polizeiwachzimmer. Schließlich werden mit Geweh-
ren ausgerüstete Sicherheitswacheabteilungen eingesetzt,
die wahllos in die Menge schießen. Noch am nächsten Tag
ereignen sich kleinere Zusammenstöße in den Wiener Au-
ßenbezirken. Eine kurzfristig ausgegebene Generalstreik-
parole wird nur kurz und nicht flächendeckend befolgt. Als
Streikbrecher profilieren sich Heimwehrverbände. Das Fazit
sind 89 Tote, mehr als 600 Verletzte. Polizeipräsident Johannes Schober und Kanzler Ignaz Seipel werden in der Folge
als »Arbeitermörder« gebrandmarkt.

17. September   Der Herausgeber der Zeitschrift »Die Fackel«,
Karl Kraus, lässt ein Plakat affichieren, auf dem er den Po-
lizeipräsidenten Johannes Schober als Verantwortlichen für
den Waffeneinsatz am 15. Juli zum Rücktritt auffordert. Er
widmet auch die Oktobernummer seiner Zeitschrift diesen
Ereignissen. Als Antwort lässt der Wiener Geschäftsmann
Ernst Winkler († nach 1969), bekannt unter dem Epitheton
»Goldfüllfederkönig«, ein Plakat mit dem Text »Ich fordere
Sie auf, nicht abzudanken« drucken.

26. November   Nach der Eröffnung des »Wiener Schneepalastes« verübt ein Monarchist ein Revolverattentat auf den Wiener Bürgermeister Karl Seitz, der jedoch unverletzt bleibt.

10. Dezember   Der Wiener Psychiater Julius Wagner-Jauregg erhält für seine Entdeckung der Malariatherapie für Paralyseerkrankungen den Nobelpreis für Medizin.

1928

13. Januar   Schwurgerichtsprozesse gegen Demonstranten des 15. Juli 1927 gehen mit Freisprüchen zu Ende.

31. Januar   Die zu Ende des Ersten Weltkrieges über Österreich eingesetzte Interalliierte Militärkontrolle geht zu Ende.

28. April   Der ehemalige Führer der ungarischen Räterepublik von 1919 Béla Kun (1886–1937) wird in Wien verhaftet. Er wird von Österreich nicht nach Ungarn ausgeliefert, sondern Ende Juli in die Sowjetunion abgeschoben. Wegen seiner Weigerung, Kun an Ungarn auszuliefern, muss der großdeutsche Justizminister Dinghofer am 26. Juni zurücktreten.

27. Juni   Der sozialdemokratische Abgeordnete Albert Sever (1867–1942) stellt im Nationalrat den Antrag, das Kriegswirtschaftliche Ermächtigungsgesetz aus dem Jahr 1917, das in den Jahren nach der Genfer Sanierung hundertfach angewendet worden ist, aufzuheben. Sein Antrag wird mit den Stimmen der Regierungskoalition abgelehnt.

31. August   Im Ministerrat wird der Beitritt Österreichs zum Briand-Kellog-Pakt beschlossen. Dieser am 27. August in Paris unterzeichnete Pakt erklärt einen Angriffskrieg für völkerrechtswidrig. Sanktionen für einen zuwider handelnden Staat werden aber nicht beschlossen.

7. Oktober   Sowohl der Republikanische Schutzbund als auch die Heimwehren haben für diesen Tag einen großen Aufmarsch mit Kundgebung in Wr. Neustadt angemeldet. Das Bundesheer wird aufgeboten, damit es zu keinen Zusammenstößen kommt. Der Tag verläuft friedlich.

29. Oktober–1. November   Beim sozialdemokratischen Parteitag in Wien kann sich der von Karl Renner geführte gemäßigte Parteiflügel, der eine Beteiligung an der Regierung favorisiert, gegen die Mehrheit der Delegierten nicht durchsetzen.

25. November   Bundeskanzler Ignaz Seipel eröffnet wieder die Salzburger Universität. Er selbst war an dieser Hochschule

zwischen 1909 und 1917 als Professor für Moraltheologie tätig gewesen.

5. Dezember   Die Bundesversammlung wählt den christlichsozialen Abgeordneten Wilhelm Miklas, als Nachfolger von Michael Hainisch, zum Bundespräsidenten.

18. Dezember   Bundeskanzler Seipel erklärt bei einer Versammlung in Graz, dass die Heimwehren mit gewissen Einschränkungen als Bundesgenossen der bürgerlichen Parteien anzusehen wären.

1929

27. Januar   Der christlichsoziale Arbeiterführer Leopold Kunschak (1871–1953) äußert sich kritisch zur Heimwehrbewegung. Er nennt sie eine »Gefahr für das parlamentarische System«.

3. April   Bundeskanzler Ignaz Seipel tritt zurück. Dafür gibt es mehrere Ursachen, zum einen Spannungen innerhalb der Regierungskoalition, zahlreiche politisch motivierte Kirchenaustritte und vor allem der sehr schlechte Gesundheitszustand des Kanzlers, der sich seit dem Attentat des Jahres 1924 nie wieder ganz erholt hat.

5. Mai   Der bisherige Vizepräsident der Handels- und Gewerbekammer Ernst Streer von Streeruwitz (1874–1952) bildet mit den bisherigen Koalitionspartnern Großdeutsche und Landbund ein neues Kabinett.

18. August   Bei einem Zusammenstoß zwischen dem Republikanischen Schutzbund und Heimwehrleuten in St. Lorenzen im Mürztal sind drei Tote und fast 150 Verletzte zu beklagen.

19. August   Sozialdemokratische Arbeiter überfallen in Vösendorf drei Heimwehrmänner, dabei wird der 27-jährige Franz Janisch getötet. Wie sich später herausstellt, ist Janisch Mitglied der NSDAP. Von der Partei wird er später als erster »Blutzeuge der Bewegung« betrachtet.

28. August   Der niederösterreichische Bauernbund tritt korporativ mit seinen 100.000 Mitgliedern der niederösterreichischen Heimwehr bei, um diese zu unterwandern und um die schwache Stellung des Landesführers Julius Raab (1891–1964) zu stärken.

25. September   Bundeskanzler Streeruwitz tritt zurück. Er sieht sich außerstande, eine Reform der Bundesverfassung durch-

zusetzen. Vor allem die Heimwehren sind seine erklärten Gegner.

26. September   Johannes Schober, Wiener Polizeipräsident und bereits zweimal Bundeskanzler, bildet zum dritten Mal eine Regierung. Hauptaufgabe ist eine Novelle der Bundesverfassung. Schober nimmt auch parteiungebundene Fachleute in sein Kabinett auf, wie den Priester Theodor Innitzer (1875–1955).

6. Oktober   Die Creditanstalt wird seitens der Regierung genötigt, die bankrotte Bodencreditanstalt zu übernehmen, was letztlich zum Zusammenbruch der Creditanstalt führt.

24. Oktober   Mit dem »Schwarzen Freitag« in New York, an dem die Kursverluste der Aktien bis zu 90% erreichen, beginnt die Weltwirtschaftskrise. Infolge der engen Verflechtung der amerikanischen mit der europäischen Wirtschaft breitet sich in kurzer Zeit die Krise in ganz Europa aus.

7. Dezember   Mit den Stimmen der Regierungskoalition und der Sozialdemokraten wird im Nationalrat eine Novelle zur Bundesverfassung angenommen. Die Reform stärkt die Stellung des Bundespräsidenten, der auch ein Notverordnungsrecht und den Oberbefehl über das Bundesheer erhält. Zur Bildung eines Länder- und Ständerates, anstelle des Bundesrates, kommt es nicht.

14. Dezember   Der Landbund für Österreich, schon geraume Zeit auf Konfrontationskurs zu den Heimwehren, gründet in Straden die steirische Bauernwehr als eigene paramilitärische Truppe.

1930

17. Januar   In Wien wird der »Reichsverband der Bauernwehren« gegründet.

20. Januar   In der Schlussakte der 2. Haager Konferenz werden Österreich alle Reparationspflichten, die Forderungen der Nachfolgestaaten und das »Generalpfandrecht« erlassen.

6. Februar   Bundeskanzler Johannes Schober unterzeichnet in Rom einen Freundschafts- und Schiedsgerichtsvertrag mit Italien.

23./24. Februar   Anlässlich eines Staatsbesuches von Bundeskanzler Schober in Berlin wird Einigung über einen deutsch-österreichischen Handelsvertrag erzielt.

4. April Im Nationalrat wird ein Gesetz zum Schutz der Arbeits- und Versammlungsfreiheit (Antiterrorgesetz) beschlossen.

12. April Zwischen Österreich und Deutschland wird ein Handelsvertrag abgeschlossen.

Frühjahr Franz Wallack (1887–1966) beginnt mit dem Bau der Großglockner-Hochalpenstraße.

Mai Die Zahl der offiziell unterstützten Arbeitslosen beträgt bereits 284.543, die Dunkelziffer dürfte weit höher liegen.

9. Mai Heeresminister Carl Vaugoin (1873–1949) übernimmt von Bundeskanzler Seipel die Führung der Christlichsozialen Partei.

18. Mai In Korneuburg trifft die niederösterreichische Heimwehr zu einer Großkundgebung zusammen. Dabei verliest Richard Steidle das so genannte Korneuburger Gelöbnis, das eine vehemente Absage an die parlamentarische Republik enthält. Die Heimwehr bekennt sich damit zu faschistischen Grundsätzen, wobei sie in einen monarchistischen Flügel unter Ernst Rüdiger Starhemberg (1899–1965) und einen großdeutschen unter Walter Pfrimer (1881–1968) gespalten ist.

15. Juni Bundeskanzler Johannes Schober ordnet die Ausweisung des deutschen Ex-Majors und Bundesstabschefs der Heimwehr Waldemar Pabst (1880–1970) wegen unzulässiger politischer Betätigung an.

10. Juli Der Heimwehrführer Ernst Rüdiger Starhemberg trifft in Rom mit dem Staatschef des faschistischen Italien Benito Mussolini zusammen. Er erhält Zusagen über finanzielle Unterstützung und Waffenlieferungen.

14. Juli In London wird eine Investitionsanleihe für Österreich in der Höhe von 440 Millionen Schilling abgeschlossen.

2. September Starhemberg wird in Schladming zum Bundesführer der Heimwehren gewählt. Gleichzeitig treten Richard Steidle und Walter Pfrimer zurück.

25. September Bundeskanzler Johannes Schober tritt mit seiner dritten Regierung zurück, da er eine Zusammenarbeit mit der Heimwehr ablehnt.

30. September Heeresminister Vaugoin bildet ein neues Kabinett mit Christlichsozialen und zwei Mitgliedern der Heimwehr. Starhemberg wird Innenminister und der Salzburger Rechtsanwalt Franz Hueber (1884–1981) Justizminister.

1. Oktober   Bundespräsident Wilhelm Miklas löst den Nationalrat auf und schreibt Neuwahlen aus.

4. Oktober   Innenminister Starhemberg hebt die Ausweisung
von Major Pabst auf.

9. November   In Österreich finden zum letzten Mal freie Wahlen statt. Die Sozialdemokraten werden stimmenstärkste
Partei, die Christlichsozialen verlieren sieben Mandate an
den erstmals kandidierenden Heimatblock. Der so genannte
Schoberblock, ein Zusammenschluss von Nationaler Wirtschaftsblock und Landbund, kann sein Stimmenpotential
behaupten. Die erstmals antretenden Nationalsozialisten erhalten kaum mehr als 3 %.

29. November   Bundeskanzler Vaugoin tritt zurück.

4. Dezember   Der bisherige Landeshauptmann von Vorarlberg Otto Ender (1875–1960) bildet, unter Hereinnahme
der Großdeutschen und des Landbundes, eine neue Regierung.

7. Dezember   Unter Mitwirkung des christlichsozialen Natio-
nalratsabgeordneten Kurt Schuschnigg (1897–1977) werden
mit Zustimmung von Bischof Sigismund Waitz (1864–1941)
in Innsbruck die Ostmärkischen Sturmscharen, deren Haupt-
ziel der politische Katholizismus ist, gegründet.

Julius Raab gründet mit Unterstützung der Christlichsozialen und des Bauernbundes die »Niederösterreichische Heimwehr«, die für Demokratie und Parteienstaat eintritt.

10. Dezember   Der Wiener Arzt Karl Landsteiner (1868–1943)
erhält für die Entdeckung der Blutgruppen den Nobelpreis
für Medizin.

1931

26. Januar   Österreich und Ungarn unterzeichnen einen
Freundschafts- und Schiedsgerichtsvertrag.

27. Januar   Anlässlich einer Tagung der Landesleiter der Heimwehren in Wien verlassen die Landesleiter von Wien Emil
Fey (1886–1938) und von Burgenland Michael Vas nach Kritik am Bundesführer Ernst Rüdiger Starhemberg die Dach-
organisation.

3.–5. März   Der deutsche Außenminister Julius Curtius
(1877–1948) hält sich zu einem Besuch in Wien auf.

18. März Engelbert Dollfuß (1892–1934) wird neuer Landwirtschaftsminister; er löst den Tiroler Andreas Thaler
(1883–1939) ab, der sich einem Siedlungsprojekt in Brasilien
widmet.

18./19. März In Wien kommen Vertreter von Deutschland, Österreich, Jugoslawien, Rumänien, Ungarn und der Tschechoslowakei zu einer mitteleuropäischen Wirtschaftskonferenz
zusammen.

19. März In Wien wird der deutsch-österreichische Zollunionsvertrag, der während des Besuches von Außenminister
Curtius verhandelt worden ist, unterzeichnet.

21. März Als Unterzeichnerstaaten der Genfer Protokolle erheben Frankreich, Italien und die Tschechoslowakei gegen den
Zollunionsvertrag Einspruch, da er ihrer Ansicht nach gegen
die Genfer Protokolle verstößt. Österreich und Deutschland
müssen das Projekt aufgeben.

25./26. April Bei einem Bundesparteitag in Klagenfurt distanziert sich die Christlichsoziale Partei deutlich von den Heimwehren.

2. Mai Ernst Rüdiger Starhemberg tritt als Bundesführer der
Heimwehr zurück. Sein Nachfolger wird Walter Pfrimer.
Starhemberg muss sich um seine Gutsbetriebe kümmern,
die schwer verschuldet sind.

8. Mai Mit einem Defizit von 140 Millionen Schilling steht die
Creditanstalt vor dem Zusammenbruch. Hauptaktionär der
Bank ist Louis Nathaniel Rothschild (1882–1955).

12. Mai Nach Bekanntwerden des Sanierungsplanes für die
Creditanstalt kommt es zu einem Run auf die Bankschalter.

15. Mai Papst Pius XI. (1857–1939) veröffentlicht die Enzy-
klika »Quadragesimo anno«, die später zur ideologischen
Grundlage des Ständestaates wird.

16. Juni Bundeskanzler Otto Ender tritt wegen des Scheiterns
des Zollunionsprojekts und der Krise der Creditanstalt zurück. Außerdem weigert sich der Landbundpolitiker Franz
Winkler (1890–1945), die Haftungserklärung der Regierung
für die Creditanstalt mitzutragen.

18. Juni Ignaz Seipel verhandelt angesichts der Finanzkrise
über die Bildung einer Konzentrationsregierung. Er richtet
auch ein Angebot an die Sozialdemokratische Partei, der er
vier Kabinettssitze anbietet, was von dieser abgelehnt wird.

20. Juni   Der bisherige christlichsoziale Landeshauptmann von Niederösterreich Karl Buresch (1878–1936) bildet eine neue Koalitionsregierung, an der sich der Landbund und der Nationale Wirtschaftsblock beteiligen.

17. Juli   Im Nationalrat werden drei Gesetze beschlossen, die die Rekonstruktion der Creditanstalt ermöglichen sollen, um das Institut, dem ein großer Teil wichtiger Industrieunternehmen verbunden ist, vor dem Zusammenbruch zu retten. Die Republik Österreich trägt 100 Millionen Schilling bei, die Oesterreichische Nationalbank sowie das Haus Rothschild beteiligen sich mit je 30 Millionen Schilling. Da es zu einem Ansturm der Kunden auf die Bankschalter gekommen ist, wird auch eine Stützung durch mehrere europäische Notenbanken und durch die Bank für internationale Zahlungen notwendig.

3. September   Außenminister Johannes Schober gibt in Genf vor dem Völkerbund eine offizielle Erklärung ab, dass Österreich die Zollunion mit Deutschland »nicht weiter zu verfolgen gedenke«.

5. September   Das auf Betreiben Großbritanniens mit der Zollunion befasste Haager Schiedsgericht entscheidet mit 8 : 7 Stimmen, dass das Zollunionsprojekt gegen die Genfer Protokolle verstößt.

12./13. September   Der steirische Heimwehrführer Walter Pfrimer unternimmt einen Putschversuch, der jedoch kläglich scheitert. Der Großteil der Putschisten geht wieder nach Hause, Pfrimer flieht nach Maribor, an die 100 Putschisten werden verhaftet, vor Gericht gestellt, aber freigesprochen.

22. September   Nach Regelung seiner finanziellen Situation übernimmt Starhemberg wieder die Bundesführung der Heimwehr.

9. Oktober   Wilhelm Miklas wird zum zweiten Mal von der Bundesversammlung zum Bundespräsidenten gewählt.

6. November   Der Völkerbund bestellt den Niederländer Meinoud Rost van Tonningen (1894–1945) zum Finanzkontrollor für Österreich.

11. Dezember   Starhemberg gelingt es, die auseinander driftenden Heimwehrfraktionen wieder zu einen, Emil Fey und Richard Steidle schließen sich wieder an.

18. Dezember   Der Hochverratsprozess gegen Walter Pfrimer, der Anfang Dezember aus Jugoslawien nach Österreich zurückgekehrt ist, endet mit einem Freispruch.
Offiziell werden 302.000 unterstützte Arbeitslose gemeldet, dazu kommen noch 98.000 »ausgesteuerte« Arbeitslose, das sind jene Personen, die wegen langer Dauer der Arbeitslosigkeit keinen Anspruch mehr auf Unterstützung haben.

1932

27. Januar   Wegen Differenzen mit den Großdeutschen und mit Außenminister Johannes Schober tritt die Regierung Buresch zurück.

29. Januar   Karl Buresch bildet eine Regierung ohne die Beteiligung der Großdeutschen.

5. März   Der christlichsoziale Arbeiterführer Leopold Kunschak fordert die Entwaffnung der Parteiarmeen.

24. April   Bei den Landtagswahlen in Wien, Niederösterreich und Salzburg erzielen die Nationalsozialisten deutliche Stimmengewinne.

6. Mai   Ein Misstrauensantrag im Parlament und die Forderung nach Neuwahlen führt zum Sturz der Regierung Buresch.

20. Mai   Der bisherige Landwirtschaftsminister Engelbert Dollfuß bildet eine Regierung aus Christlichsozialen, Landbund und Heimatblock.

23. Mai   Der steirische Heimwehrführer Walter Pfrimer erklärt, nur mehr Weisungen aus München annehmen zu wollen. Damit hat er sich endgültig auf die Seite der NSDAP geschlagen und die Heimwehr gespalten.

15. Juli   In Lausanne wird der Vertrag über eine weitere Völkerbundanleihe für Österreich unterzeichnet. Sie beläuft sich auf 300 Millionen Schilling und hat eine Laufzeit von 20 Jahren. Österreich muss sich verpflichten auf den Anschluss und auf eine Zollunion zu verzichten.

20. September   Der ehemalige Sozialminister und Universitätsprofessor Theodor Innitzer wird Erzbischof von Wien.

29. September–2. Oktober   Die Nationalsozialisten halten in Wien einen Gauparteitag ab. Der Propagandachef der NSDAP Josef Goebbels (1897–1945) und SA-Führer Ernst Röhm (1887–1934) nehmen daran teil.

1. Oktober   Erstmals nutzt die Regierung das Kriegswirtschaftliche Ermächtigungsgesetz aus dem Jahr 1917. Damit wird eine Verordnung des Justizministers in Kraft gesetzt, mit der Funktionäre der Creditanstalt für Verluste haftbar gemacht werden sollen, ohne den Nationalrat einzuschalten.

17. Oktober   Der Wiener Heimwehrführer Emil Fey wird zum Staatssekretär für das Sicherheitswesen ernannt.

18. November   In der Wiener Herrengasse wird nach Plänen der Architekten Hans Jaksch (1879–1970) und Siegfried Theiß (1882–1963) das erste Hochhaus fertig gestellt.

18. Dezember   Im dichten Weihnachtsgeschäft verursachen Nationalsozialisten im Kaufhaus Gerngroß auf der Wiener Mariahilferstraße eine Panik, die zahlreiche Verletzte fordert.

1933

8. Januar   Die Arbeiter-Zeitung deckt die so genannte Hirtenberger Waffenaffäre auf. Sozialdemokratische Eisenbahner entdecken einen groß angelegten Waffenschmuggel aus Italien über Österreich nach Ungarn. Frankreich und Großbritannien legen scharfen Protest ein. Sie bezeichnen die Affäre als einen Verstoß gegen den Vertrag von St. Germain, was die österreichische Regierung zurückweist. Der Großteil der Waffen war für die ungarische Horthy-Regierung bestimmt, ein kleinerer Teil hätte den Heimwehren gehört.

1. März   Die österreichischen Eisenbahner treten in einen zweistündigen Warnstreik, worauf das Bundesheer die Bahnhöfe besetzt.

4. März   Anlässlich einer turbulenten Abstimmung im Nationalrat über den Eisenbahnerstreik kommt es zum Rücktritt aller drei Parlamentspräsidenten. Dadurch ist niemand in der Lage, die Sitzung ordnungsgemäß zu schließen bzw. auf einen neuen Termin zu vertagen. Damit stürzt der Nationalrat in eine schwere Geschäftsordnungskrise. Bestehende Möglichkeiten zur Beilegung der Krise werden bewusst nicht genutzt.

5. März   Bundeskanzler Engelbert Dollfuß erteilt auf einer Bauernkundgebung in Villach dem parlamentarischen System eine deutliche Absage. Die christlichsozialen Parteiführer sprechen sich für ein autoritäres Regieren ohne den Nationalrat aus.

6. März   In den Medien wird erstmals von einer »Selbstaus-
schaltung des Parlaments« gesprochen.

7. März   Die Regierung erlässt eine Proklamation »An Österreichs Volk«, in der sie sich selbst als im Amt befindlich erklärt. Sie stellt fest, dass es keine Staatskrise gäbe. Eine Auflösung des Nationalrates hätte zwingend Neuwahlen zur
Folge, die die Regierung angesichts des wachsenden Stim-
menpotentials der Nationalsozialisten unbedingt vermei-
den will. Es wird daher mittels des Kriegswirtschaftlichen
Ermächtigungsgesetzes mit Notverordnungen regiert. Die
Pressefreiheit wird eingeschränkt und ein Aufmarschverbot
erlassen.

10. März   Sozialminister Josef Resch (1880–1939) tritt wegen
verfassungsrechtlicher Bedenken zurück.

15. März   Einer Einberufung des Nationalrates durch den Dritten Präsidenten Sepp Straffner (1875–1952) folgen nur Sozialdemokraten und Großdeutsche. Die Sitzung wird von
Kriminalbeamten im Auftrag der Regierung verhindert.

17. März   Der Wiener Polizeipräsident Franz Brandl (1875–
1953) wird vom Bundeskanzler entlassen. Er tritt daraufhin
demonstrativ der NSDAP bei.

25. März   Die Regierung verbietet mit 31. März die paramilitärische Organisation der Sozialdemokraten, den Republikanischen Schutzbund.

10. April   Zur Absicherung des autoritären Regierungskurses
wird die Aufstellung eines »Freiwilligen Assistenzkörpers«
in einem Umfang von 10.000 Mann beschlossen.

13. April   Bundeskanzler Engelbert Dollfuß trifft in Rom mit
dem italienischen Staatschef Benito Mussolini zusammen.
Letzterer gibt die Versicherung ab, Österreichs Selbstständigkeit schützen zu wollen.

23. April   Bei den Gemeinderatswahlen in Innsbruck gewinnen
die Nationalsozialisten 40% der Stimmen, Christlichsoziale
und Sozialdemokraten erleiden schwere Verluste.

1. Mai   Die Bundesregierung verhindert den Maiaufmarsch
der Sozialdemokraten.

5.–7. Mai   Bei einem Bundesparteitag der Christlichsozialen
in Salzburg beschließen die Delegierten eine Unterstützung
der Regierungspolitik, Vaugoin wird zum Parteiobmann gewählt.

10. Mai   Bundeskanzler Engelbert Dollfuß bildet sein Kabinett um, das Finanz-, Handels- und Innenressort werden neu besetzt.

12. Mai   Der Parteivorstand der Sozialdemokraten beschließt, für eine »völkerrechtliche Neutralisierung« Österreichs einzutreten.

14. Mai   In Wien findet eine Großkundgebung der Heimwehren statt, an der auch Bundeskanzler Dollfuß teilnimmt.

15. Mai   Der nationalsozialistische deutsche Reichsjustizminister Hans Frank (1900–1946) wird als unerwünschte Person aus Österreich ausgewiesen.
Die Großdeutsche Volkspartei schließt mit den Nationalsozialisten ein »Kampfbündnis«.

20. Mai   Als überparteiliches Sammelbecken aller regierungstreuen Österreicher wird die Vaterländische Front gegründet.
Die Kommunistische Partei Österreichs wird mit einem Betätigungsverbot belegt.

27. Mai   Durch den Rücktritt der von den Christlichsozialen nominierten Richter wird der Verfassungsgerichtshof immobilisiert.
Seitens des Deutschen Reiches wird die so genannte »Tausendmarksperre« gegen Österreich verhängt. Jeder Deutsche, der nach Österreich reisen will, muss 1000 Reichsmark bezahlen. Dies bedeutet eine schwere Schädigung für den österreichischen Fremdenverkehr.

5. Juni   Bundeskanzler Engelbert Dollfuß und Justizminister Kurt Schuschnigg unterzeichnen in Rom ein Konkordat mit dem Heiligen Stuhl.

13. Juni   Der deutsche Reichstagsabgeordnete und Berater der österreichischen NSDAP Theo Habicht (1898–1944) wird ausgewiesen.

19. Juni   Nach einem Attentat der Nationalsozialisten auf eine Gruppe christlich-deutscher Turner werden die NSDAP und der Steirische Heimatschutz unter der Führung von Konstantin Kammerhofer (1899–1958) mit einem Betätigungsverbot belegt.

19./20. August   Bundeskanzler Dollfuß trifft den italienischen Staatschef Benito Mussolini in Riccione.

1. September   Freiwillige Assistenzkörper werden aufgestellt.

8.–12. September   In Wien findet der »Allgemeine deutsche Katholikentag« ohne Beteiligung aus Deutschland statt.

11. September   Auf dem Wiener Trabrennplatz veranstaltet die Vaterländische Front eine Großkundgebung. In einer programmatischen Rede tritt Bundeskanzler Dollfuß für einen »sozialen, christlichen, deutschen Staat Österreich auf ständischer Grundlage und starker autoritärer Führung« ein.

20. September   Nach Spannungen mit dem Koalitionspartner Landbund, der inzwischen eine »Nationalständische Front« gegründet hat, scheiden die Landbundpolitiker aus dem Kabinett aus. Emil Fey wird Vizekanzler.

23. September   Eine Verordnung über die Errichtung von Anhaltelagern zur Internierung politischer Häftlinge wird erlassen.

27. September   Die Heimwehr tritt geschlossen der Vaterländischen Front bei. Heimwehrführer Starhemberg löst den Heimatblock als Partei auf.

3. Oktober   Bundeskanzler Dollfuß wird bei einem Attentat des nationalsozialistischen Parteigängers Rudolf Dertil (1911-?) leicht verletzt.

14.–16. Oktober   Bei einem Parteitag der Sozialdemokraten wird die Streichung des Anschlussartikels aus dem Parteiprogramm beschlossen.

10. November   Als Antwort auf eine Reihe nationalsozialistischer Gewalttaten beschließt die Bundesregierung die Wiedereinführung der Todesstrafe.

6. Dezember   Die Bischofskonferenz verordnet, dass alle Priester ihre Mandate in öffentlichen Körperschaften zurücklegen müssen.

10. Dezember   Der Wiener Physiker Erwin Schrödinger (1887–1961) erhält gemeinsam mit dem Franzosen Paul Dirac (1902–1984) den Nobelpreis für Physik.

1934

Januar   In Österreich setzt neuerlich eine nationalsozialistische Terrorwelle ein. Insgesamt werden etwa 140 Anschläge verübt.

10. Januar   Heimwehrführer Ernst Rüdiger Starhemberg erklärt: »Unser Kampf ist die uneingeschränkte Durchsetzung der faschistischen Ideenwelt ...«

18. Januar   Bundeskanzler Engelbert Dollfuß fordert die »ehrlichen Arbeiterführer« zur Zusammenarbeit auf.
Der italienische Staatssekretär Fulvio Suvich (1887–1980) besucht Österreich, um die Regierung auf einen antisozialdemokratischen Kurs einzuschwören und sie zur Beseitigung der Reste des demokratischen Systems zu drängen.

2. Februar   In Wien demonstrieren 100.000 Bauern gegen den NS-Terror.

4. Februar   Der Heimatschutz wandelt in Tirol die Landesregierung in einen autoritären Landesausschuss um; Einheiten des Heimatschutzes sichern die Tiroler Landesgrenzen.

9. Februar   Der christlichsoziale Arbeiterführer Leopold Kunschak hält im Wiener Gemeinderat eine versöhnliche Rede.

11. Februar   Anlässlich einer Heimwehrübung im niederösterreichischen Großenzersdorf erklärt Emil Fey in einer kämpferischen Rede: »Wir werden morgen an die Arbeit gehen, und wir werden ganze Arbeit leisten.«

12. Februar   Eine provokante Waffensuche im Linzer Arbeiterheim, gegen die der Republikanische Schutzbund Widerstand leistet, löst einen viertägigen Bürgerkrieg aus. Zentren der Auseinandersetzung sind neben Linz, noch Wien und die Industriestädte Steyr, St. Pölten, Bruck an der Mur, Kapfenberg, Stadtteil Eggenberg von Graz und Weiz. Die Regierung verhängt sofort nach Ausbruch der Kämpfe das Standrecht. Die Sozialdemokraten rufen einen Generalstreik aus, worauf Heimwehr, Heer und Polizei gegen Arbeiterheime und Wiener Gemeindebauten vorgehen. Besonders heiß umkämpft sind in Wien der Karl Marx-Hof, der Goethe-Hof und der Schlingerhof. Von Seiten der Exekutive werden auch leichte Geschütze eingesetzt, dem die Sozialdemokraten kaum etwas entgegenzusetzen haben. Der Republikanische Schutzbund ist nicht imstande, geordnet Widerstand zu leisten. Zahlreiche Funktionäre fliehen, vor allem in die Tschechoslowakei, wo sie in der Folge eine Exilorganisation aufbauen. Die Kämpfe, die nach offiziellen Angaben mehr als 300 Tote, nach inoffiziellen Schätzungen fast 1000 Tote gefordert haben, dauern insgesamt vier Tage an. Neun Sozialdemokraten werden standrechtlich zum Tode verurteilt und hingerichtet. Tausende Sozialdemokraten werden verhaftet und in die Anhaltelager eingeliefert.

16. Februar   Die Bundesregierung annulliert die Mandate der sozialdemokratischen Abgeordneten. Das Vermögen der Partei wird beschlagnahmt.

17. Februar   Frankreich, Großbritannien und Italien erklären die Notwendigkeit, »...die Unabhängigkeit und Integrität Österreichs ... aufrechtzuerhalten.«

2. März   Eine Verordnung über die Errichtung einer Einheitsgewerkschaft wird erlassen.

17. März   Österreich, Italien und Ungarn unterzeichnen die »Römischen Protokolle«, in denen die drei Staaten wirtschaftliche und politische Zusammenarbeit vereinbaren.

30. April   In der letzten Sitzung des Rumpfparlaments, dem nur mehr 76 Abgeordnete angehören, werden 466 seit April 1933 von der Regierung erlassene Notverordnungen angenommen. Landbund und Großdeutsche protestieren.

1. Mai   Die neue berufsständische autoritäre Verfassung wird proklamiert.

28. Juni   In Brünn findet eine Konferenz der illegalen österreichischen Sozialisten statt.

10. Juli   Bundeskanzler Dollfuß bildet eine neue Regierung.

12. Juli   Die Bundesregierung beschließt ein Gesetz zur Abwehr politischer Gewalttaten, das den Sprengstoffbesitz unter Todesstrafe stellt.

24. Juli   In Klagenfurt wird ein SS-Kommando verhaftet, dessen Ziel ein Anschlag auf den in Kärnten auf Urlaub weilenden Bundespräsidenten Wilhelm Miklas war.

25. Juli   SS-Einheiten stürmen das Bundeskanzleramt in der Absicht, die Regierung durch einen Putsch zu beseitigen. Bei dieser Gelegenheit wird Bundeskanzler Dollfuß von Putschisten ermordet. Es gelingt den Putschisten auch, die Senderäume der RAVAG zu besetzen und die Nachricht zu verbreiten, dass Bundeskanzler Dollfuß zurückgetreten und Anton Rintelen neuer Bundeskanzler wäre. In Wien wird der Putsch noch am selben Tag niedergeschlagen, vor allem im Bundesland Kärnten ziehen sich die Kämpfe noch einige Tage hin.

26.–29. Juli   Die Regierungsgeschäfte führt Vizekanzler Ernst Rüdiger Starhemberg.

30. Juli   Kurt Schuschnigg wird von Bundespräsident Miklas zum neuen Bundeskanzler ernannt. Schuschnigg übernimmt außerdem die Ressorts Landesverteidigung und Unterricht,

Starhemberg bleibt Vizekanzler, insgesamt gehören vier Vertreter der Heimwehr dem Kabinett an.

31. Juli   Acht Hauptbeteiligte an dem Putsch auf das Bundeskanzleramt werden nach einem Standgerichtsverfahren hingerichtet.

15. August   Als neuer deutscher Gesandter trifft der frühere deutsche Vizekanzler Franz von Papen (1879–1969) in Wien ein. Er soll das gespannte Verhältnis der beiden Staaten entkrampfen.

21. August   Bundeskanzler Schuschnigg reist zu einem Treffen mit Benito Mussolini nach Florenz. Schuschnigg erklärt, den bisherigen außenpolitischen Kurs fortsetzen zu wollen.

28. August   Die Bauernpartei Landbund für Österreich wird aufgelöst.

Anfang September   In Blansko (Mähren) findet die so genannte »Wiener Konferenz« der illegalen Sozialdemokraten statt.

27. September   Frankreich, Großbritannien und Italien sind sich über die Aufrechterhaltung der Unabhängigkeit Österreichs einig.

27. Oktober   Zur Entspannung der innenpolitischen Lage beginnt Bundeskanzler Schuschnigg Verhandlungen mit der »Nationalen Opposition«, der Versuch bleibt vergeblich.

31. Oktober   Die der Verfassung entsprechenden neuen gesetzgebenden Körperschaften konstituieren sich. Es sind dies Staatsrat, Bundeskulturrat, Bundeswirtschaftsrat und Länderrat. Diese vier Körperschaften wählen den Bundesrat, der über Gesetzesvorlagen der Regierung entscheidet.

1935

7. Januar   Frankreich und Italien verhandeln über einen allgemeinen »Nichteinmischungspakt« für Österreich.

20. Januar   Bei einer Führertagung der niederösterreichischen Heimwehr erklärt Vizekanzler Ernst Rüdiger Starhemberg: »Nach der Niederringung des Sozialismus und des Nationalsozialismus werden wir daran schreiten müssen, uns mit den anderen Gegnern auseinanderzusetzen.« Als Gegner betrachtet er den Bundeskanzler und den Politischen Katholizismus.

14. März   Der ehemalige steirische Landeshauptmann Anton Rintelen wird wegen seiner Beteiligung am nationalsozia-

listischen Putsch von 25. Juli 1934 zu lebenslangem Kerker verurteilt.

11.–14. April   Frankreich, Großbritannien und Italien beraten bei einer Dreimächtekonferenz in Stresa (Italien) über ihre Haltung gegenüber dem nationalsozialistischen Deutschland und damit im Zusammenhang über die Unabhängigkeit Österreichs.

21. Mai   Der deutsche Reichskanzler Adolf Hitler gibt zu Österreich folgende Erklärung ab:»Deutschland hat weder die Absicht noch den Willen, sich in innerösterreichische Angelegenheiten einzumischen, Österreich etwa zu annektieren oder anzuschließen.«

21. Juni   Die großteils NS-lastige Frontkämpferbewegung wird aufgelöst.

11. Juli   Der deutsche Gesandte Franz von Papen schlägt einen Ausgleich zwischen Österreich und Deutschland vor.

13. Juli   Die Landesverweisung für Mitglieder der Familie Habsburg-Lothringen wird aufgehoben, damit erlebt die monarchistische Bewegung einen Aufschwung.

3. August   Die von Franz Friedrich Wallack geplante Großglockner-Hochalpenstraße wird eröffnet.

Ende August   In Südtirol finden umfangreiche Manöver der italienischen Armee statt. Damit will Mussolini seitens Italiens die»Wacht am Brenner« für die österreichische Unabhängigkeit unterstreichen.

9. Oktober   Österreich erklärt vor dem Völkerbund in Genf, dass es sich nicht an Sanktionen gegen Italien beteiligen werde. Der Völkerbund hat gegen Italien wegen seines Einmarsches in Abessinien Maßnahmen ergriffen. Es ist dies eine Dankesgeste Österreichs für Italiens proösterreichische Haltung anlässlich des nationalsozialistischen Juliputsches.

17. Oktober   Bundeskanzler Kurt Schuschnigg bildet seine Regierung um, Emil Fey scheidet aus der Regierung aus.

23. Dezember   Bundeskanzler Schuschnigg kündigt eine Weihnachtsamnestie für politische Gefangene an. Der größte Teil der Februarkämpfer und etwa die Hälfte der am Juliputsch beteiligten Nationalsozialisten werden entlassen.

1936

16.–17. Januar   Bundeskanzler Schuschnigg hält sich in Prag
auf und verhandelt mit dem tschechoslowakischen Ministerpräsidenten Milan Hodža (1878–1944) und Staatspräsident
Edvard Beneš.

9. März   Der Besuch des tschechoslowakischen Ministerpräsidenten Milan Hodža in Wien leitet eine Phase der engeren
Zusammenarbeit zwischen Österreich und der Tschechoslowakei ein.

23. März   Im so genannten »Sozialistenprozess« werden einige
illegale Sozialisten zu moderaten Freiheitsstrafen verurteilt,
unter ihnen Bruno Kreisky (1911–1990).

25. März   Die Versicherungsgesellschaft »Phönix« bricht zusammen. Schuld an der 260-Millionen-Schilling-Pleite sind
Fehlspekulationen, jahrelang geleistete Bestechungsgelder
für Politiker und der Verfall der Immobilienpreise.

1. April   Die allgemeine Bundesdienstpflicht wird eingeführt.
Dies bedeutet einen Übergang vom Söldnerheer zur allgemeinen Wehrpflicht.
Alle Wehrverbände werden in die Vaterländische Front eingegliedert.

29. April   Mit einer Verordnung wird die Rückgabe des Vermögens der Familie Habsburg-Lothringen möglich gemacht.
Wegen breiter Proteste unterbleibt dies aber größtenteils.

12. Mai   Bundeskanzler Kurt Schuschnigg und Vizekanzler
Ernst Rüdiger Starhemberg beginnen Beratungen über ein
Abkommen mit Deutschland, das vom deutschen Gesand-
ten Franz von Papen nachdrücklich gefordert wird.

13. Mai   Starhemberg schickt anlässlich der Eroberung der
abessinischen Hauptstadt Addis Abeba ein enthusiastisches
Glückwunschtelegramm an Benito Mussolini. Dies führt zu
Protesten des englischen, französischen und tschechoslowakischen Gesandten in Wien.

14. Mai   Starhembergs Telegramm an Mussolini liefert Schuschnigg den Vorwand, diesen aus dem Kabinett zu entfernen.

22. Juni   An der Wiener Universität wird der Philosoph Moritz
Schlick (* 1882), ein Vertreter der positivistischen Schule,
von einem schizoiden ehemaligen Schüler erschossen. Hin-
tergrund der Affäre waren sowohl nationalsozialistische Ge-
sinnung des Attentäters als auch persönliche Eifersucht.

11. Juli Bundeskanzler Schuschnigg schließt mit dem Deutschen Reich ein Abkommen, in dem dieses die Souveränität Österreichs anerkennt. Die Nationalsozialisten sind eine innere Angelegenheit Österreichs. Österreich erklärt sich bereit, eine Politik zu verfolgen, die auf der Tatsache beruht, dass sich Österreich als deutscher Staat versteht. In einem zusätzlichen Geheimabkommen wird vereinbart, dass Edmund Glaise-Horstenau (1882–1946) als Vertrauensmann der Nationalsozialisten und Guido Schmidt (1901–1957), bisher Kabinettsvizedirektor, in die Regierung aufgenommen werden.

5. August Der Kontrollor des Völkerbundes Rost van Tonningen erachtet seine Aufgabe in Österreich für erledigt.

12. August Benito Mussolini warnt den österreichischen Militärattaché in Rom Oberst Emil Liebitzky (1892–1961) vor Hitlers Aggressionspolitik.

9. Oktober Alle österreichischen Wehrverbände werden aufgelöst.

14. Oktober Mit dem Frontmilizgesetz werden alle Wehrverbände in die Vaterländische Front eingegliedert. Kommandant wird Feldmarschall-Leutnant Ludwig Hülgerth (1875–1939).

1. November Mussolini deutet erstmals eine Achse Rom–Berlin an.

3. November Bundeskanzler Schuschnigg bildet neuerlich seine Regierung um, alle Heimwehrmitglieder scheiden aus dem Kabinett aus.

11.–12. November Auf einer Konferenz der »Römerprotokoll-Staaten« in Wien anerkennen Österreich und Ungarn die Eroberung Abessiniens durch Italien.

16. Dezember Der österreichische Wissenschaftler Otto Loewi (1873–1961) erhält den Nobelpreis für Medizin, Viktor Franz Hess (1883–1964) wird mit dem Nobelpreis für Physik ausgezeichnet.

1937

Bundeskanzler Schuschnigg gründet den »Siebener-Ausschuss«, dem auch illegale Nationalsozialisten wie Leopold Tavs (1898–1985) angehören. Dieses Gremium soll die NS-Parteianhänger zur Mitarbeit an der Regierung gewinnen.

22./23. Februar   Der deutsche Außenminister Konstantin von Neurath (1873–1956) besucht Wien. Er kündigt Maßnahmen des Deutschen Reiches im Falle einer Restauration der Habsburger an.

20. März   Der Wiener Polizeipräsident Michael Skubl (1877–1964) wird zum Staatssekretär für die innere Sicherheit ernannt.

15.–21. April   Innenminister Edmund Glaise-Horstenau hält sich zu einem inoffiziellen Besuch in Berlin auf. Er trifft auch mit Adolf Hitler und Hermann Göring (1893–1946) zusammen.

21.–23. April   Bundeskanzler Schuschnigg und Staatssekretär Guido Schmidt treffen in Venedig Benito Mussolini und den italienischen Außenminister Galeazzo Graf Ciano (1903–1944). Italien ist bereits auf die Achse mit Berlin eingeschwenkt und erwartet daher demnächst eine Regierungsbeteiligung der Nationalsozialisten.

26. April   Bei einem Besuch Hermann Görings in Rom steht auch das Thema Österreich auf der Agenda, Rom und Berlin erzielen Einverständnis. Göring wäre seitens des Deutschen Reiches zu einem Verzicht auf Südtirol bereit.

12. Mai   Staatssekretär Guido Schmidt hält sich anlässlich der Krönungsfeierlichkeiten für den englischen König Georg VI. (1895–1952) in London auf, anschließend führt er noch Gespräche in Paris. In beiden Städten gibt es keine Garantien für Österreich.

17. Juni   Im Rahmen der Vaterländischen Front entsteht das so genannte »Volkspolitische Referat« unter der Führung Walter Pembauers (1886–1948), das die Nationalsozialisten integrieren soll. Der den Nationalsozialisten nahestehende Rechtsanwalt Arthur Seyß-Inquart (1892–1946) wird zum Staatsrat ernannt.

24. Juni   Der deutsche Reichskriegsminister Werner von Blomberg (1878–1946) lässt unter dem Codenamen »Fall Otto« eine militärische Intervention in Österreich ausarbeiten.

17.–18. Juli   Bei einem deutsch-österreichischen Frontkämpfertreffen in Wels sprechen der deutsche Gesandte Franz von Papen und Edmund Glaise-Horstenau. Es kommt zu nationalsozialistischen Kundgebungen.

26. September   In Baden bei Wien treffen Bundeskanzler Kurt Schuschnigg und der tschechoslowakische Ministerpräsident Milan Hodža zu politischen Gesprächen zusammen.

5. November   Bei einer geheimen Besprechung (»Hoßbach-Niederschrift«, benannt nach Oberst Friedrich Hoßbach/1894–1980) mit Spitzen der Wehrmacht erläutert Adolf Hitler u. a. auch seine künftigen Pläne für Österreich. Ziel der deutschen Außenpolitik ist die Gewinnung von Lebensraum und von Rohstoffen. Am Anfang dieser expansiven Politik steht die Eingliederung Österreichs in das Deutsche Reich.

11./12. November   Der italienische Außenminister Graf Ciano trifft in Wien mit Staatssekretär Guido Schmidt zusammen.

1938

9.–12. Januar   In Budapest findet die letzte Konferenz der »Römer-Protokollstaaten« statt. Bundeskanzler Schuschnigg lehnt es ab, aus dem Völkerbund auszutreten und dem Antikominternpakt beizutreten.

27. Januar   In Wien wird der so genannte »Tavs-Plan« gefunden, der das Aktionsprogramm der Nationalsozialisten für eine Machtübernahme in Österreich enthält.

5. Februar   Der deutsche Gesandte in Wien Franz von Papen schlägt Schuschnigg eine Zusammenkunft mit Adolf Hitler vor.

7. Februar   Papen überbringt dem österreichischen Bundeskanzler die Einladung Hitlers.

12. Februar   Bundeskanzler Kurt Schuschnigg trifft in Berchtesgaden mit Adolf Hitler zusammen. Dieser nötigt ihm mit der Drohung in Österreich einzumarschieren, ein Abkommen ab, das den Nationalsozialisten weitgehenden Einfluss auf die österreichische Politik einräumt. Es muss eine Amnestie geben und freie Betätigung für die Anhänger der NSDAP. Schuschnigg muss sich verpflichten, Nationalsozialisten in sein Kabinett aufzunehmen.

14. Februar   Bundespräsident Wilhelm Miklas erteilt seine Zustimmung zur Umbildung des Kabinetts.

15. Februar   Bundeskanzler Schuschnigg bildet sein Kabinett um, Seyß-Inquart wird Innenminister.

16. Februar Eine generelle Amnestie für politische Delikte wird erlassen.

17. Februar In einem Schreiben fordert Otto Habsburg (*1912) den Bundeskanzler auf, ihm die Regierungsgewalt zu übertragen.

18. Februar Die Nationalsozialisten dürfen sich legal innerhalb der Vaterländischen Front betätigen.

20. Februar Hitler hält vor dem Reichstag eine Rede, in der er von zehn Millionen Deutschen an den Grenzen des Reiches spricht, die durch die Friedensverträge nach dem Ersten Weltkrieg gegen ihren Willen an der Vereinigung mit Deutschland gehindert werden.

24. Februar Als Antwort auf Hitlers Rede hält Bundeskanzler Schuschnigg eine Rede vor dem Bundestag, in der er sich zur österreichischen Unabhängigkeit bekennt.

2. März Bundeskanzler Schuschnigg beantwortet das Schreiben Otto Habsburgs. Er lehnt dessen Vorschlag rundweg ab.

3. März Eine Delegation sozialdemokratischer Gewerkschafter erklärt dem Bundeskanzler, für Österreichs Unabhängigkeit zur Zusammenarbeit bereit zu sein.

9. März In Innsbruck kündigt Bundeskanzler Schuschnigg in einer Rede vor Amtswaltern der Vaterländischen Front für den 13. März die Abhaltung einer Volksbefragung über die Selbstständigkeit Österreichs an.

10. März Hitler erteilt Generalstabschef General Ludwig Beck (1880–1944) den Auftrag, den Einmarsch in Österreich vorzubereiten.

11. März Ultimativ fordert das Deutsche Reich die Absage der Volksbefragung. Infolge massiven Drucks des Deutschen Reiches tritt Bundeskanzler Kurt Schuschnigg in den Abendstunden zurück. Weder Frankreich noch Großbritannien sind zu einer Unterstützung bereit gewesen; auch Italien hat abgelehnt. Zuvor hält Schuschnigg noch eine Rundfunkrede, die mit den Worten »Gott schütze Österreich« endet.

NATIONALSOZIALISTISCHES REGIME

1938–1945

1938

12. März In den Morgenstunden beginnt der Einmarsch deutscher Truppen in Österreich.

13. März Der von Bundespräsident Miklas unter NS-Druck eingesetzte Bundeskanzler Arthur Seyß-Inquart unterzeichnet das bereits in Linz ausgearbeitete Gesetz »über die Wiedervereinigung Österreichs mit dem Deutschen Reich«.

15. März Nationalsozialistische Großkundgebung auf dem Wiener Heldenplatz. Von Tausenden umjubelt spricht Adolf Hitler vom Balkon der Neuen Hofburg.
Kardinal Theodor Innitzer stattet Hitler einen Besuch im Hotel Imperial ab.
Unmittelbar nach dem Einmarsch der deutschen Truppen werden zahlreiche Gegner des NS-Regimes verhaftet und in Gefängnisse gesteckt. Von den 20.000 Verhafteten kommt der Großteil nach wenigen Wochen wieder frei. Bundeskanzler Kurt Schuschnigg steht zunächst unter Hausarrest, in der Folge wird er im Gestapohauptquartier im Hotel Metropole festgehalten. Wenigen Regimegegnern gelingt die Flucht ins Ausland. Zahlreiche Menschen aus Politik und Kulturleben begehen Selbstmord, weil sie keine ausreichende Fluchtmöglichkeit besitzen. Vor allem Österreicher jüdischer Herkunft werden das Ziel »ungeregelter« Verfolgung und Demütigung.

16. März Offiziellen Protest gegen die Besetzung Österreichs legen Mexiko, Chile, China, Rot-Spanien und die Sowjetunion ein.

17. März Die Relation zwischen Reichsmark und Schilling wird mit 1 RM = 1,50 S festgelegt. Die Deutsche Reichsbank legt sofort die Hände auf die Gold- und Devisenbestände der Oesterreichischen Nationalbank. Berlin erbeutet Gold im Wert von 243 Millionen Schilling und Devisen im Wert von 121 Millionen Schilling.

18. März   Die Bischofskonferenz beschließt, einen Hirtenbrief zu erlassen, der empfiehlt, bei der Volksabstimmung am 10. April mit »Ja« zu stimmen.

26. März   Bei einer Großkundgebung erläutert Hermann Göring das NS-Wirtschaftsprogramm, das allen Menschen Arbeit bringen soll. Die ungeregelte Judenverfolgung wird eingestellt, weil dadurch dem NS-Staat Vermögensverluste entstehen. Wien soll binnen vier Jahren »judenrein« sein.

1. April   Der erste Transport prominenter Regimegegner geht in das Konzentrationslager Dachau ab. Unter den 151 Personen befinden sich zahlreiche Politiker des Ständestaates, Sozialdemokraten, Legitimisten und hohe Beamte.

2. April   Die Österreichische Legion, bestehend aus Österreichern, die nach dem Betätigungsverbot für die NSDAP nach Deutschland geflüchtet sind, marschiert in einer Stärke von 8.000 Mann in Wien ein.

3. April   In der Zeitung »Neues Wiener Tagblatt« wird ein Interview mit dem sozialdemokratischen ehemaligen Staatskanzler Karl Renner veröffentlicht, in dem dieser erklärt, ebenfalls am 10. April mit »Ja« zu stimmen.

9. April   Abschluss der gigantischen Wahlkampagne für die Volksabstimmung über den Anschluss; allein in Wien sind 120 Wahlveranstaltungen abgehalten worden.

10. April   In Österreich und im ganzen Deutschen Reich findet eine Volksabstimmung über den bereits vollzogenen Anschluss Österreichs an das Deutsche Reich statt. Von den 49,5 Millionen Wahlberechtigten stimmen 48,7 Millionen mit »Ja«, es gibt nur 452.000 Nein-Stimmen. In Österreich sind es etwa 11.260, damit stimmen 99,75% der Bevölkerung für den Anschluss.

23. April   Josef Bürckel (1897–1944), der für die Durchführung der Volksabstimmung zuständig war, wird zum Reichskommissar für die Wiedervereinigung Österreichs mit dem Deutschen Reich bestellt.

3. Mai   Adolf Hitler stattet mit großem Gefolge einen Staatsbesuch bei Benito Mussolini in Italien ab. Bei dieser Gelegenheit anerkennt er die Brennergrenze.

24. Mai   Um die alten Bundesländeridentitäten zu zerstören, wird das »Land Österreich« in sieben Reichsgaue aufgeteilt.

Die Bezeichnungen Nieder- und Oberösterreich werden durch Nieder- und Oberdonau ersetzt.

Sommer   Um diese Zeit etwa bilden sich die ersten Widerstandsgruppen gegen die Nationalsozialisten, u. a. in Klosterneuburg um den Augustiner Chorherren Karl Roman Scholz (1912–1944) und in Wien um den Juristen Jakob Kastelic (1897–1944).

21.–24. Juli   Die Österreicher Heinrich Harrer (1912–2006) und Fritz Kasparek (1910–1954) durchsteigen mit zwei bayerischen Bergsteigern die Eiger-Nordwand. Dieses Ereignis wird von der Propaganda heftig ausgeschlachtet.

8. August   300, vorwiegend aus Österreich stammende Häftlinge, beginnen mit der Errichtung des Konzentrationslagers Mauthausen.

5. September   Die bisher in der Schatzkammer in der Wiener Hofburg aufbewahrten Reichskleinodien werden der Stadt Nürnberg übergeben.

7. Oktober   Anlässlich der Rosenkranzandacht am Herz-Jesu-Freitag kommt es zu einer Sympathiekundgebung der katholischen Wiener Jugend für Kardinal Theodor Innitzer.

8. Oktober   In den Abendstunden dringen etwa 100 Mitglieder der Hitlerjugend in das Erzbischöfliche Palais in Wien ein und verwüsten es. Domkurat Josef Krawarik (1904–1968) wird aus dem Fenster geworfen und schwer verletzt. Die Polizei wird erst verzögert tätig.

13. Oktober   Reichskommissar Bürckel hält anlässlich einer Kundgebung gegen den Kardinal eine antiklerikale Hetzrede.

15. Oktober   Durch Eingemeindung von 98 Umlandgemeinden wird Wien entscheidend vergrößert.

5. November   Eine Verordnung über die Kennzeichnung jüdischer Geschäfte wird erlassen. Bis zum Stichtag 1. Oktober sind in ganz Österreich mehr als 26.000 jüdische Betriebe zur »Arisierung« angemeldet worden, davon 90% allein in Wien.

9. November   Im Zuge der so genannten »Reichskristallnacht« kommt es zu schweren Ausschreitungen und Exzessen gegen die jüdische Bevölkerung. Jüdische Synagogen werden angezündet, Geschäfte gestürmt, Häuser und Wohnungen geplündert. Weder Feuerwehr noch Polizei kommen zum

Einsatz. Lediglich der Stadttempel in der Seitenstettengasse, weil mitten im Wohnviertel gelegen, bleibt verschont. Mehr als 6.000 Juden werden verhaftet, die Hälfte von ihnen sofort nach Dachau gebracht.

10. Dezember   Der aus Österreich gebürtige und in Heidelberg lehrende Chemiker Richard Kuhn (1900–1967) erhält für seine Arbeiten über Vitamine den Nobelpreis für Chemie.

1939

8. Januar   In Znaim findet die feierliche Übergabe südmährischer und südböhmischer Gebiete an die »Ostmarkgaue« Nieder- und Oberdonau statt.

30. Januar   Der bisherige Reichskommissar für die Wiedervereinigung Josef Bürckel wird zum Wiener Gauleiter bestimmt. Er löst den aus Kärnten stammenden Odilo Globocnic (1904–1945) ab. Immer mehr Deutsche aus dem so genannten Altreich übernehmen so wichtige Funktionen in Österreich.

1. Februar   Die SA berichtet nach München über die deprimierte Stimmung in Österreich.

14. April   Mit der Erlassung des Ostmarkgesetzes wird Österreich entsprechend Hitlers Vorstellungen zerteilt. Der neue Name der verschiedenen »Gaue« lautet »Alpen- und Donaugaue«. Nirgends kommt das Wort Österreich mehr vor.

28. April   Ein Gesetz über die Einhebung der Kirchensteuer wird erlassen. Es gilt sowohl für die katholische als auch für die evangelische und altkatholische Kirche.

30. August   Mit Führererlass wird das Abhören von »Feindsendern«, d. h. ausländischen Rundfunkanstalten, verboten.

1. September   Mit dem Einmarsch deutscher Truppen in Polen beginnt der Zweite Weltkrieg.

6. September   Für die Dauer des Krieges wird der Arbeitsplatzwechsel eingeschränkt. Kündigungen und Neueinstellungen müssen vom Arbeitsamt genehmigt werden.

20. und 26. Oktober   Erste Transporte österreichischer Juden gehen vom Aspangbahnhof in Wien in das Sumpfgebiet von Lublin ab.

21. Oktober   Das von Hitler und Mussolini vereinbarte Abkommen über Südtirol wird in Rom vom italienischen Außenminister Ciano und vom deutschen Botschafter Hans

Georg von Mackensen (1883–1947) unterzeichnet. Die »Umsiedlung der Volksdeutschen«, wie die Südtiroler in diesem Abkommen bezeichnet werden, ins Deutsche Reich soll bis 31. Dezember 1942 abgeschlossen sein.

6. November   Die Monarchen Belgiens und der Niederlande richten einen Friedensappell an Europa. In seiner Antwort bezieht sich der französische Staatspräsident Albert Lebrun (1871–1950) auch auf Österreich und fordert eine Wiedergutmachung für das zugefügte Unrecht.

1940

Die Lebensmittelkarten für Juden werden mit einem J gekennzeichnet, der Bezug von Spinnstoffen, Schuhen und Ledermaterial wird ihnen gesperrt.

27. Januar   Auf einer Massenversammlung interpretiert Gauleiter Bürckel die österreichische Geschichte als einen sich ständig verschlechternden Prozess, der nur durch das Eingreifen Hitlers beendet wurde.

8. Februar   Anlässlich eines Kongresses der britischen Labour Party wird eine Österreich betreffende Resolution gefasst: »Das österreichische Volk, das erste Opfer von Hitlers Aggression, muss frei sein in seiner Entscheidung, ob es im Deutschen Reich verbleiben will oder nicht.«

29. Februar   Die seit 1703 erscheinende »Wiener Zeitung« wird eingestellt. Amtliche Verlautbarungen werden in Zukunft im »Völkischen Beobachter« veröffentlicht.

April   Die Widerstandsgruppen um Karl Roman Scholz, Jakob Kastelic und Karl Lederer (1909–1944) schließen sich zusammen. Inzwischen sind sie auf etwa 1.000 Mitglieder angewachsen.

1. April   Mit Inkrafttreten des Ostmarkgesetzes werden die neuen Gauleiter bestellt: In Niederösterreich Hugo Jury (1887–1945), in Oberösterreich August Eigruber (1907–1947), in Tirol und Vorarlberg Franz Hofer (1902–1975), in Salzburg Friedrich Rainer (1903–1947) und in der Steiermark Siegfried Uiberreither(1908–1984?).

20. April   Durch einen Geheimerlass des Oberkommandos der Wehrmacht werden alle jüdischen Mischlinge und Ehemänner von Jüdinnen aus der Wehrmacht entlassen.

9. Mai   Für Juden wird eine generelle Ausgangsbeschränkung erlassen: Von April bis September von 21.00 bis 5.00 Uhr früh, von Oktober bis März von 20.00 bis 6.00 Uhr früh.

22. Juli   Die Widerstandsgruppe Scholz/Kastelic wird durch einen Agent provocateur, den Burgschauspieler Otto Hartmann (1904–?), verraten. Zahlreiche Mitglieder werden verhaftet.

7. August   Gauleiter Josef Bürckel wird zum Chef der Zivilverwaltung für Lothringen ernannt. Er tritt sein Amt am 21. September an.

9. August   Reichsjugendführer Baldur von Schirach (1907–1974) wird zum neuen Gauleiter von Wien ernannt. Bürckel wird wegen der schlechten Stimmung in Wien abgelöst. Schirach kann anfangs wegen seiner Kulturinitiativen punkten.

30. August   In Wien wird der so genannte zweite »Wiener Schiedsspruch« unterzeichnet. Rumänien muss Nordsiebenbürgen und den Szekler Zipfel an Ungarn abtreten, die deutsche Volksgruppe in Rumänien und Ungarn erhält einen Sonderstatus.

1. Oktober   In Villach treffen 720 deutsche »Rückwanderer« aus Bessarabien ein.

27. Oktober   Anlässlich eines Besuches in Wien kündigt Joseph Goebbels an, dass es nach dem Krieg jährlich eine Reichstheaterwoche geben werde.

9. November   In einer Rede im Mansion-House in London nimmt Winston Churchill (1874–1965) ausdrücklich Bezug auf Österreich: »… für die es [Großbritannien] das Schwert gezogen hat, nämlich für Österreich …«

20. November   Im Wiener Schloss Belvedere wird der Beitritt Ungarns zum Dreimächtepakt unterzeichnet

14. Dezember   Als Geste des guten Willens Frankreich gegenüber wird der Leichnam des Herzogs von Reichsstadt, des Sohnes Napoleons I. mit Maria Louise von Österreich, aus der Kapuzinergruft in den Invalidendom nach Paris überführt und dort an der Seite seines Vaters beigesetzt.

1941

20. Februar   Die neu geschaffene Donaukommission, der noch die Länder Italien, Sowjetunion, Rumänien, Ungarn und

Bulgarien, Jugoslawien und Slowakei angehören, hält unter deutschem Vorsitz in Wien ihre erste Tagung ab.

1. März   In Wien tritt Bulgarien dem Dreimächtepakt bei. Anschließend an die Unterzeichnung gibt Hitler einen Empfang im Schloss Belvedere.

12. März   Zur Erinnerung an den 3. Jahrestag der »Wiedervereinigung der Ostmark mit dem Reich« hält Hitler in Linz eine Rede.

16. April   Nach der Kapitulation der jugoslawischen Armee wird eine eigene Verwaltung für die besetzten Gebiete in der Untersteiermark, in Kärnten und Krain ernannt. Chef der Zivilverwaltung in der Untersteiermark wird der steirische Gauleiter Uiberreither, in Kärnten und dem nördlichen Krain Gauleiter Franz Kutschera (1904–1944).

25. Mai   Generaloberst Alfred Jodl (1890–1946) unterrichtet in Salzburg den finnischen Generalstabschef General Heinrichs über die deutschen Angriffspläne gegen die Sowjetunion.

22. Juni   Das Deutsche Reich beginnt den Krieg mit der Sowjetunion.

2. Juli   Die Gestapoleitstelle Wien meldet, dass eine Aktion gegen die KPÖ erfolgreich verlaufen ist.

September   Die Behörden werden angewiesen, extrem feindliche Äußerungen gegen die Kirche zu unterlassen, da dies zu Missstimmungen in der Bevölkerung führt. Andererseits werden weiterhin unliebsame Priester verhaftet und hingerichtet, andere ausgewiesen. Stifte und Klöster werden aufgelöst, kirchliche Besitztümer enteignet.

1. September   Eine Polizeiverordnung befiehlt, dass ab 19. September alle Juden ab dem vollendeten 6. Lebensjahr den gelben Judenstern tragen müssen.

27. November   Friedrich Rainer, bisher Gauleiter in Salzburg, wird neuer Gauleiter von Kärnten. Sein Nachfolger in Salzburg wird Reichsstudentenführer Gustav Scheel (1907–1979).

16. Dezember   Eine interalliierte Konferenz, an der Anthony Eden (1897–1977) und Josef Stalin teilnehmen, bezeichnet als eines der Kriegsziele die Wiederherstellung Österreichs.

1942

Seitens der Alliierten wird eine Erklärung über die künftige Errichtung der Vereinten Nationen abgegeben.

Januar   Otto Habsburg veröffentlicht in der US-amerikanischen Zeitschrift »Foreign Affairs« einen Artikel über eine »Donauföderation«.

15. Januar   Alle Woll- und Pelzwaren, die sich in jüdischem Besitz befinden, werden beschlagnahmt.

20. Januar   In Berlin findet die Wannsee-Konferenz statt, bei der die »Endlösung« der Judenfrage beschlossen wird.

18. Februar   Winston Churchill erklärt, dass Großbritannien die Annexion Österreichs nicht anerkennt.

13. März   Am Jahrestag des Anschlusses finden sich in der Wiener Innenstadt Streuzettel mit der Aufschrift: »Hitlers Werk: Krieg, Hunger und Volksversklavung«.

6. April   Die Lebensmittelrationen werden gestaffelt nach Lebensalter und Arbeitseinsatz gekürzt.

24. April   Die Benutzung öffentlicher Verkehrsmittel wird Juden untersagt.

26. April   Hitler erläutert in Berlin in der Reichskanzlei seine Nachkriegspläne für Linz; es soll eine »neue Weltstadt an der Donau« werden.

29. April   Auf Schloss Kleßheim bei Salzburg findet ein Treffen zwischen Hitler und Mussolini statt, an dem auch die beiden Außenminister teilnehmen. Thema der Gespräche ist eine neue Offensive in Nordafrika.

5. Mai   Die Mehrheit der Aktien der Creditanstalt-Bankverein geht »wegen Geschäften mit dem Südostraum« an die Deutsche Bank.

31. Mai   Die Polizei stellt aus Mangel an Männern weibliche Hilfskräfte ein.

3. Juli   Baldur von Schirach verfügt die Entlassung des Musikers Friedrich Wildgans (1913–1965), Sohn des Dichters Anton Wildgans (1881–1932), vom Wiener Burgtheater wegen »Verehelichung mit einer Volljüdin«.

14. Juli   Das Rektorat der Universität Wien spricht Absolventen der Alma Mater Rudolphina wegen Ausbürgerung den akademischen Grad ab, betroffen sind u. a. Martin Buber (1878–1965), Richard Coudenhove-Kalergi und Stefan Zweig (1881–1942).

27. Juli   Der US-amerikanische Staatssekretär Cordell Hull (1871–1955) erklärt formell, dass die Vereinigten Staaten die Annexion Österreichs durch das Dritte Reich niemals anerkannt haben.

25. August   Die Schlacht um Stalingrad beginnt, bis Februar 1943 sind etwa 50.000 Österreicher von diesem Ereignis betroffen. Nur etwa 1.200 kehren später aus russischer Kriegsgefangenschaft zurück.

19. November   Das amerikanische Pentagon erteilt die Genehmigung zur Aufstellung eines österreichischen Freiwilligenbataillons.

4. Dezember   Bei einem Gespräch von Winston Churchill mit dem Chef der polnischen Exilregierung General Władysław Sikorski (1881–1943) wird auch die Österreichfrage thematisiert. An einer Föderation im Donauraum könnte auch Österreich beteiligt sein.

16. Dezember   Josef Stalin tritt für eine Wiederherstellung Österreichs ein.

1943

1. Januar   In Wien tritt eine neue Gemeindeverfassung in Kraft. Die gesamte Verwaltung der Stadt wird der Reichsstatthalterei unterstellt. Der Bürgermeister wird dem Reichsstatthalter unterstellt.

25. Januar   In den Flugzeugwerken von Wr. Neustadt kommt es zu Sabotageakten.

31. Januar   Die 6. Armee kapituliert in Stalingrad, Tausende Österreicher gehen in Kriegsgefangenschaft.

8. März   Hitler untersagt die Abhaltung der Salzburger Festspiele.

29. März   Hitler ordnet an, dass in Wien drei Flaktürme zum Schutz des Stadtzentrums zu errichten sind.

30. März   Die Ordensfrau Helene Kafka (= Schwester Restituta, *1894) wird wegen Vorbereitung zum Hochverrat hingerichtet.

3. April   Hitler verlangt verstärkten Flakschutz für die Hermann Göring-Werke in Linz.

7. April   Mussolini trifft in Schloss Kleßheim bei Salzburg mit Hitler zusammen; angesichts der angespannten militäri-

schen Lage in Nordafrika rät er zu einem »Kompromissfrieden im Osten«.

12. April   In Salzburg trifft Hitler den rumänischen Staatsführer Marschall Mihail Antonescu (1882–1946); er vertritt die Auffassung, den Krieg im Osten unter allen Umständen fortzusetzen, dafür mit den Westmächten Kontakt aufzunehmen.

16. April   Auf Schloss Kleßheim bei Salzburg trifft der ungarische Reichsverweser Nikolaus Horthy zu einer Besprechung mit Hitler ein. Hitler verlangt von Horthy ein härteres Vorgehen gegen die Juden.

6. Juli   Der oberösterreichische Bauer Franz Jägerstätter (* 1907) wird wegen Wehrdienstverweigerung zum Tode verurteilt. Er wird am 9. August hingerichtet.

13. August   Der erste alliierte Fliegerangriff erfolgt auf die Flugzeugwerke in Wr. Neustadt.

12. September   Deutsche Fallschirmjäger unter dem Kommando des österreichischen SS-Standartenführers Otto Skorzeny (1908–1975) befreien Benito Mussolini aus der Gefangenschaft in einem Hotel am Gran Sasso. Dieser wird sofort nach Wien geflogen, wo er umgehend mit Hitler Kontakt aufnimmt.

Mitte Oktober   Der aus Wien stammende Oberstleutnant Julius Schlegel veranlasst in Eigeninitiative die Rettung wertvoller Kulturgüter aus dem Kloster von Monte Cassino. Er lässt diese mit Wehrmachtsfahrzeugen nach Rom in den Vatikan bringen.

Die Amerikaner fliegen einen zweiten Bombenangriff auf die Wr. Neustädter Flugzeugwerke

18. Oktober–2. November   Die alliierten Außenminister treffen zu einer Konferenz in Moskau zusammen. Bei dieser Gelegenheit wird am 30. Oktober eine Deklaration zu Österreich beschlossen. Diese am 1. November veröffentlichte Deklaration wird zu einer der Grundlagen der Zweiten Republik.

29. Oktober   Der ehemalige Wiener Bürgermeister und nunmehrige Sonderbeauftragte für den Südostraum Hermann Neubacher (1893–1960) berichtet Hitler von dem zunehmenden Einfluss Josip Titos (eigentlich Broz, 1892–1980) in Jugoslawien.

15. Dezember   Innsbruck wird von einem schweren Luftangriff heimgesucht.

1944

Im Laufe des Jahres werden im Wiener Landesgericht 165 Zivilisten und 61 Wehrmachtsangehörige österreichischer Abstammung hingerichtet.

17. März   Die 15. US-Flotte fliegt einen Bombenangriff auf Wien.

April   In den Städten werden an den Hausmauern weiße Pfeile in Richtung von Luftschutzkellern und Parkanlagen für den Fall von Fliegerangriffen bzw. Bränden angebracht.

23. April   Wien und Wr. Neustadt werden von amerikanischen Bombern angegriffen.

10. Mai   Die im Jahre 1940 verhafteten Widerstandskämpfer Karl Roman Scholz und Karl Lederer werden hingerichtet.

14. Juli   Das Fotografieren von Bombenschäden wird unter Strafe gestellt.

20. Juli   Das »Unternehmen Walküre«, das Hitler durch ein Bombenattentat ausschalten sollte, verläuft in Wien erfolgreich. Nach Scheitern des Attentats in Berlin werden zwei der führenden Österreicher Rudolf Marogna-Redwitz (1886–1944) und Oberst Robert Bernardis (1908–1944) verhaftet. Außerdem setzt eine Verhaftungswelle unter ehemals führenden Politikern ein. Damit wird die österreichische Widerstandsbewegung fast völlig zerschlagen.

21. Juli   Jakob Kastelic, einer der Führer der ersten österreichischen Widerstandsbewegung, wird hingerichtet.

22. August   Neuerliche Bombenangriffe seitens der Amerikaner auf Wien.

September   Im Rundfunk wird der so genannte »Kuckucksruf« eingeführt, er unterbricht eine Rundfunksendung, wenn ein Luftangriff droht.

10. September   Erstmals kommt es zu einem schweren Fliegerangriff auf Wien.

10. Oktober   Eine Abordnung österreichischer Industrieller und Offiziere fordert von Gauleiter Schirach, Wien zur offenen Stadt zu erklären.

16. Oktober   Amerikanische Bomberverbände fliegen einen Luftangriff auf Salzburg, dabei wird das Mozarthaus auf dem Makartplatz zerstört und der Dom beschädigt.

18. Oktober   Ein Erlass über die Aufstellung des so genannten »Volkssturms« wird veröffentlicht. Betroffen sind alle männlichen Bewohner zwischen 16 und 60 Jahren, die nicht an der Front sind.

20. Oktober   Baldur von Schirach kehrt mit der Führerweisung aus Berlin zurück, dass Wien bis zuletzt zu verteidigen sei.

1. November   Amerikanische Bomberverbände greifen bei Tag Graz und Wien an.

24. November   Slowenische Partisanen fordern österreichische Soldaten auf, sich ihren Reihen anzuschließen.

26. November   Im sowjetischen Lager 27 wird ein »Antifaschistisches Büro österreichischer Kriegsgefangener« gegründet.

Dezember   Neuerlich werden ehemalige führende Politiker, wie der ehemalige Wiener Bürgermeister Karl Seitz oder der christlichsoziale Arbeiterführer Leopold Kunschak, verhaftet.

18. Dezember   In Wien wird das »Provisorische österreichische Nationalkomitee«, abgekürzt O5 (O und der fünfte Buchstabe E für Österreich), gegründet. Dieses Zeichen wird an prominenten Plätzen angebracht, u. a. an der Westseite des Stephansdomes.

1945

4.–12. Februar   Auf der Konferenz von Jalta, an der Stalin, Churchill und US-Präsident Franklin D. Roosevelt (1882–1945) teilnehmen, werden für die Zeit nach Kriegsende die Demarkationslinien zwischen den Einflusssphären der einzelnen Alliierten festgelegt.

19./21. Februar   Bei zwei Bombenangriffen wird der Tiergarten Schönbrunn schwer getroffen, zahlreiche Tiere werden getötet.

5. März   Die O5 legt einen Organisationsplan für den Fall der Machtübernahme nach einem Sieg der russischen Truppen fest.

12. März Beim schwersten Fliegerangriff des Zweiten Weltkrieges auf Wien werden bedeutende historische Gebäude
wie der Stephansdom, die Oper, das Burgtheater oder das
Kunsthistorische Museum getroffen.

16. März Eine russische Offensive stößt zwischen Plattensee
und Donau Richtung Wien vor.

29. März Einheiten der Roten Armee erreichen die untere
Raab.

29. März Die Rote Armee überschreitet bei Klostermarienberg
südlich von Güns (= Köszeg) die österreichische Grenze. Der
Kommandant der russischen Einheiten Marschall Fjodor
Tolbuchin (1884–1949) erlässt einen Aufruf an die österreichische Bevölkerung, in der er die Befreiung Österreichs von
der deutschen Abhängigkeit betont.

31. März Die NS-Behörden verbieten, Wien mit Kraftfahrzeu-
gen oder Pferdefuhrwerken zu verlassen.

1. April Die Rote Armee erobert Wr. Neustadt.

2. April Seitens der Wehrmacht wird Wien zum Verteidi-
gungsbereich erklärt. Die Widerstandsgruppe um Major
Carl Szokoll (1915–2004) entsendet den Oberfeldwebel Ferdinand Käs (1914–1988) als Verhandler zu den Russen. Auch
Karl Renner, der als Pensionist in Gloggnitz lebt, nimmt in
Hochwolkersdorf Kontakt zu den russischen Kommando-
stellen auf.

3. April Der »Völkische Beobachter« veröffentlicht noch
Durchhalteparolen.

4. April Ferdinand Käs verhandelt mit den Russen in Hochwolkersdorf über einen Aufstand der Widerstandsbewegung in Wien.

6.–13. April Schlacht um Wien. Am selben Tag wird Major
Karl Biedermann (1890–1945) verhaftet, damit scheitert der
militärische Widerstand.

7. April Kaltenleutgeben im Süden Wiens fällt nach schweren Kämpfen in russische Hände.
Das Panzerrregiment »Führer« trifft in Wien ein.
Widerstandskämpfer hissen am Turm des Stephansdomes
die rot-weiß-rote Fahne.

8. April Major Karl Biedermann und zwei weitere Offiziere der Widerstandsbewegung, nämlich Hauptmann Alfred Huth (1918–1945) und Oberleutnant Rudolf Raschke

(1923–1945) werden in Wien am Floridsdorfer Spitz gehenkt.

Der Dachstuhl der Stephanskirche steht in Flammen.

10. April   Die Rote Armee erreicht in Wien die Ringstraße. Abziehende SS-Einheiten sprengen Donaubrücken.

11. April   Sowjetische Soldaten erobern die Reichsbrücke in Wien.

Durch den Brand des Stephansdomes ist die große Glocke, die Pummerin, abgestürzt und zerborsten.

Mitglieder der O5 errichten im Palais Auersperg eine provisorische Zivilverwaltung.

12. April   Der Kommunist Rudolf Prikryl (1896–1965) behauptet, von der Widerstandsbewegung als Bürgermeister von Wien eingesetzt zu sein und übt dieses Amt unangefochten wenige Tage aus.

13. April   Sozialdemokraten und Revolutionäre Sozialisten schließen sich zur Sozialistischen Partei Österreichs (SPÖ) zusammen. Parteivorsitzender wird Adolf Schärf (1890–1965).

15. April   Sozialdemokratische, christliche und kommunistische Gewerkschafter gründen den überparteilichen Gewerkschaftsbund (ÖGB).

17. April   In den Räumen des Wiener Schottenstiftes gründen ehemalige christlichsoziale Politiker die Österreichische Volkspartei (ÖVP). Parteiobmann wird Leopold Kunschak.

General a. D. Theodor Körner, ehemals Führer des Republikanischen Schutzbundes, wird von Generalleutnant Alexej Blagodatow, dem Stadtkommandanten von Wien, zum Wiener Bürgermeister ernannt.

20. April   Im Marchfeld nordöstlich von Wien finden noch heftige Kämpfe statt.

21. April   Der ehemalige Staatskanzler Karl Renner trifft in Wien ein und beginnt sofort mit allen politischen Kräften Verhandlungen über die Bildung einer provisorischen österreichischen Regierung.

23. April   Die politischen Parteien einigen sich hinsichtlich der Errichtung einer Regierung. Es fehlt noch die Zustimmung der sowjetischen Besatzer.

Die erste Nummer der Tageszeitung »Neues Österreich« erscheint. Die Redaktion wird von allen drei politischen Parteien besetzt.

ZWEITE REPUBLIK

1945–1994

1945

27. April Die provisorische österreichische Staatsregierung, gebildet aus allen demokratischen Parteien, nämlich ÖVP, SPÖ und KPÖ, proklamiert unter dem Vorsitz von Karl Renner die Selbstständigkeit Österreichs.

28. April In Tirol überschreiten US-Truppen die österreichische Grenze.

29. April Französische Truppen überschreiten die Grenze zu Vorarlberg.

1. Mai Die Bundesverfassung von 1920 in der Fassung von 1929 wird wieder in Kraft gesetzt.

6. Mai Britische und US-Truppen marschieren nach Kärnten ein.

8. Mai Die NSDAP wird verboten. Alle Österreicher, die zwischen 1. Juli 1933 und 27. April 1945 der NSDAP angehört haben, müssen sich registrieren lassen.

26. Juni Die Staatsregierung erlässt das Kriegsverbrechergesetz.

Die Regierung unterzeichnet die Charta der Vereinten Nationen.

4. Juli Das erste Kontrollabkommen der vier alliierten Mächte für Österreich wird in London unterzeichnet. Das Land wird der alliierten Militärverwaltung unterstellt.

5. Juli Die Oesterreichische Nationalbank konstituiert sich neu.

10. Juli Das Staatsbürgerschaftsüberleitungsgesetz wird erlassen.

17. Juli–2. August In Potsdam findet eine Dreimächtekonferenz statt, an der Josef Stalin, Winston Churchill und Harry S. Truman (1884–1972) teilnehmen. Diese Konferenz beschließt, dass Österreich keine Reparationen zu leisten hat, ausgenommen sind Ansprüche auf Deutsches Eigentum. Nicht durchsetzen kann sich der sowjetische Vorschlag, die Gewalt der Provisorischen Regierung Renner auf ganz

Österreich auszudehnen. Ursache ist, dass die Westmächte Renner misstrauen und ihn für eine sowjetische Marionette halten.

9. Juli Die Besatzungszonen der einzelnen Mächte werden festgelegt: Die Sowjets besetzen Burgenland, Niederösterreich und Oberösterreich nördlich der Donau; die Amerikaner besetzen Salzburg, Oberösterreich südlich der Donau und das Ausseerland; die Franzosen besetzen Tirol und Vorarlberg und die Briten Kärnten, Osttirol und Steiermark. Die Wiener Bezirke bis auf die Innere Stadt werden ebenfalls unter den Alliierten aufgeteilt, die Innere Stadt wird gemeinsam, monatlich wechselnd, von allen vier Besatzungsmächten verwaltet.

20. August In Salzburg tagt eine Konferenz der westlichen Bundesländer.

29. August Das Burgenland wird wieder ein selbstständiges Bundesland.

11. September Der Alliierte Rat, dem die vier Militärkommissäre angehören, konstituiert sich. Er anerkennt offiziell die drei in der Regierung vertretenen Parteien.

11. September–2. Oktober Die Außenministerkonferenz der Großmächte in London geht ohne jegliches Ergebnis zu Ende.

23. September Die Tagesration für Normalverbraucher kann von 800 auf 1500 Kalorien angehoben werden.

24. September In Wien tritt die erste gesamtösterreichische Länderkonferenz zusammen. Die westlichen Bundesländer anerkennen die Regierung Renner für ganz Österreich. Die Regierung wird durch je einen Vertreter aus Kärnten und aus Tirol erweitert.

1. Oktober Mit Beschluss des Alliierten Rates wird die Pressefreiheit wieder hergestellt.

8. Oktober Alle Österreicher müssen ab nun eine in vier Sprachen verfasste Identitätskarte besitzen. Sie wird beim Passieren der Grenzen zwischen den Besatzungszonen kontrolliert. Besonders streng ist die Kontrolle an den sowjetischen Demarkationslinien.

22. August Der Rat der UNRRA (United Nations Relief and Rehabilitation Administration) beschließt, Österreich in das UNRRA-Hilfsprogramm aufzunehmen.

9./10. Oktober   Zweite Länderkonferenz findet in Wien statt. Thema ist die Wahlbeteiligung der ehemaligen Nationalsozialisten.

20. Oktober   Der Alliierte Rat anerkennt offiziell die provisorische Staatsregierung für ganz Österreich.

25. Oktober   Dritte Länderkonferenz in Wien: Vorbereitung der ersten freien Nationalratswahlen, Festlegung des Wahltermins für den 25. November 1945.

10. November   Die Gesetzgebung wird auf ganz Österreich ausgedehnt.

12. November   Der an der ETH in Zürich lehrende Österreicher Wolfgang Pauli (1900–1958) erhält den Nobelpreis für Physik für die Entdeckung des als »Pauli-Prinzip« bezeichneten Ausschlussprinzips. Dieses besagt, dass in einem Atom die Elektronen gleicher Energie niemals in allen vier Quantenzahlen übereinstimmen dürfen.

25. November   Die Wahlen in den Nationalrat finden statt. Eindeutiger Sieger der Wahl ist die ÖVP mit 85 Mandaten, die SPÖ erreicht 76 Mandate, die KPÖ erzielt nur vier Mandate. Ehemalige Mitglieder der NSDAP sind nicht wahlberechtigt.

13.–20. Dezember   In Österreich wird eine erste Währungsreform durchgeführt. Der Schilling wird wieder allgemeines Zahlungsmittel, Reichsmark und Militärschillinge werden 1 : 1 getauscht. Das Limit für den Tausch beträgt 150 RM. 60% der Konten, auf denen sich etwa vier Milliarden Reichsmark befinden, werden gesperrt. Der Rest ist nur in Dringlichkeitsfällen disponibel.

20. Dezember   Die Regierung Leopold Figl (1902–1965) tritt ihr Amt an. Am selben Tag wird Karl Renner von der Bundesversammlung zum Bundespräsidenten gewählt.

21. Dezember   Bundeskanzler Leopold Figl gibt vor dem Nationalrat seine Regierungserklärung ab.

24. Dezember   Bundeskanzler Leopold Figl wendet sich über Radio in einer Weihnachtsansprache an alle Österreicher, in der er die Not der Zeit ungeschminkt einräumt, aber die Österreicher bittet, an das Land zu glauben.

1946

6. Januar   Der amerikanische Hochkommissar General Mark
Wayne Clark (1897–1984) übergibt die erst kürzlich in Nürnberg gefundenen Reichskleinodien in einer feierlichen Zeremonie an die österreichische Bundesregierung.

22. Januar   Für die diplomatischen Vertreter von Frankreich,
Großbritannien und den Vereinigten Staaten wird das Agré-
ment erteilt.

23. Januar   Auch zur Sowjetunion werden die diplomatischen
Beziehungen wieder aufgenommen.

22. März   Die Bundesregierung legt ihr erstes Budget vor. Der
Voranschlag für 1946 beträgt in der ordentlichen Gebarung
vier Millionen Schilling.

12. April   Der Nationalrat lehnt mit den Stimmen der ÖVP und
der SPÖ die sowjetische Forderung nach Ausarbeitung einer
neuen Verfassung ab.

13. April   Der ehemalige amerikanische Präsident Herbert
Hoover (1874–1964) trifft in Wien ein, um sich über die Er-
nährungslage in Österreich zu informieren.

25. April–16. Mai   In Paris findet eine Außenministerkonferenz der vier Großmächte statt. Österreich versucht vergeblich, auch mit dem Argument einer Volksabstimmung, eine
Rückgabe Südtirols zu erreichen.

10. Mai   Der Alliierte Rat setzt die Besatzungskosten auf 35%
des Staatshaushaltes fest.

15. Juni–13. Juli   Anlässlich der Fortsetzung der Pariser Außenministerkonferenz wird wieder die Rückgabe Südtirols
an Österreich abgelehnt.

28. Juni   Die Alliierten unterzeichnen in Wien ein zweites Kontrollabkommen. Mit diesem Abkommen werden die Kom-
petenzen der österreichischen Regierung erweitert. Die Unabhängigkeit und Gebietshoheit Österreichs wird garantiert.
Verfassungsgesetze bedürfen noch der alliierten Zustimmung, einfache Gesetze sind nicht an die Zustimmung ge-
bunden. Österreich darf diplomatische Beziehungen zu den
Mitgliedsstaaten der Vereinten Nationen aufnehmen.

5. Juli   Der sowjetische Hochkommissar Generaloberst Wladimir Kurassow befiehlt die Übergabe Deutschen Eigentums
an die Sowjetunion.

17. Juli Die US-amerikanische Regierung übergibt aus dem Deutschen Eigentum mehrere Betriebe an Österreich, u. a. Tauernkraftwerke, Eisen- und Stahlwerke Linz und die Lenzinger Zellwolle- und Papierfabrik.

25. Juli Im Nationalrat wird einstimmig ein neues Nationalsozialistengesetz beschlossen. Maßnahmen gegen Minderbelastete werden abgeschwächt. Mehr als 500.000 Personen sind bisher als Nationalsozialisten registriert worden, sie sind strafrechtlich verfolgt oder zu Sühneleistungen herangezogen worden.

26. Juli Gegen die Stimmen der KPÖ beschließt der Nationalrat ein Verstaatlichungsgesetz, davon betroffen sind die drei größten Banken, die gesamte Erdöl- und Montanindustrie und die wichtigsten Metallindustrien.

5. September Der österreichische Außenminister Karl Gruber (1909–1995) schließt in Paris mit seinem italienischen Amtskollegen Alcide de Gasperi (1881–1954) ein Abkommen über Südtirol. Die deutschsprachigen Südtiroler werden mit den Italienern gleichberechtigt, sie können Schulunterricht in deutscher Sprache erhalten, bei öffentlichen Ämtern wird auch die deutsche Sprache gestattet. Die Durchführung des Abkommens bleibt aber mangelhaft.

1. Oktober Der internationale Gerichtshof in Nürnberg fällt das Urteil über 21 deutsche Hauptkriegsverbrecher. Unter ihnen auch der Österreicher Arthur Seyß-Inquart. Er wird zum Tode verurteilt.

29./30. Oktober Der Nationalrat fordert nach geheimer Sitzung die Regierung in einer Resolution auf, sich um wichtige Ziele zu bemühen; diese sind u. a. die Sicherung der Einheit des Landes, die Beendigung der militärischen Besatzung, die Überführung der vor allem von den Sowjets besetzten Betriebe und Produktionsstätten in österreichische Verfügungsgewalt, die Rückführung des gesamten österreichischen Gold- und Devisenschatzes, Rückführung der österreichischen Kriegsgefangenen, Aufnahme Österreichs in die Vereinten Nationen.

1. November Österreich feiert seinen 950. Geburtstag. In einer Urkunde des Jahres 996 wurde erstmals der Name »ostarîcchi« erwähnt.

4. November–14. Dezember   In New York beschließen die
Außenminister der Großmächte, bei der nächsten Zusammenkunft über den österreichischen Staatsvertrag zu verhandeln.

3. Dezember   Die Besatzungskosten werden auf 15% des
Staatshaushaltes gesenkt.

1947

14. Januar   Angesichts der andauernden Notlage richtet die
Regierung einen Appell an die Bevölkerung, sich nicht ent-
mutigen zu lassen. Die offizielle Versorgungslage ist äußerst
schlecht, währenddessen blüht der Schwarzmarkt.

Februar   Österreich erhält vom Welternährungsrat Lebensmittel im Wert von 100 Millionen US-Dollar.

8. Februar   Außenminister Karl Gruber deponiert in London
zur Außenministerkonferenz ein Memorandum über den
österreichischen Widerstand.

25. Februar   Die neue Bundeshymne mit einem Text der Ly-
rikerin Paula von Preradovic (1887–1951) und der Melodie
einer Freimaurerkantate aus dem Ende des 18. Jahrhunderts
wird eingeführt. Die alte Haydn-Hymne ist zu sehr mit dem
Deutschlandlied verknüpft, weshalb man sich für eine völlig
neue Hymne entscheidet, die über ein Preisausschreiben gefunden wurde.

26. Februar–12. Juni   In Wien findet ein Hochverratsprozess
gegen den Staatssekretär und späteren Außenminister des
Kabinetts Schuschnigg Guido Schmidt statt. Es wird ihm
vorgeworfen, im Zusammenspiel mit Persönlichkeiten des
Deutschen Reiches auf eine Veränderung der Regierungs-
form bzw. eine Machtergreifung der NSDAP hingearbeitet
zu haben. Nach der Einvernahme zahlreicher politischer
Entscheidungsträger des Ständestaates wird Guido Schmidt
freigesprochen.

10. März–24. April   Auf der Moskauer Außenministerkonferenz wird über den österreichischen Staatsvertrag verhandelt. Bei dieser Gelegenheit wird die Besatzungsarmee mit
53.000 Mann begrenzt, von Reparationszahlungen wird Ab-
stand genommen.

26. März   Der Nationalrat beschließt die Verstaatlichung der
Elektrizitätswirtschaft.

11. April   Der Alliierte Rat gestattet den freien Warenverkehr zwischen den Besatzungszonen.

5. Mai   Die Kommunisten veranstalten Hungerdemonstrationen und Streiks.

5. Juni   Zwischen ÖVP und KPÖ kommt es bezüglich einer Regierungserweiterung zu Geheimverhandlungen; die Kommunisten wollen weitere Regierungsmitglieder stellen. Letztlich scheitern die Verhandlungen.

18. Juni   Die KPÖ richtet einen Brief an Josef Stalin, in dem sie um die Rückführung der österreichischen Kriegsgefangenen ersucht. Stalin reagiert positiv.

21. Juni   Die USA verzichten auf die Zahlung von Besatzungskosten.

25. Juni   Österreich und die USA unterzeichnen in Wien ein Abkommen, mit dem Österreich in den Genuss der so genannten »Marshallplan-Hilfe« kommt. Die USA stellen kostenlos Güterlieferungen zur Verfügung. Der Erlös, der mit dem Verkauf dieser Güter erzielt wird, muss in den Wiederaufbau investiert werden.

17. Juli   Der russische Protest gegen die Marshallplan-Hilfe für Österreich wird von der österreichischen Regierung entschieden zurückgewiesen.

1. August   Das 1. Lohn- und Preisabkommen wird geschlossen. Vertragspartner sind Arbeitgeber- und Arbeitnehmerverbände. Auf der Grundlage der Löhne und Preise des Jahres 1937 werden die Löhne durchschnittlich um 250%, die Preise zwischen 190 und 500% erhöht.

12. September   Der erste Heimkehrertransport von Kriegsgefangenen aus der Sowjetunion trifft in Wien ein. Bis Jahresende 1947 kehren 162.000 Österreicher heim.

19. Oktober   Durch ein Verfassungsgesetz wird Vorarlberg wieder ein eigenes Bundesland. Vorarlberg nimmt unter den Bundesländern insofern eine Sonderstellung ein, als in der Landesverfassung Volksbegehren und Volksabstimmung verankert sind.

November   Österreich wird einstimmig in die UNESCO aufgenommen.

10. November   Der Kaloriensatz für Normalverbraucher wird von 1550 auf 1700 pro Tag erhöht.

18. November Der Ministerrat beschließt ein Währungsschutzgesetz. Es dient zur Verringerung des Geldumlaufs. Pro Kopf werden 150 Schilling 1 : 1 umgetauscht, weitere Beträge werden um zwei Drittel abgewertet.

19. November Der kommunistische Bundesminister für Elektrifizierung und Energiewirtschaft Karl Altmann (1904–1960) tritt aus Protest gegen die Währungsreform zurück.

22. November Burgschauspieler Otto Hartmann, der die Widerstandsgruppe um Karl Roman Scholz und Jakob Kastelic an die Gestapo verraten hat, wird vom Volksgerichtshof in Wien zu lebenslänglich schwerem Kerker verurteilt.

25. November–15. Dezember Auf der Londoner Außenministerkonferenz wird über den Staatsvertrag beraten. Im Vordergrund stehen jugoslawische Gebietsforderungen und die Frage des deutschen Eigentums.

1948

20. Februar–6. Mai In London werden auf der Konferenz der stellvertretenden Außenminister vor allem die jugoslawischen Gebietsansprüche an Österreich behandelt.

21. April Der Nationalrat beschließt eine Amnestie für minder belastete Nationalsozialisten. Etwa 480.000 Personen sind von dieser Regelung betroffen.

20. Mai Die Bundesregierung protestiert gegen die weitere Zahlung von Besatzungskosten.

16. Juni Der Nationalrat beschließt das Wohnhauswiederaufbaugesetz.

7. Juli Im Nationalrat werden das Vermögensabgabegesetz und das Vermögenszuwachsabgabegesetz beschlossen.

27. August Österreich tritt der Weltbank und dem Internationalen Währungsfonds bei.

14. September Das während der NS-Zeit an Oberösterreich angegliederte Ausseerland wird wieder an die Steiermark zurückgegeben.

16. September Die Interessenvertreter der Arbeitnehmer und Arbeitgeber schließen das Zweite Lohn- und Preisabkommen.

3. Oktober Die amerikanische Militärpolizei übergibt die Kontrolle an der Ennsgrenze zum sowjetischen Sektor den österreichischen Behörden.

10. Oktober   Am Jahrestag der Volksabstimmung des Jahres
1920 in Südkärnten kommt es in Klagenfurt zu einer Großkundgebung gegen die jugoslawischen Forderungen.

5. November   Der Minister für Vermögenssicherung und
Wirtschaftsplanung Peter Krauland (1903–1985) sowie seine
engste und ranghöchste Mitarbeiterin Margarethe Ottillinger
(1919–1992) werden von sowjetischen Militärpolizisten bei
der Rückkehr von einer Dienstreise nach Linz an der Ennsgrenze aus dem Auto geholt. Der Minister darf nach kurzer
Zeit weiterreisen, Margarethe Ottillinger bleibt inhaftiert. In
der Folge wird sie in die Sowjetunion verschleppt, wo sie
vor Gericht gestellt und zu Zwangsarbeit verurteilt wird. Sie
kehrt erst nach Abschluss des Staatsvertrags schwerkrank
nach Österreich zurück.

1949

11. Januar   Die Rationierung von Brot und Mehl wird aufgehoben.

26. Januar   Die Alliierten gestatten den kleinen Grenzverkehr
zwischen Österreich und Deutschland.

5. Februar   Der Verband der Unabhängigen (VdU) wird als
vierte Partei gegründet. Im Hinblick auf die für Oktober geplanten Wahlen gründen Herbert Kraus (*1911) und Viktor
Reimann (1915–1996) diesen Verband als Sammelbecken für
die ehemaligen Nationalsozialisten und Wähler der freiheitlichen Bauernpartei Landbund für Österreich.

9. Februar   In London beginnt eine neue Verhandlungsrunde
über den österreichischen Staatsvertrag.

18. Februar   Der Kriegszustand zwischen Österreich und In-
dien wird, fast zwei Jahre nach Indiens Unabhängigkeitser-
klärung, formell beendet.

1. März   Die sowjetische Besatzungsmacht überträgt die Kontrolle von Zivilpersonen am Flughafen Schwechat auf die
österreichische Exekutive.

9. April   Die Westmächte verzichten auf das Deutsche Eigentum in Österreich.

18. Mai   Mit Beschluss des Nationalrates wird eine neue Wahlordnung in Kraft gesetzt, die die Reihung von Kandidaten
ermöglicht.

28. Mai   In Oberweis (Oberösterreich) beraten Spitzenfunktionäre der ÖVP mit ehemaligen Nationalsozialisten über deren Einbeziehung in die Partei. Die Verhandlungen scheitern an den überzogenen Forderungen der »Ehemaligen«.

19. Juni   Auf der Pariser Außenministerkonferenz verzichten die Sowjets auf die weitere Unterstützung der jugoslawischen Gebietsforderungen. Ursache dafür ist der im Dezember 1948 erfolgte Bruch zwischen Moskau und Jugoslawien, das einen eigenen Weg zum Sozialismus einschlagen will.

30. Juni   Im Ministerrat wird der 9. Oktober als Termin für die Nationalratswahlen festgelegt.

6. Juli   Die Bundesregierung legt eine Wiederaufbauanleihe auf.

13. Juli   Die minder belasteten Nationalsozialisten werden aus den Vormerklisten gestrichen.

6. Oktober   In New York wird über den österreichischen Staatsvertrag verhandelt.

9. Oktober   Bei den Wahlen zum Nationalrat verzeichnen ÖVP und SPÖ Verluste, Die ÖVP hat nur mehr 77 Mandate, die SPÖ 67, die KPÖ erzielt fünf Mandate, der VdU erreicht 16 Mandate.

8. November   Das zweite Kabinett Figl wird von Bundespräsident Karl Renner angelobt.

22. November   Die Interessenvertretungen schließen ein 3. Lohn- und Preisabkommen.

16. Dezember   Der Nationalrat beschließt die Einführung einer Kinderbeihilfe sowie Steuersenkungen.

1950

9. Januar   Die Sonderbevollmächtigten der Großmächte setzen ihre Verhandlungen über den Staatsvertrag fort.

7. März   Die Bundesregierung fordert von den Besatzungsmächten Erleichterungen, u. a. die Übernahme der Besatzungskosten, die Freigabe beschlagnahmten Wohnraumes, die Aufhebung der Zonenkontrolle sowie der Zensur.

10. März   Im Wiener Apollokino wird der Film »Der dritte Mann« uraufgeführt. Der nach einer Erzählung von Graham Greene (1904–1991) inszenierte Thriller wird wegen seiner trefflichen Milieuschilderung ein weltweiter Erfolg. Mit dazu

beigetragen hat die Filmmelodie des Wiener Zitherspielers und Komponisten Anton Karas (1906–1985).

25. April   Anlässlich des fünften Jahrestages der Gründung der Zweiten Republik formuliert der Ministerrat eine Proklamation an das österreichische Volk, die feststellt, dass die Verantwortung für die Fortdauer der Besatzung allein bei den Alliierten liegt.

22. Mai   Bei der 254. Sitzung der Sonderbeauftragten der vier Mächte macht der sowjetische Delegierte den Abschluss des Staatsvertrages von der Lösung der Triestfrage abhängig.

16. Mai   Die Botschafter der Westmächte schlagen vor, die militärischen Oberbefehlshaber durch zivile Hochkommissare zu ersetzen.

21. Juni   In Österreich wird die Todesstrafe abgeschafft.

1. August   Sir Harold Caccia (1905–1990), bisher Gesandter, wird zum britischen Hochkommissar in Österreich ernannt.

24. August   Walter J. Donnelly (1896–1970) wird amerikanischer Hochkommissar in Österreich.

7. September   Der bisherige französische Gesandte Jean Payart (1892–1969) wird französischer Hochkommissar in Österreich.

26. September   Nach Einigung der Interessenvertreter der Arbeitgeber und Arbeitnehmer über ein 4. Lohn- und Preisabkommen streiken etwa 120.00 Arbeiter, vorwiegend in Wien und Niederösterreich. Die Kommunisten setzen sich an die Spitze der Streikbewegung, vor allem Arbeiter aus den von den Sowjets dominierten USIA-Betrieben. Rollkommandos versuchen Elektrizitätswerke und Straßenbahnhöfe zu besetzen, doch sie scheitern am harten Vorgehen der Exekutive und an der entschiedenen Haltung der Führung des Österreichischen Gewerkschaftsbundes.

29. September   Die westlichen Hochkommissare im Alliierten Rat legen Protest gegen die sowjetische Unterstützung für die Streikbewegung ein.

30. September   Die so genannte »Gesamtösterreichische Betriebsrätekonferenz«, die sich fast nur aus Kommunisten zusammensetzt, stellt der Bundesregierung ein Ultimatum zur Sistierung des 4. Lohn- und Preisabkommens.

3. Oktober   Im Ministerrat wird das Ultimatum der kommunistischen Betriebsräte zurückgewiesen. In einem Aufruf

heißt es: »Es ist kein wirtschaftlicher Streik; der Österreichische Gewerkschaftsbund lehnt ihn daher ab.«

4. Oktober Die Streikwelle erreicht ihren Höhepunkt.

5. Oktober Exekutivkräfte, die tätliche Auseinandersetzungen verhindern wollen, werden bedroht, dass die sowjetische Besatzungsmacht eingreifen würde. Kommandos des Gewerkschaftsbundes unter der Leitung von Franz Olah (*1910) schlagen kommunistische Trupps in die Flucht. In den Abendstunden bricht die Streikbewegung zusammen.

22. November Die Geschworengerichte werden wieder eingeführt.

31. Dezember In Wien stirbt Bundespräsident Karl Renner, Staatskanzler der Ersten und Zweiten Republik.

1951

2. Januar Bis zur Neuwahl eines Bundespräsidenten wird Bundeskanzler Leopold Figl mit der Funktion des Bundespräsidenten betraut.

16. Januar Der Nationalrat beschließt einstimmig die Volkswahl des Bundespräsidenten.

19. Januar Offiziell wird der Kriegszustand zwischen Österreich und Jugoslawien aufgehoben.

15. April Nach einer Idee von Hermann Gmeiner (1919–1986) wird in Imst in Tirol das erste SOS-Kinderdorf eröffnet.

6. Mai Der Erste Wahlgang der Bundespräsidentenwahl bringt noch keine Entscheidung. Es haben sich Theodor Körner (SPÖ), Heinrich Gleißner (ÖVP, 1893–1984), Burghard Breitner (VdU, 1883–1956), Gottlieb Fiala (Linksblock, 1891–1970) und die beiden Parteilosen Johannes Ude (1874–1965) und Ludovica Hainisch (1901–1993) beworben.

27. Mai Bei der Stichwahl für das Amt des Bundespräsidenten geht Theodor Körner als Sieger hervor.

1. Juni Bei einer Volkszählung ergibt sich eine Bevölkerungszahl für Österreich von 6 881 100 Einwohnern.

4. Juli Der Nationalrat beschließt das Kartellgesetz.

16. Juli Das 5. Lohn- und Preisabkommen tritt in Kraft.

18. Juli Im Nationalrat wird der Beitritt zum Allgemeinen Zoll- und Handelsabkommen (GATT) beschlossen.

20. August Wegen der Fleischknappheit beschließt das seit Februar des Jahres bestehende Wirtschaftsdirektorium die

Einführung von zwei fleischlosen Tagen in der Woche. Diese
Regelung bleibt fast ein Jahr bestehen.

21. September   Die so genannte Wohnungsbeihilfe wird eingeführt, jeder Lohn- und Gehaltsempfänger bekommt zusätz-
lich 30 Schilling. Diese Beihilfe bleibt in unveränderter Höhe
bis 1983 bestehen.

12. Oktober   Die Bundesregierung schlägt den vier Großmächten vor, die nunmehrigen Gesandtschaften in Botschaften
umzuwandeln; Frankreich, Großbritannien und die Vereinigten Staaten greifen diesen Vorschlag auf, die Sowjetunion
lehnt ab. Die Vertretung des Vatikans wird wieder eine Nun-
tiatur.

7. Dezember   Seitens der drei Besatzungsmächte Großbritannien, Frankreich und Sowjetunion werden die Besatzungskosten erhöht.

1952

23. Januar   Die Bundesregierung wird umgebildet, der Liberale Reinhard Kamitz (1907–1993) wird Finanzminister, er leitet einen Kurswechsel in der Finanz- und Wirtschaftspolitik
ein.

28./29. Januar   Bei einem Bundesparteitag der ÖVP in Wien
wird ein neues Parteiprogramm mit dem Titel »Alles für
Österreich« beschlossen. Außerdem sollen in Hinkunft die
Funktionen Parteiobmann und Regierungschef getrennt
werden.

12. März   Außenminister Karl Gruber verhandelt in Rom über
den Austausch von Botschaftern.

3. April   In einer außerordentlichen Sitzung aller Landtage
der österreichischen Bundesländer werden der Freiheitswil-
le Österreichs und der daraus resultierende Wunsch nach
einem Staatsvertrag und dem Ende der Besatzung betont.

26. April   Der großteils wieder aufgebaute Stephansdom erhält
eine neue Glocke. Die in St. Florian (Oberösterreich) gegos-
sene Glocke wird in einem wahren Triumphzug nach Wien
gebracht. Sie ist ein Geschenk des Landes Oberösterreich. Da
der Nordturm noch nicht fertig ist, wird die Glocke in einem
Gerüst neben dem Dom aufgehängt.

7.–30. Mai   Bundeskanzler Leopold Figl begibt sich zu einem
Staatsbesuch nach Paris, London und Washington. In den

Hauptstädten der Großmächte sind die zentralen Themen der Abschluss des Staatsvertrages und wirtschaftliche Fragen.

29. Juni   Erstmals besucht ein amerikanischer Außenminister Österreich: Dean G. Acheson (1893–1971) führt Gespräche über Möglichkeiten für den österreichischen Staatsvertrag und sichert Österreich die Unterstützung Amerikas zu.

3. Juli   Anlässlich des Besuches des UN-Generalsekretärs Trygve Lie (1896–1968) fasst der Nationalrat eine Resolution über die Aufnahme Österreichs in die UNO.

18. Juli   Im Nationalrat wird eine Amnestie für belastete Nationalsozialisten beschlossen.

11. September   In Wien tagt der Österreichische Katholikentag. Er steht unter dem Motto »Freiheit und Würde des Menschen«.

23. September   Der britische Außenminister Anthony Eden besucht Wien.

15.–22. Oktober   Bundeskanzler Lepold Figl stattet den westeuropäischen Staaten Niederlande, Belgien und Luxemburg einen offiziellen Besuch ab.

23. Oktober   Nach dem Scheitern der Budgetverhandlungen demissioniert das Kabinett Figl.

28. Oktober   Bundespräsident Körner beauftragt Leopold Figl wieder mit der Bildung einer Regierung.

30. Oktober   Der Nationalrat beschließt vorzeitige Neuwahlen und setzt sie für den 22. Februar des Folgejahres fest.

19. November   In Wien findet die Premiere des Films »1. April 2000« statt. Der Film ist ein satirischer Protest gegen die Besetzung Österreichs.

20. Dezember   In einer Österreich-Resolution appelliert die UNO an die Großmächte, endlich eine Einigung über den österreichischen Staatsvertrag zu erzielen.

28. Dezember   Die sowjetische Besatzungsmacht verbietet in ihren Besatzungsgebieten der österreichischen Gendarmerie das Tragen von Gummiknüppeln.

In der VOEST in Linz und der Alpine-Montan in Donawitz wird das LD-Verfahren entwickelt. Es ist ein Sauerstoffaufblasverfahren für die Stahlproduktion und eine der bedeutendsten metallurgischen Erfindungen.

1953

22. Februar   Bei der Nationalratswahl erhält die SPÖ die Mehrheit der Stimmen, aber infolge des Wahlrechts um ein Mandat weniger als die ÖVP.

2. April   Nach mühevollen und zähen Regierungsverhandlungen, bei denen Bundespräsident Körner eine Dreiparteienregierung aus ÖVP, SPÖ und VdU ablehnt, bildet Julius Raab eine Koalitionsregierung mit der SPÖ. Vizekanzler wird Adolf Schärf.

1. Mai   Die Lebensmittelkarten werden abgeschafft.

26. Juni   Iwan Iwanowitsch Iljitschow (1905–1993) wird neuer sowjetischer Hochkommissar in Österreich.

27. Juni   610 Österreicher, die in der Sowjetunion inhaftiert sind, können dank einer Amnestie heimreisen.

1. Juli   Der Marshallplan läuft aus. Österreich bezog insgesamt 960 Millionen US-Dollar.

11. September   Der Alliierte Rat genehmigt den österreichischen Behörden das Ausstellen von Reisepässen.

30. Oktober   In einer Erklärung erinnert Bundeskanzler Julius Raab an die vor zehn Jahren veröffentlichte Moskauer Deklaration über die Wiederherstellung der Unabhängigkeit Österreichs. Zur Erinnerung daran ruht in ganz Österreich für fünf Minuten die Arbeit.

12. November   Österreich und Jugoslawien tauschen Botschafter aus.

14. November   Außenminister Karl Gruber tritt zurück. Ursache dafür ist ein Teilabdruck seiner Memoiren, in denen er ein Gespräch zwischen Kanzler Figl und dem kommunistischen Abgeordneten Ernst Fischer (1899–1972) über Österreichs Zukunft ausführlich schildert. Leopold Figl übernimmt das Außenamt.

4. Dezember   Der Nationalrat verlangt eine Revision des Kontrollabkommens und die Aufhebung jeglicher Einschränkung der österreichischen Gesetzgebung.

1954

20. Januar   Der ehemalige Minister für Vermögenssicherung und Wirtschaftsplanung Peter Krauland steht wegen Amtsmissbrauch und Parteifinanzierung vor Gericht. Er wird im Juli freigesprochen.

13. Februar   Der sowjetische Außenminister Wjatscheslaw M. Molotow (1890–1986) erklärt, dass Österreich auch nach Abschluss eines Staatsvertrages besetzt bleiben sollte, und zwar bis zum Abschluss eines Friedensvertrages mit Deutschland. Österreich weist diese Forderung zurück.

16. Februar   Außenminister Leopold Figl schlägt eine »militärische Neutralität Österreichs« vor.

19. Februar   Die Bundesregierung beschließt, 480 Millionen Schilling für den Ausbau des Bundesstraßennetzes zur Verfügung zu stellen.

16. Mai   Im Ministerrat wird für die nächsten zehn Jahre ein Investitionsprogramm im Gesamtumfang von zehn Milliarden Schilling beschlossen.

2. Juli   Die letzte Nummer der von den Amerikanern wesentlich beeinflussten Tageszeitung »Kurier« erscheint. Sie erscheint als »Neuer Kurier« weiter.

1. September   Die Wiener Randgemeinden, die während des NS-Regimes Groß-Wien angeschlossen worden sind, werden wieder an Niederösterreich rückgegliedert.

5. Oktober   In London wird das Abkommen über Triest unterzeichnet, damit ist einer der Stolpersteine für den österreichischen Staatsvertrag beseitigt.

21. Dezember   Die westdeutsche Regierung erklärt das »Reichsgesetz über die Wiedervereinigung Österreichs mit dem Deutschen Reich« für null und nichtig.

1955

8. Februar   Außenminister Molotow deutet in einer Rede die sowjetische Bereitschaft zum Abschluss eines Staatsvertrages an.

16. März   Die Bundesregierung erklärt ihre Absicht, militärischen Bündnissen nicht beizutreten und keine militärischen Stützpunkte auf österreichischem Staatsgebiet zuzulassen.

24. März   Die Sowjetunion spricht eine Einladung für österreichische Politiker zu Verhandlungen über den Staatsvertrag nach Moskau aus.

11. April   Eine österreichische Regierungsdelegation reist nach Moskau.

15. April   Die anlässlich des Moskaubesuches einer österreichischen Regierungsdelegation unter der Leitung von Julius

Raab und Leopold Figl erzielten Ergebnisse zu den Staatsvertragsverhandlungen werden in einem gemeinsamen Kommunique als »Moskauer-Memorandum« veröffentlicht.

2.–12. Mai   Die Wiener Botschafterkonferenz gelangt zu einer Übereinstimmung hinsichtlich des Staatsvertrages.

14. Mai   Auf Antrag von Außenminister Leopold Figl wird in der Präambel des bereits ausgehandelten österreichischen Staatsvertrages der Passus über die Kriegsschuld Österreichs gestrichen.

15. Mai   Im Wiener Schloss Belvedere wird der Österreichische Staatsvertrag unterzeichnet. Unterzeichner sind neben dem österreichischen Außenminister Leopold Figl seine Amtskollegen John Foster Dulles (USA, 1888–1959), Harold Macmillan (Großbritannien, 1894–1986), Antoine Pinay (Frankreich, 1891–1994) und Wjatscheslaw Molotow (Sowjetunion). Österreich ist wieder ein souveräner Staat, seine Grenzen sind die des 1. Januar 1938.

4. Juni   In Wr. Neustadt trifft ein Heimkehrertransport aus der Sowjetunion ein.

7. Juni   Im Nationalrat wird der Staatsvertrag einstimmig angenommen.

11. Juni   Der Staatsvertrag wird im Präsidium des Obersten Sowjet ratifiziert.

12. Juli   Österreich und die Sowjetunion unterzeichnen ein Abkommen über die Entschädigung für die bisher unter sowjetischer Verwaltung stehenden Betriebe (USIA-Betriebe): Österreich muss innerhalb von sechs Jahren 150 Millionen Dollar bezahlen und zehn Jahre lang jährlich eine Million Tonnen Rohöl liefern.

15. Juli   Im Bundeskanzleramt wird ein Amt für Landesverteidigung errichtet.

27. Juli   Wegen Inkrafttreten des Staatsvertrages findet die letzte Sitzung des Alliierten Rates statt.

1. August   Die erste österreichische Fernsehsendung wird ausgestrahlt.

8. September   Im Nationalrat wird das Allgemeine Sozialversicherungsgesetz (ASVG) beschlossen.

16. September   Österreich erhält seine Lufthoheit zurück.

15. Oktober   Das bei einem Luftangriff in den letzten Kriegstagen schwer beschädigte Burgtheater wird nach jahrelanger

mühevoller Restaurierung mit Franz Grillparzers Stück »König Ottokars Glück und Ende« wieder eröffnet.

26. Oktober   Im Nationalrat wird das Bundes-Verfassungsgesetz über die immerwährende Neutralität Österreichs verabschiedet. Dieser Tag wird zum »Tag der Fahne« erklärt und als Feiertag ab nun jährlich gefeiert.

3. November   Als Nachfolgepartei des VdU wird die Freiheitliche Partei Österreichs gegründet.

5. November   Auch die Wiener Staatsoper wird nach zehnjährigem Wiederaufbau mit einer Serie von Premieren eröffnet.

15. Dezember   Österreich wird Mitglied der Vereinten Nationen.

1956

9. Januar   Die Österreichische Luftverkehrs AG »Air Austria« wird gegründet.

7. Februar   Österreich unterzeichnet mit den Vereinigten Staaten ein Wirtschaftsabkommen. Österreich erhält Nahrungsmittel und landwirtschaftliche Güter im Wert von 580 Millionen Schilling. Diese bezahlt es zu einem Drittel mit Exporten, den Rest durch eine langfristige amerikanische Anleihe.

9. Februar   Erstmals nach dem Zweiten Weltkrieg findet in der Wiener Staatsoper ein Opernball statt.

2. März   Im Nationalrat wird der Beitritt Österreichs zum Europarat beschlossen.

13. Mai   Aus den Nationalratswahlen geht die ÖVP als eindeutiger Sieger mit einem Gewinn von acht Mandaten hervor. Die SPÖ gewinnt nur ein Mandat. Deutlicher Verlierer ist die FPÖ, die nur mehr sechs Mandate erzielt. Die KPÖ verliert ebenfalls ein Mandat und hat daher nur mehr drei Sitze.

28. Mai   Zum ersten Mal findet eine Musterung für das österreichische Bundesheer statt, betroffen ist der Geburtsjahrgang 1937.
Die Weltbank gewährt Österreich eine Anleihe in der Höhe von 32 Millionen US-Dollar für den Ausbau der Kraftwerke.

29. Juni   Das Kabinett Raab II tritt sein Amt an.

11. Juli   Der Nationalrat beschließt die Errichtung des Bundesministeriums für Landesverteidigung.

8. Oktober   Österreich fordert von Italien die Einhaltung des Gruber-De Gasperi-Abkommens aus dem Jahr 1946.

22. Oktober   Die Atomenergiebehörde beschließt, in Wien einen Sitz für die friedliche Nutzung der Atomenergie einzurichten.

28. Oktober   In einer Sondersitzung des Ministerrates berät die Bundesregierung die Folgen des Ungarnaufstandes für Österreich. Es sind vor allem Maßnahmen zur Sicherung der Landesgrenzen, wobei das Bundesheer seine erste Bewährungsprobe ablegt. Außerdem müssen Vorkehrungen für den bald einsetzenden Flüchtlingsstrom getroffen werden.

27. November   Bundeskanzler Raab teilt dem Ministerrat mit, dass die Zahl der Ungarnflüchtlinge bereits 84.000 Personen beträgt.

1957

1. Januar   In Österreich beginnt die regelmäßige Ausstrahlung von Fernsehsendungen.

28. Januar   Der Verkauf der »Volksaktien« der verstaatlichten Banken Creditanstalt und Länderbank beginnt.

9. Februar   Italien überreicht eine unbefriedigende Antwort auf die österreichische Note vom 8. Oktober 1956. Damit beginnen die Spannungen mit Italien wegen Südtirol.

23. Februar   Österreich weist Vorwürfe der kommunistischen ungarischen Regierung wegen der Flüchtlingshilfe zurück.

12. März   Die Paritätische Kommission für Lohn- und Preisfragen wird gegründet. Diese aus Mitgliedern der betreffenden Ministerien, aus Vertretern der Arbeitgeber und der Arbeitnehmer bestehende Kommission gibt der Bundesregierung Empfehlungen, an die diese sich fast immer hält. Damit wird die Sozialpartnerschaft begründet.

14. März   Im Nationalrat werden die Statuten der Internationalen Atomenergiebehörde (IAEA) genehmigt.

5. Mai   Nach dem Tod von Bundespräsident Theodor Körner wird wieder ein Bundespräsident gewählt. Die SPÖ stellt Adolf Schärf auf, die ÖVP den Arzt Wolfgang Denk (1882–1970); ersterer gewinnt im ersten Wahlgang mit 51,12 % der abgegebenen Stimmen.

8. Mai   Nach dem Ausscheiden von Adolf Schärf aus der Regierung folgt ihm Bruno Pittermann (1905–1983) sowohl als Parteichef als auch als Vizekanzler.

1. Oktober   Die Internationale Atomenergiebehörde hält ihre erste Generalkonferenz ab.

1958

21. Februar   Otto Habsburg-Lothringen leistet eine Verzichtserklärung und bekennt sich zur Republik Österreich und ihren Gesetzen, einschließlich des Habsburg-Gesetzes.

22. Februar   Österreich und die USA schließen ein Abkommen über die Lieferung landwirtschaftlicher Produkte im Wert von 2,5 Millionen US-Dollar.

26. April   Das erste Teilstück der Westautobahn zwischen Salzburg und Mondsee wird dem Verkehr übergeben.

28. April   Die Weltbank gewährt Österreich eine Anleihe in der Höhe von 10,76 Millionen US-Dollar.

14. Mai   Anlässlich des außerordentlichen Parteitages der SPÖ wird ein neues Parteiprogramm beschlossen. Dieses grenzt sich deutlich vom Linzer Programm des Jahres 1926 ab, Faschismus und Kommunismus wird eine dezidierte Absage erteilt. Neu hinzu kommt die Akzeptanz der Sozialpartnerschaft. Der Antiklerikalismus wird aufgegeben, Christentum und Sozialismus werden vereinbar.

16. Juni   Außenminister Leopold Figl und sein deutscher Amtskollege Heinrich von Brentano (1904–1964) unterzeichnen in Bonn den österreichisch-deutschen Vermögensvertrag.

16. Juli   Als US-amerikanische Flugzeuge den österreichischen Luftraum überfliegen und damit die österreichische Neutralität verletzen, protestiert die Regierung in Washington.

24. Juli   Anlässlich des Besuches einer österreichischen Regierungsdelegation in Moskau werden neue Bedingungen für die österreichischen Ablöselieferungen vereinbart. Moskau verzichtet auf die Hälfte der noch ausstehenden Rohöllieferungen, stattdessen liefert Österreich Fertigwaren im gleichen Wert.

29. Oktober   Salzburg verabschiedet als erstes Bundesland im Landtag Durchführungsbestimmungen für Volksabstimmungen und -begehren.

28. November   Die ÖVP verabschiedet am Bundesparteitag in Innsbruck ein neues Grundsatzprogramm; sie positioniert sich als Partei der Mitte, der katholischen Soziallehre und be-

kennt sich zur österreichischen Nation. Ein weiterer Grundsatz ist die soziale Marktwirtschaft.

1959

In Österreich wird die 45-Stunden-Woche eingeführt.

26. Februar   Römische Studenten demonstrieren vor der österreichischen Botschaft in Rom, wobei es zu tätlichen Auseinandersetzungen kommt.

4. März   Im Nationalrat steht eine große Südtiroldebatte auf der Tagesordnung.

6. März   Auf das österreichische Kulturinstitut in Rom wird ein Anschlag mit einem Molotowcocktail verübt.

13. März   Der Nationalrat beschließt, die Legislaturperiode vorzeitig zu beenden und schreibt Neuwahlen aus.

10. Mai   Bei den Nationalratswahlen erzielt die SPÖ mit vier Mandaten einen deutlichen Gewinn, mandatstärkste Partei bleibt trotz Verlustes von drei Mandaten die ÖVP.

9. Juni   In der Konstituierenden Sitzung des Nationalrates wird Leopold Figl einstimmig zum Präsidenten des Hauses gewählt.

22. Juli   Durch einen Beschluss des Nationalrates wird das »Außenamt«, bisher nur eine Sektion des Bundeskanzleramtes, ein selbstständiges Bundesministerium für auswärtige Angelegenheiten.

16. Juli   Nach längeren Verhandlungen bildet Julius Raab sein drittes Kabinett.

29. August   Aus dem Toplitzsee (Steiermark) wird nach einer schwierigen Tauchaktion ein »Schatz« gehoben, der sich als in der NS-Zeit gefälschte britische Pfundnoten (insgesamt etwa 700 Millionen) herausstellt. Die falschen Pfundnoten sind von der SS in den letzten Kriegstagen im See versenkt worden.

16. September   Der österreichische Diplomat und ständige Vertreter Österreichs bei der UNO in New York Franz Matsch (1899–1973) wird von der Generalversammlung zum Vorsitzenden der Politischen Kommission gewählt.

21. September   Außenminister Bruno Kreisky hält vor der UN-Generalversammlung eine große Südtirolrede.

20. November Österreich unterzeichnet in Stockholm die EFTA(=Europäische Freihandelszone)-Konvention als ersten Schritt zum Beitritt zur EFTA.

1960

4. Januar Mit diesem Datum tritt der EFTA-Vertrag in Kraft. In Kopenhagen unterzeichnen Österreich, Dänemark, Großbritannien, Norwegen, Portugal, Schweden und die Schweiz den Gründungsvertrag.

22. Januar Italien thematisiert vor dem Europarat das Südtirolproblem.

12. Februar In der ÖVP kommt es zu einem Revirement der Führungskräfte, Alfons Gorbach (1898–1972) löst Julius Raab als Parteiobmann ab, Hermann Withalm (1912–2003) wird neuer Generalsekretär.

23. Juni Österreich und der Vatikan schließen ein Konkordat, dieses hebt das Konkordat von 1933 auf und dient in erster Linie zur Regelung der vermögensrechtlichen Beziehungen.

30. Juni–8. Juli Der sowjetische Ministerpräsident Nikita S. Chruschtschow (1894–1971) hält sich zu einem Staatsbesuch in Österreich auf. Hauptthema sind Wirtschaftsverhandlungen und die Regelung der noch auf Grund des Staatsvertrags von Österreich zu leistenden Lieferungen. Chruschtschow besucht auch den Bauernhof der Familie Figl. Dabei kommt es zur legendären »Kukuruzwette« zwischen Figl und Chruschtschow über den Ertrag beim Maisanbau.

13. Juli Im Nationalrat wird das Landwirtschaftsgesetz, das den von Agrarminister Eduard Hartmann (1904–1966) ausgearbeiteten »Grünen Plan« enthält, beschlossen.

3. September Anlässlich der Eröffnung der Landwirtschaftsmesse in Wels (Oberösterreich) teilt Minister Hartmann mit, dass Österreich nunmehr in der Lage sei, sich selbst zu ernähren.

1. Oktober Die Südtiroler überreichen dem stellvertretenden UN-Generalsekretär eine Denkschrift zum Südtirolproblem.

11. Oktober In Rom kommt es zu heftigen Demonstrationen italienischer Studenten vor dem österreichischen Generalkonsulat, wobei das Staatswappen heruntergerissen wird.

17. Oktober   Die Apostolische Administratur Burgenland wird eine eigene Diözese, Stefan Lászlo (1913–1995) wird der erste Bischof von Eisenstadt.

31. Oktober   Der Politische Ausschuss der UNO nimmt die österreichische Südtirolresolution an. Österreich und Italien werden beauftragt, bilaterale Verhandlungen über das Pariser Abkommen von 1946 aufzunehmen.

11. Dezember   Österreich beteiligt sich mit einem Sanitätskontingent am UNO-Einsatz im Kongo. Bei einer Gefangennahme des gesamten Teams am 19. Dezember gehen wertvolles Material und fast alle Fahrzeuge verloren.

1961

27./28. Januar   Die Verhandlungsrunde zu Südtirol mit Italien scheitert.

29./30. Januar   Auf das Reiterdenkmal in Waldbruck bei Bozen wird ein Sprengstoffanschlag verübt.

2. März–7. April   In der Wiener Hofburg tagt ein internationaler Diplomatenkongress. Delegierte aus 84 Staaten beraten über bislang nur gewohnheitsrechtliche Bestimmungen des Völkerrechts. Eine Reihe von Konventionen wird beschlossen, diese werden am 14. April von der UNO angenommen. Zahlreiche Staaten schließlich sich dieser »Wiener Konvention« an.

21. März   Die Volkszählung in Österreich ergibt einen Bevölkerungsstand von 7 073 807 Einwohnern.

29. März   Österreich und die USA schließen ein Abkommen über die so genannten Counterpartmittel. Es sind aus der Marshallplanhilfe erzielte Gelder in der Höhe von mehr als 10 Milliarden Schilling, über die Österreich frei verfügen kann. Diese werden in den nächsten Jahrzehnten in den weiteren Auf- und Ausbau der Wirtschaft als Kredite investiert.

11. April   Das Kabinett Raab IV tritt zurück. Julius Raab zieht sich aus gesundheitlichen Gründen zurück, bleibt aber als Präsident der Bundeskammer der gewerblichen Wirtschaft ein mächtiger Drahtzieher in der Politik. Sein Nachfolger als Kanzler wird Alfons Gorbach.

3./4. Juni   US-Präsident John F. Kennedy (1917–1963) und der sowjetische Ministerpräsident Nikita S. Chruschtschow treffen in Wien zu einem Gipfelgespräch zusammen. Konkrete Ergebnisse werden keine erzielt, doch die persönliche Kontaktaufnahme empfinden beide Politiker als nützlich.

11./12. Juni   Wegen der gescheiterten Verhandlungen mit Italien werden in Südtirol 19 Telefon- und Hochspannungsmaste gesprengt.

13. Juni   Der Ministerrat lehnt die von Dr. Otto Habsburg-Lothringen geleistete Verzichtserklärung ab, worauf Otto Habsburg sich an den Verfassungsgerichtshof wendet, der sich für nicht zuständig erklärt.

6. Juli   Der Nationalrat verabschiedet das Protestantengesetz, das Freiheit und Selbstbestimmungsrecht der evangelischen Kirche festlegt.

12. Juli   Italien führt für Österreicher Visumzwang ein.

18.–22. September   In Wien in der Hofburg tagt der Weltbankkongress, bei dem 70 Staaten vertreten sind.

1. Oktober   In Innsbruck auf dem Berg Isel wird das Andreas Hofer-Denkmal gesprengt.

23. Oktober   Nach der Ernte ist die »Kukuruzwette« zu Gunsten von Leopold Figl entschieden worden. Der ehemalige Bundeskanzler und Außenminister gewinnt ein Schwein.

25. Oktober   Im Nationalrat findet die erste »parlamentarische Fragestunde« statt.

15. November   Bei der UN-Generalversammlung wird auch über das Südtirolproblem diskutiert.

15. Dezember   Österreich beantragt die Aufnahme von Verhandlungen mit der EWG (Europäischen Wirtschaftsgemeinschaft) über ein wirtschaftliches Arrangement.

1962

18. Januar   Das dritte Sanitätskontingent fliegt zu einem UNO-Einsatz in den Kongo.

9. Februar   In Rom beginnt ein Prozess gegen sieben aus Österreich und Deutschland stammende Südtirolaktivisten, die mehrere Anschläge verübt haben sollen.

16. Juli   In ganz Österreich finden Bauerndemonstrationen statt; sie richten sich gegen die Entwicklungen auf dem Lohn- und Preissektor.

31. Juli In Venedig findet eine Konferenz zu Südtirol statt. Die Atmosphäre ist entspannt, im September wird der Visumszwang für Österreicher aufgehoben.

30. September In der Hinterbrühl bei Wien wird das größte SOS-Kinderdorf Europas eröffnet.

18. November Bei vorgezogenen Neuwahlen verzeichnet die ÖVP einen Gewinn von zwei Mandaten, die SPÖ verliert zwei Mandate, die FPÖ bleibt unverändert bei acht Mandaten.

12. Dezember Der aus Österreich stammende und in Großbritannien lebende Chemiker Max Ferdinand Perutz (1914–2002) erhält den Nobelpreis für Chemie.

1963

4. März–24. April In der Wiener Hofburg verhandelt eine UNO-Konferenz über das Wiener Übereinkommen über konsularische Beziehungen.

9. März Außenminister Bruno Kreisky betont Österreichs Wunsch nach einer wirtschaftlichen Integration in Europa und weist damit die sowjetische Kritik zurück.

27. März Nach zähen Regierungsverhandlungen tritt das Kabinett Gorbach II sein Amt an.

28. April Bei der Bundespräsidentenwahl wird der amtierende Bundespräsident Adolf Schärf mit 55,4% der Stimmen im Amt bestätigt.

31. Mai Der Verwaltungsgerichtshof bezeichnet die Verzichtserklärung Otto Habsburgs für ausreichend.

5. Juni Im Nationalrat findet eine Sondersitzung zum »Fall Habsburg« statt.

4. Juli Mit den Stimmen der SPÖ und der FPÖ wird ein Antrag im Nationalrat angenommen, der eine Rückkehr Otto Habsburgs nach Österreich als unerwünscht erklärt.

10. Juli Im Nationalrat wird das Volksbegehrengesetz verabschiedet.

Anfang August Neuerlich finden in Südtirol Sprengstoffanschläge statt.

11. September Österreich unterzeichnet das Atomteststoppabkommen.

20. September Josef Klaus (1910–2001) löst Alfons Gorbach als Obmann der ÖVP ab.

9. Dezember In Mailand beginnt der Prozess gegen mehr als 90 Personen, darunter sechs Österreicher, wegen der Terroranschläge des Sommers 1962.

1964

25. Februar Bundeskanzler Alfons Gorbach demissioniert.

17. März Im Nationalrat wird beschlossen, dass Österreich ein Sanitäts- und Ordnungskontingent zur UN-Friedenstruppe nach Zypern entsendet.

2. April Josef Klaus bildet eine neue Regierung.

10. April Die italienische Südtirolkommission schlägt in einem Bericht an Ministerpräsident Aldo Moro (1916–1978) einige Änderungen zu Gunsten Südtirols vor.

5. Mai Italien gibt eine negative Stellungnahme hinsichtlich der EWG-Assoziierung Österreichs ab.

18. September Infolge von Auseinandersetzungen mit seiner eigenen Partei demissioniert der SPÖ-Innenminister Franz Olah. Sein Nachfolger wird Hans Czettel (1923–1980).

5.–12. Oktober Erstmals liegt in Österreich ein Volksbegehren zur Unterschrift auf: Mehr als 800.000 Österreicher verlangen ein neues Rundfunkgesetz, das die Unabhängigkeit des Mediums sichert.

4. November Die SPÖ schließt Franz Olah aus der Partei aus. Er wird beschuldigt, ohne Wissen der Gremien der FPÖ eine Million Schilling aus Parteigeldern überwiesen zu haben. Seine Abberufung und sein Parteiausschluss führen zu heftigen Demonstrationen seiner Anhänger vor der SPÖ-Parteizentrale.

21. November In Fussach am Bodensee demonstrieren 20.000 Menschen gegen die geplante Benennung eines Bodenseeschiffes als »Karl Renner«. Der Stapellauf unterbleibt. Im Juli 1965 wird das Schiff »Vorarlberg« getauft.

1965

24. März Seitens der Staatsanwaltschaft werden Erhebungen gegen den an der Hochschule für Welthandel lehrenden Universitätsprofessor Taras Borodajkewycz (1902–1984) wegen Äußerungen im nationalsozialistischen Sinne eingeleitet.

31. März Studenten und Widerstandskämpfer demonstrieren in Wien für die Abberufung von Prof. Borodajkewycz. Es

kommt zu Auseinandersetzungen mit rechtsextremen Studenten, in deren Verlauf Ernst Kirchweger (*1898) von einem Neonazi verletzt wird. Er stirbt am 2. April an diesen Verletzungen.

8. April   Die ÖVP beschließt ein neues Parteiprogramm, das »Klagenfurter Manifest«, in dem Solidarismus und christliche Soziallehre festgeschrieben werden.

23. Mai   Nach dem Tod von Bundespräsident Adolf Schärf im Februar finden Bundespräsidentenwahlen statt. Der Kandidat der SPÖ Franz Jonas gewinnt mit 50,69% die Wahl, sein Gegenkandidat Alfons Gorbach erzielt nur 49,31%.

24. Juni   Österreich unterzeichnet mit der OPEC (=Organisation Erdöl exportierender Staaten) ein Abkommen, das Wien als ständigen Sitz dieser internationalen Organisation vorsieht.

20. Juli   Die niederösterreichische Landesregierung stellt für Otto Habsburg und seine Frau einen Staatsbürgerschaftsnachweis aus.
Franz Olah gründet die Arbeitsgemeinschaft für Demokratie und Fortschritt; daraus wird die DFP, die Demokratisch-Fortschrittliche Partei.

23. Oktober   Nach Scheitern der Budgetverhandlungen in der Koalition tritt die Regierung zurück.

25. Oktober   Im Ministerrat wird beschlossen, in Zukunft den 26. Oktober als Nationalfeiertag zu begehen.

18. November   Der Nationalrat beschließt, die Legislaturperiode vorzeitig zu beenden und Neuwahlen auszuschreiben.

1966

9. Januar   Die KPÖ beschließt, bei der für März angesetzten Nationalratswahl für die SPÖ zu stimmen.

3. Februar   In der sechsten Verhandlungsrunde mit der EWG in Brüssel unterbreitet Österreich einen Vorschlag, der mit der Neutralität vereinbar wäre.

23. Februar   Die »Kronen-Zeitung« wird im Auftrag des ÖGB unter gerichtliche Verwaltung gestellt. Der ÖGB erhebt Ansprüche, da von Seiten des ehemaligen SPÖ-Innenministers Franz Olah Geld in die Zeitung geflossen ist.

6. März   Bei den Nationalratswahlen erreicht die ÖVP die absolute Mehrheit, sie erreicht 85 Mandate, SPÖ und FPÖ ver-

lieren jeweils zwei Mandate, Franz Olahs DFP und die KPÖ bleiben ohne Mandate.

19. April   Josef Klaus bildet eine ÖVP-Alleinregierung.

14. Mai   Wegen seiner nationalsozialistischen Aussagen wird Prof. Borodajkewycz vom Disziplinarsenat der Hochschule in den vorzeitigen Ruhestand versetzt.

1. Juni   Im Innenministerium wird ein Reisepass für Otto Habsburg ausgestellt.

24. Juni   Im Nationalrat wird die Budgetvorlage angenommen.

1. Juli   Die NDP (= Nationaldemokratische Partei) wird gegründet. Sie wird ein Sammelbecken der Rechtsextremen.

8. Juli   Im Nationalrat wird ein neues Rundfunkgesetz, wie das Volksbegehren es verlangte, beschlossen. Die Medienanstalt erhält Programm-, Finanz- und Personalautonomie.

1. September   Die Südtiroler Volkspartei (SVP) nimmt das Südtirolpaket der italienischen Regierung an.

12. September   Mit dem Polytechnischen Lehrgang wird ein neuntes Pflichtschuljahr eingeführt.

13. Dezember   Bei den Verhandlungen mit der EWG zeigen die Staaten der EWG Konzessionsbereitschaft hinsichtlich Österreichs Osthandel.

1967

1. Februar   Bruno Kreisky wird zum Parteivorsitzenden der SPÖ gewählt.

4. März   Österreich und Italien einigen sich auf die Bedingungen des Südtirolpakets.

8. Mai   Italien legt ein Veto gegen die Assoziierung Österreichs mit der EWG ein.

5. Juli   Otto Habsburg hält sich zum ersten Mal seit 1938 in Österreich auf. Die politischen Parteien lehnen seine Reise ab.

7. Juli   Die UNIDO (= United Nations Industrial Development Organization) eröffnet ihr Hauptquartier in Wien.

23.–30. September   Der 6. Bundeskongress des ÖGB fordert die Einführung der 40-Stunden-Woche.

20.–24. November   In Wien findet eine UNESCO-Konferenz der europäischen Unterrichtsminister statt.

1968

26. Januar   Im Wiener Gemeinderat wird ein Grundsatzbeschluss über den Bau von U-Bahnen gefasst.

2. Februar   Der neue Finanzminister Stephan Koren (1919–1988) legt im Bundesparteivorstand der ÖVP ein Wirtschaftskonzept vor. Wichtige Punkte sind Vollbeschäftigung, Stärkung der Nachfrage, Modernisierung der Wirtschaft, vor allem der KMU (= Klein- und Mittelbetriebe), Beseitigung von Wachstumshemmnissen.

2. April   Zur Budgetsanierung wird im Ministerrat u. a. auch eine 10%ige Politikerbesteuerung beschlossen.

20.–25. Mai   Während eines Staatsbesuches von Bundespräsident Franz Jonas in der Sowjetunion wird ein Abkommen über wirtschaftliche und wissenschaftliche Zusammenarbeit geschlossen.

1. September   Die erste Lieferung von Erdgas aus der Sowjetunion erreicht Österreich. Der Liefervertrag hat eine Laufzeit von 23 Jahren.

13. November   Im Nationalrat wird die Herabsetzung des aktiven Wahlalters auf 19 Jahre und des passiven auf 25 Jahre beschlossen.

1969

1. Januar   Erstmals wird in Österreich ein Farbfernseh-Programm ausgestrahlt.

20. Januar   In Wien finden umfangreiche Demonstrationen anlässlich des Privatbesuches des persischen Schahs Mohammad Reza Pahlevi (1919–1980) und des Amtsantritts des US-Präsidenten Richard Nixon (1913–1994) statt.

30. Januar   In Wien beginnt ein Prozess gegen den ehemaligen Innenminister Franz Olah. Er wird der Untreue und falschen Zeugenaussage angeklagt.

5.–10. Mai   Die britische Königin Elisabeth II. (*1926) hält sich zu einem Staatsbesuch in Österreich auf.

14. Mai   Der ehemalige Außenminister Lujo Tončić-Sorinj (1915–2005) wird zum Generalsekretär des Europarates gewählt.

29. Mai   Unterrichtsminister Theodor Piffl-Perčević (1911–1994) stellt nach dem für ihn negativen Ausgang des Volksbegehrens gegen das neunte Schuljahr sein Amt zur Verfügung.

7. Juli   Das neunte Schuljahr wird an den höheren Schulen ausgesetzt.

2.–4. Oktober   Beim Bundesparteitag der SPÖ in Eisenstadt distanziert sich die Partei grundsätzlich von den Kommunisten.

30. November   Der österreichische Außenminister Kurt Waldheim (1918–2007) und der italienische Ministerpräsident Aldo Moro geben eine gemeinsame Erklärung zu Südtirol ab.

1970

1. März   Bei den Nationalratswahlen wird die SPÖ erstmals in der Zweiten Republik stimmen- und mandatstärkste Partei. Mandatsverteilung: SPÖ 81, ÖVP 78, FPÖ 6.

20. April   Regierungsverhandlungen zwischen SPÖ und ÖVP scheitern.

21. April   Bruno Kreisky bildet eine Minderheitsregierung, die sich der stillen Unterstützung der FPÖ erfreuen kann.

16. September   In Wien wird ein internationales Pressezentrum eröffnet.

21.–25. September   Anlässlich eines Besuches des rumänischen Staatspräsidenten Nicolae Ceauşescu (1918–1989) in Österreich wird ein Konsularvertrag unterzeichnet.

17. Dezember   Der Beschluss, die Wiener UNO-City nach den Plänen des Architekten Johann Staber (*1928) zu errichten, wird gefasst. Die Kosten tragen zu 65% der Bund und zu 35% die Gemeinde Wien.

1971

4. Februar   Als bereits zweites Kabinettsmitglied seit April des Vorjahres tritt Verteidigungsminister Johann Freihsler (1917–1981) aus Gesundheitsgründen zurück. Sein Nachfolger wird der parteifreie Brigadier Karl Lütgendorf (1914–1981).

18. Februar   Die Parteienverhandlungen mit der ÖVP über eine Reform des Bundesheeres scheitern.

25. April   Bei der Bundespräsidentenwahl wird Franz Jonas von 52,79% der Wähler im Amt bestätigt.

8./9. Juni   Nach einer Dauersitzung des Parlaments wird eine Schulgesetznovelle beschlossen. Die Aufnahmeprüfung für

Gymnasien wird aufgehoben, ebenso die Einführung des 13. Schuljahres.

8. Juni In Österreich wird die Volljährigkeit auf 19 Jahre herabgesetzt.

12. Juni Ein SPÖ-Antrag auf vorzeitige Beendigung der Legislaturperiode wird im Nationalrat mit den Stimmen der FPÖ angenommen.

15. Juli Im Nationalrat wird eine Novelle zum Wehrgesetz beschlossen. Der Präsenzdienst wird auf sechs Monate herabgesetzt.

21. September Österreich eröffnet eine Botschaft in der Volksrepublik China in Peking.

10. Oktober Bei den Nationalratswahlen erzielt die SPÖ mit 93 Mandaten die absolute Mehrheit. Allerdings ist seit der letzten Wahl die Anzahl der Mandate von 165 auf 183 erhöht worden.

21. Oktober Das Kabinett Kreisky II wird angelobt.

22. Dezember Der ehemalige Außenminister und Diplomat Kurt Waldheim wird zum Generalsekretär der UNO gewählt.

1972

17. Januar Der Ministerrat genehmigt den Gesetzentwurf zur Einführung der Mehrwertsteuer.

21. Januar Im Nationalrat wird die Errichtung eines Bundesministeriums für Gesundheit und Umweltschutz beschlossen. Erste Ressortchefin wird Ingrid Leodolter (1918–1986).

23. März Unterrichtsminister Fred Sinowatz (*1929) kündigt die Ausgabe von Gratis-Bücherschecks für Schulbücher ab dem nächsten Schuljahr an.

20. Mai Die Regierungsvorlage für ein Ortstafelgesetz wird fertig gestellt.

22. Juli In Brüssel unterschreibt Österreich vier Freihandelsabkommen mit der EWG.

20. September In Kärnten wird mit der Aufstellung von zweisprachigen Ortstafeln begonnen, die wenige Tage später von Gegnern abmontiert werden.

9. Oktober Die jugoslawische Regierung äußert ihre Besorgnis über die Vorfälle im Ortstafelkonflikt.

20. Oktober   In der UN-Generalversammlung wird Österreich für 1973 als Mitglied des Sicherheitsrates gewählt.

1. Dezember   Anlässlich des Bundesparteitages der ÖVP wird das »Salzburger Programm« beschlossen.

21. Dezember   Österreich anerkennt die DDR und nimmt diplomatische Beziehungen auf.

1973

10. Januar   Im Ministerrat wird dem Ansuchen des UN-Generalsekretärs Kurt Waldheim, den Einsatz des österreichischen Kontingents auf Zypern zu verlängern, stattgegeben.

18. Januar   Im Bundeskanzleramt wird ein Staatssekretariat für den öffentlichen Dienst geschaffen.

26. Juli   An der österreichischen Grenze zur ČSSR kommt es zu einem schweren Luftzwischenfall: Ein österreichisches Sportflugzeug wird von einer tschechoslowakischen Militärmaschine abgedrängt und zum Absturz gebracht. Zwei Tote sind zu beklagen.

28. September   Im Bahnhof Marchegg in Niederösterreich entführen palästinensische Terroristen aus dem Emigrantenzug aus der Sowjetunion drei jüdische Auswanderer und einen österreichischen Zollbeamten. Die Freilassung der Geiseln erfolgt erst nach der Zusage der Bundesregierung, das Transitlager für jüdische Emigranten in Schönau aufzulassen. Die Terroristen werden ausgeflogen.

2. Oktober   Israels Ministerpräsidentin Golda Meir (1998–1978) hält sich in Wien auf, um Bundeskanzler Kreisky zur Rücknahme der den Terroristen gegebenen Zusagen zu veranlassen, doch vergeblich.

11. Oktober   Die beiden österreichischen Verhaltensforscher Karl von Frisch (1886–1982) und Konrad Lorenz (1903–1989) erhalten gemeinsam mit dem Niederländer Nikolaas Tinbergen (1907–1988) den Nobelpreis für Medizin.

29. November   Im Zuge der Strafrechtsreform wird auch der § 144 (Bestrafung des Schwangerschaftsabbruchs) außer Kraft gesetzt und durch die so genannte Fristenlösung ersetzt.

10. Dezember   Österreich unterzeichnet die Menschenrechtscharta der Vereinten Nationen.

1974

23. Januar   Durch einen Beharrungsbeschluss des Nationalrates wird die vielfach umstrittene Fristenlösung Gesetz.

6. März   Im Nationalrat wird das Zivildienstgesetz beschlossen, da viele Österreicher ihren Dienst ohne Waffen absolvieren wollen.

23. Juni   Nach dem Tod von Bundespräsident Jonas wird der bisherige Außenminister Rudolf Kirchschläger (1915–2001) im ersten Wahlgang mit 51,55% der Stimmen zum neuen Bundespräsidenten gewählt.

9. Juli   Auseinandersetzungen um eine Novellierung des Rundfunkgesetzes setzen ein.

15. August   In Zypern fallen drei österreichische Soldaten im UN-Einsatz einem türkischen Luftangriff zum Opfer.

9. Oktober   Der gebürtige Österreicher Friedrich von Hayek (1899–1992) wird mit dem Nobelpreis für Wirtschaft ausgezeichnet.

29. Oktober   Im Ministerrat wird ein neues Wahlalter beschlossen: Aktives Wahlrecht mit 19 Jahren, passives mit 25 Jahren.

19. Dezember   Mit der ČSSR wird ein Vermögensvertrag unterzeichnet, mit dem sie sich verpflichtet, 1,2 Milliarden Schilling für verlorene Vermögenswerte zu bezahlen.

1975

19. Februar   Die ÖVP stellt einen Misstrauensantrag gegen Finanzminister Hannes Androsch (*1938), der von SPÖ und FPÖ abgewiesen wird.

26. Februar   Der Ministerrat beschließt, 1976 eine besondere Volkszählung zur Feststellung der Minderheiten vorzunehmen.

11. April   Im Nationalrat wird das UOG (Universitäts-Organisations-Gesetz) beschlossen. Hochschulen werden abgeschafft, es gibt nur mehr Universitäten. Letztere erhalten autonome Budgetzuständigkeit, außerdem werden Mitbestimmungsgremien geschaffen, in denen universitärer Mittelbau und Studenten Mitsprache haben.

28. April   In der Wiener Hofburg eröffnet Generalsekretär Kurt Waldheim eine Zypernkonferenz der UNO.

1.–2. Juni   In Schloss Kleßheim bei Salzburg diskutieren US-Präsident Gerald Ford (1913–2006) und der ägyptische

Staatspräsident Anwar as-Sadat (1918–1981) die Lage im Nahen Osten.

4. Oktober Bei der Wahl in den Nationalrat bleibt der Mandatsstand der Parteien unverändert.

21. Dezember In Wien wird ein Terroranschlag auf das Hauptquartier der OPEC (Organisation Erdöl exportierender Länder) am Ring gegenüber der Universität verübt. Drei Personen werden getötet, drei weitere schwer verletzt, davon ein Terrorist. Einen Tag später verlassen die Terroristen mit 33 Geiseln Österreich. In Algier werden die Geiseln freigelassen, die Terroristen vorläufig verhaftet, schließlich aber von der algerischen Regierung freigelassen.

Ende Dezember Der SPÖ-Politiker Karl Czernetz (1910–1978) wird zum Präsidenten des Europarates gewählt.

1976

11.–13. März Am Bundesparteitag der SPÖ wird Bruno Kreisky wieder zum Parteivorsitzenden gewählt.

16. März Bundeskanzler Bruno Kreisky erklärt anlässlich eines Aufenthaltes in Kuwait seine Absicht, die PLO als einzige Vertretung der Palästinenser anzuerkennen.

6. Mai Ausläufer des Erdbebens, das im benachbarten Friaul schwere Schäden verursachte, sind auch in Österreich zu spüren.

9. Juni In Wien finden Gespräche zwischen Bundes- und Landespolitikern sowie Vertretern der Slowenen zur Minderheitenfrage statt.

1. August Um 4.45 Uhr stürzt in Wien die Reichsbrücke über die Donau ein. Da es Sonntagmorgen ist, sind fast keine Fahrzeuge auf der Brücke. Es ist nur ein Todesopfer zu beklagen. Der Fahrer eines Autobusses kann geborgen werden.

7. Dezember Kurt Waldheim wird als Generalsekretär der Vereinten Nationen wiedergewählt.

1977

27. Januar Im Verfassungsausschuss des Nationalrates wird das Gesetz über die Volksanwaltschaft beschlossen. Österreich bekommt nach skandinavischem Vorbild »Ombudsmänner«.

19./20. April   In Maria Saal (Kärnten) wird ein Sprengstoffanschlag auf einen Fahrleitungsmast der Südbahn verübt.

11. Mai   Im Nationalrat werden einstimmig drei Volksanwälte
gewählt: Franz Bauer (ÖVP, 1927–1988), Robert Weisz (SPÖ,
1910–1987) und Gustav Zeilinger (FPÖ, 1917–1997).

31. Mai   Verteidigungsminister Karl Lütgendorf tritt wegen
einer Munitionsaffäre zurück. Scharfschützenmunition aus
Heeresbeständen, bestimmt für Syrien, ist im Januar am
Flughafen Schwechat zurückgehalten worden. Ein parla-
mentarischer Untersuchungsausschuss stellte fest, dass der
Minister die Regierung nicht eingehend informiert hätte.

30. Juni   In Zell Pfarre (Kärnten) wird eine zweisprachige Orts-
tafel angebracht.

4. Oktober   Staatsekretär Ernst Eugen Veselsky (*1932) tritt
wegen Differenzen mit dem Bundeskanzler zurück.

9. November   Der Großindustrielle Walter Michael Palmers
wird entführt, ein Lösegeld von 50 Millionen Schilling gefordert. Gegen Zahlung von 31 Millionen Schilling wird Palmers nach 100 Stunden freigelassen. Ende Dezember werden
die Entführer von der Polizei verhaftet.

1978

30. Januar   Der ehemalige Finanzminister Stephan Koren wird
zum Präsidenten der Oesterreichischen Nationalbank bestellt.

11. Februar   In Schloss Kleßheim bei Salzburg findet ein von
Bundeskanzler Kreisky vermitteltes Gespräch mit dem
ägyptischen Staatspräsidenten Anwar as-Sadat und dem israelischen Oppositionsführer Shimon Peres (*1923) statt.

25. Februar   Das erste Teilstück der Wiener U-Bahn wird eröffnet.

24. April   Auf Schloss Kleßheim bei Salzburg wird die EDU
(Europäische Demokratische Union), eine Verbindung von
18 Parteien der Rechten und der politischen Mitte, gegründet.

20. Mai   Die SPÖ beschließt ein neues Parteiprogramm.

7. Juli   Mit den Stimmen der SPÖ beschließt der Nationalrat
die Inbetriebnahme des Kernkraftwerkes Zwentendorf in
Niederösterreich.

5. November   Bei einer Volksabstimmung um die Betriebnahme des Kernkraftwerkes Zwentendorf entscheidet sich eine knappe Mehrheit der Bevölkerung dagegen.

1979

April   Auf das Gebäude der Israelitischen Kultusgemeinde wird ein Anschlag verübt, es entsteht beträchtlicher Sachschaden.

6. Mai   Die Nationalratswahlen bringen keine Überraschung: Die SPÖ gewinnt zwei Mandate, die ÖVP verliert drei Mandate, die FPÖ gewinnt ein Mandat.

8. Mai   Der ÖVP-Mandatar Franz Karasek (1924–1986) wird zum Generalsekretär des Europarates gewählt.

17. Juni   Alois Mock (*1934) wird anstelle von Josef Taus (*1933), der nach der Wahlniederlage zurücktritt, neuer ÖVP-Parteiobmann.

18. Juni   Im Redoutensaal der Wiener Hofburg wird das SALT II-Abkommen von US-Präsident Jimmy Carter (*1924) und dem sowjetischen Staatschef Leonid Breschnew (1906–1982) unterzeichnet.

7./8. Juli   Anlässlich einer Tagung der Sozialistischen Internationale hält sich Palästinenserchef Jassir Arafat (1929–2004) zur Diskussion der Lage im Nahen Osten in Österreich auf.

23. August   Die UNO-City wird gegen eine symbolische Zahlung von einem Schilling an die Vereinten Nationen, vertreten durch Generalsekretär Kurt Waldheim, übergeben.

9. Oktober   Eine Österreich provozierende Aussage der ČSSR-Regierung anlässlich der Ausbürgerung des Schriftstellers Pavel Kohout (*1928) wird von allen im Parlament vertretenen Parteien einstimmig zurückgewiesen.

20. November   Im Wiener Donaupark wird die erste auf österreichischem Boden errichtete Moschee ihrer Bestimmung übergeben.

1980

12. März   Die PLO-Vertretung in Wien wird offiziell anerkannt.

18. Mai   Bundespräsident Rudolf Kirchschläger wird für eine zweite Amtsperiode gewählt.

11./12. Juli   Bei einer Tagung der EDU (Europäischen Demokratischen Union) wird Alois Mock zum Vorsitzenden gewählt.

8. November   Die nach dem Einsturz 1976 neu erbaute Reichsbrücke in Wien wird dem Verkehr übergeben.

10.–13. November   DDR-Staatschef Erich Honecker (1912–1994) absolviert den ersten Staatsbesuch eines DDR-Politikers in Österreich.

11. Dezember   Finanzminister Hannes Androsch kündigt seinen Rücktritt für den Jahresanfang 1981 an. Seine Steuerberatungskanzlei Consultatio ist in den Skandal um Schmiergelder beim Bau des Allgemeinen Krankenhauses verwickelt.

1981

15. Januar   Der zurückgetretene Finanzminister Hannes Androsch wird zum stellvertretenden Generaldirektor der Creditanstalt Bankverein bestellt. Sein Nachfolger im Finanzministerium wird der Tiroler SP-Politiker Herbert Salcher (*1929).

1. Mai   In den Morgenstunden wird der Wiener SP-Politiker und Stadtrat Heinz Nittel (*1930) unweit seines Wohnsitzes erschossen. Der Täter entkommt unerkannt.

25. Juni   Die Wahlgemeinschaft »Das grüne Forum« wird gegründet.

29. Juli   Am Flughafen Schwechat werden zwei palästinensische Terroristen verhaftet, die für den Mord an Heinz Nittel verantwortlich sein sollen.

28. August   Auf die Wiener Synagoge in der Seitenstettengasse wird mit Handgranaten und Maschinenpistolen ein Terroranschlag verübt. Zwei Personen werden getötet, 20 schwer verletzt.

8. September   In Wien beginnt der Prozess wegen Betruges und verbotener Intervention im Zusammenhang mit dem Bau des Allgemeinen Krankenhauses. 12 Personen stehen vor Gericht. Ende November werden neun der Angeklagten zu unbedingten, drei zu bedingten Haftstrafen verurteilt.

15. Oktober   Der gebürtige Bulgare Elias Canetti (1905–1994), der vor dem Zweiten Weltkrieg lange in Wien lebte, erhält den Nobelpreis für Literatur.

1982

16. Januar   Auf einer Tagung in Zwentendorf vereinbaren die beiden Gruppen »Das grüne Forum« und »Die Grünen« ihren Zusammenschluss.

10. März   Der umstrittene libysche Revolutionsführer Muammar al-Gaddafi (*1942) besucht Wien, um wenig erfolgreiche Wirtschaftsgespräche zu führen.

19.–21. April   Gegen französische Einrichtungen in Wien, u. a. die französische Botschaft sowie das Büro der Air France, werden Bombenanschläge verübt, bei denen großer Sachschaden entsteht. Die Täter werden nicht entdeckt.

20. April   Auf Grund des Ergebnisses der Volkszählung wird der Bundesrat von 58 auf 65 Mitglieder erweitert.

15. Mai   In Wien findet ein Friedensmarsch, die größte Demonstration seit 1945, statt.

16. Mai   Exkaiserin Zita besucht erstmals nach 63 Jahren Österreich. Die inzwischen 90-Jährige hat längst eine Thronverzichtserklärung abgegeben.

5. August   In Wien wird das erste österreichische Retortenbaby geboren.

19. November   Im Rahmen einer österreichischen Werbewoche in den Vereinigten Staaten erhält Präsident Ronald Reagan (1911–2004) einen Lipizzanerhengst zum Geschenk.

10. Dezember   Im Nationalrat wird eine Verlängerung des Mindesturlaubs beschlossen. Diese soll schrittweise erfolgen.

1983

18. Februar   Der ehemalige Justizminister Hans Klecatsky (*1920) gründet mit Franz Olah die »Österreichpartei«.

21. Februar   Im Nationalrat wird einstimmig beschlossen, die Legislaturperiode vorzeitig zu beenden.

24. April   Bei den Nationalratswahlen verliert die SPÖ fünf Mandate, die ÖVP gewinnt vier Mandate, die FPÖ legt ein Mandat zu. Bundeskanzler Bruno Kreisky, der vor der Wahl für seine Person die Teilnahme an einer Koalition ausgeschlossen hat, tritt zurück. Die SPÖ beginnt Koalitionsverhandlungen mit der FPÖ.

16. Mai   Der US-Präsident Ronald Reagan entsendet die gebürtige Österreicherin Helene van Damm als US-Botschafterin nach Österreich.

17. Mai   Bundespräsident Rudolf Kirchschläger betraut den bisherigen Unterrichtsminister Fred Sinowatz mit der Regierungsbildung.

24. Mai   Die neue Bundesregierung – erstmals regiert in Österreich eine SPÖ-FPÖ-Koalition – wird angelobt.

10. September   Papst Johannes Paul II. (1920–2005) trifft anlässlich des Österreichischen Katholikentages in Wien ein.

25. September   In Wien wird die europaweit erste buddhistische Friedenspagode eingeweiht.

11. Oktober   In der Innsbrucker Universitätsklinik wird die erste Herztransplantation in Österreich durchgeführt.

22. Oktober   Wieder findet in Wien eine Friedensdemonstration statt, an der 50.000 Menschen teilnehmen.

28. Oktober   Am ordentlichen Bundesparteitag der SPÖ wird Bundeskanzler Sinowatz mit 482 von 485 Stimmen zum Parteivorsitzenden gewählt.

1984

26. Februar–6. März   Bundespräsident Rudolf Kirchschläger stattet als erstes österreichisches Staatsoberhaupt den Vereinigten Staaten einen offiziellen Besuch ab.

31. März   Eine Studie der Universität für Bodenkultur bestätigt, dass etwa 18% des österreichischen Waldbestandes durch Umwelteinflüsse als geschädigt bezeichnet werden müssen.

25. Mai   Seitens der Gewerkschaft Druck und Papier wird mit der Arbeitgeberseite eine 38-Stunden-Arbeitswoche ab 1. April 1985 vereinbart.

5. Juni   Bei einer Salzburger Tankstelle gibt es in Österreich erstmals bleifreies Benzin.

10. September   Durch den Rücktritt von Finanzminister Herbert Salcher, der wegen Scheiterns einer geplanten Steuerreform resignierte, kommt es zu einer größeren Umbildung der Regierung.

21. Dezember   Bundeskanzler Fred Sinowatz verkündet den so genannten »Weihnachtsfrieden« in der Auseinandersetzung der Kraftwerksbefürworter und Kraftwerksgegner in der Hainburger Au. Umweltschützer haben die Baustelle besetzt und halten trotz eines Kälteeinbruchs in der Au aus.

Die Bevölkerung der umliegenden Gemeinden solidarisiert
sich mit den Aubesetzern und versorgt sie.

1985

2. Januar   Durch eine Anordnung des Verwaltungsgerichtshofes wird die Rodung der Hainburger Au gestoppt.

4. Januar   Mit einem Elf-Punkte-Programm sucht die Bundesregierung eine Lösung der Hainburg-Frage. Die Rodungen
werden eingestellt, im Gegenzug sollen die Aubesetzer ihre
Aktionen einstellen.

12. Januar   In Klosterneuburg kommt es zu einer Diskussion
zwischen Bundeskanzler Sinowatz und Gegnern des Hainburger Kraftwerksbaus, u. a. der Nobelpreisträger Konrad
Lorenz.

18. Januar   Günther Nenning (1921–2006), Journalist, SPÖ-
Mitglied und einer der führenden Kraftwerksgegner, wird
wegen »Parteikritik« aus der SPÖ ausgeschlossen.

24. Januar   Der aus italienischer Haft entlassene SS-Major Walter Reder (1915–1991) wird nach Österreich überstellt. Sein
Empfang durch Verteidigungsminister Friedhelm Frischenschlager (*1943) von der FPÖ verursacht einen innenpolitischen Skandal. Reder ist in Italien wegen des Massakers von
Marzabotto verurteilt worden.

22. Februar   Bautenminister Karl Sekanina (*1926) tritt zurück.
Ihm werden finanzielle Unregelmäßigkeiten vorgeworfen.

11. März   Das so genannte »Konrad Lorenz-Volksbegehren«
gegen den Bau des Kraftwerks in der Hainburger Au erzielt
mehr als 350.000 Unterschriften.

21. Mai   Verteidigungsminister Frischenschlager unterzeichnet
einen Vertrag über den Ankauf von 24 Abfangjägern vom
Typ »Saab-Draken«.

29. August   Um nach dem Weinskandal, der durch aufge-
zuckerte bzw. mit Chemikalien versetzte Weine entstanden
ist, das Image der österreichischen Weinwirtschaft wieder
herzustellen, wird ein neues und strengeres Weingesetz in
einer Sondersitzung des Nationalrats beschlossen.

25. Oktober   Die SPÖ nominiert Gesundheitsminister Kurt
Steyrer (1920–2007) als Kandidaten für die Bundespräsidentenwahl.

4. November   Die ÖVP stellt den ehemaligen Außenminister und Generalsekretär der UNO Kurt Waldheim für die Präsidentschaftswahlen auf.

6. Dezember   Wegen des Debakels in der Voestalpine beantragt die ÖVP im Nationalrat Neuwahlen, wird aber von SPÖ und FPÖ überstimmt.

27. Dezember   Am Wiener Flughafen Schwechat verüben drei schwer bewaffnete Terroristen, möglicherweise Palästinenser, einen Anschlag auf den El Al-Schalter. Vier Personen werden getötet, 30 weitere werden schwer verletzt. Die Sicherheitskräfte verfolgen die Täter, einer der Attentäter wird erschossen, die beiden anderen schwer verletzt.

1986

1. Januar   Jeder Arbeitnehmer in Österreich hat nun Anspruch auf fünf Wochen Mindesturlaub.

Januar   Mit 7,1% erreicht Österreich die höchste Arbeitslosenrate seit 1959.

19. Februar   Erstmals wird im Nationalrat eine Frau, nämlich Marga Hubinek (*1926), zur Zweiten Präsidentin des Hohen Hauses gewählt.

30. April   Infolge der Atomkraftwerkskatastrophe von Tschernobyl kommt es auch in Österreich zu erhöhter Radioaktivität, besonders betroffen sind die Bundesländer Oberösterreich und Kärnten.

8. Juni   Kurt Waldheim wird im zweiten Wahlgang mit 53,9% der Stimmen zum Bundespräsidenten gewählt. Bereits im Vorfeld der Wahl kam es zu Protesten gegen Waldheim, da er in seinen Erinnerungen seine Kriegsvergangenheit verschwiegen hat.

9. Juni   Bundeskanzler Fred Sinowatz tritt wegen der Niederlage seiner Partei bei der Bundespräsidentenwahl von seinem Amt zurück. Sein Nachfolger wird der bisherige Finanzminister Franz Vranitzky (*1937).

16. Juli   Der Benediktinerpater Hans Hermann Groer (1919–2003) wird vom Papst zum neuen Erzbischof von Wien ernannt.

15. September   In einer Kampfabstimmung am Parteitag der FPÖ in Innsbruck wird der Kärntner Landesparteiobmann Jörg Haider (*1950) zum neuen Bundesparteiobmann der

FPÖ gewählt. Daraufhin kündigt Kanzler Vranitzky die Koalition mit der FPÖ.

23. September   Im Nationalrat wird in einer Sondersitzung die Ausschreibung von Neuwahlen beschlossen.

23. November   Bei den Nationalratswahlen geht die FPÖ mit einem Gewinn von sechs Mandaten als Sieger hervor, sowohl ÖVP (–4) als auch SPÖ (–10) verlieren sichtlich. Die Grünen schaffen acht Mandate.

4. Dezember   SPÖ und ÖVP beginnen mit Koalitionsverhandlungen.

1987

14. Januar   SPÖ und ÖVP unterzeichnen ein Koalitionsabkommen.

20. Januar   Das Kabinett Vranitzky wird angelobt.

28. Januar   Der ehemalige Justizminister Christian Broda (1916–1987) erhält in Straßburg den Menschenrechtspreis des Europarates.

10. Februar   In der »Jerusalem Post« wird ein gefälschter Brief von Vizekanzler Alois Mock veröffentlicht, in dem sich dieser angeblich gegen eine Kandidatur von Kurt Waldheim ausspricht.

22. April   Neben der UNO-City wird in Wien das Austria Center Vienna als Konferenzzentrum eröffnet.

26. April   Kurt Krenn (*1936) wird trotz heftiger Proteste der Gläubigen in Wien zum Bischof geweiht.

27. April   Bundespräsident Kurt Waldheim wird von den US-Behörden auf die so genannte »Watchlist« gesetzt. Das bedeutet, dass Waldheim nicht in die USA einreisen darf. Auch Israel spricht ein Einreiseverbot aus, obwohl der Leiter des Dokumentationszentrums für Naziverbrechen in Haifa ihn von jedem Verdacht entlastet. Auch Simon Wiesenthal (1908–2005) nimmt gegen die US-Behörden Stellung.

25./26. Juni   Bundespräsident Kurt Waldheim wird mit seiner Gattin von Papst Johannes Paul II. zu einer Audienz empfangen. Dies löst zahlreiche Proteste aus.

13. August   Mit einem »Weißbuch« nimmt Bundespräsident Waldheim zu den gegen ihn erhobenen Vorwürfen Stellung.

15. September   In Brüssel wird die »Europalia« eröffnet. Es ist die bisher größte Ausstellung über Österreich im Ausland.

6. November   Die »Kronen-Zeitung« wird zu 45% an die »Westdeutsche Allgemeine Zeitung« (WAZ) verkauft.

1988

29. Januar   Hannes Androsch tritt als Generaldirektor der Creditanstalt Bankverein zurück. Ursache ist eine gerichtliche Verurteilung im Zusammenhang mit der seinerzeitigen AKH-Affäre.

8. Februar   Die von der Bundesregierung mit der Untersuchung der Kriegsvergangenheit Kurt Waldheims beauftragte Historikerkommission legt ihren Abschlussbericht vor. Es wird bestätigt, dass kein schuldhaftes Vergehen vorliegt.

2. Mai   Die Europäische Gemeinschaft gibt bekannt, dass vorerst keine neuen Mitglieder aufgenommen werden.

13. Mai   Die letzten Durchführungsbestimmungen zur Regelung der Autonomie für Südtirol werden erlassen.

23.–27. Juni   Papst Johannes Paul II. stattet Österreich ein zweites Mal einen Besuch ab. Bei diesem Anlass führt er auch Gespräche mit Vertretern der Israelitischen Kultusgemeinde.

22. Juli   In Bayern findet eine Österreich-Anhörung wegen der umstrittenen Wiederaufbereitungsanlage in Wackersdorf statt.

25. November   In Wien wird auf dem Platz vor der Albertina das »Mahnmal gegen Krieg und Faschismus« des Bildhauers Alfred Hrdlicka (*1928) fertiggestellt. Die Errichtung des Denkmals ist von Protesten begleitet, vor allem was den Standort bzw. die Thematik betrifft.

19.–17. Dezember   Mitglieder des Bundesheeres, des Roten Kreuzes und der Bergrettung helfen im armenischen Erdbebengebiet.

1989

9. Januar   Unter dem Vorsitz des Tiroler Abgeordneten Ludwig Steiner (*1922) beginnt ein parlamentarischer Untersuchungsausschuss den Fall »Lucona« zu klären. Fraglich ist, ob Politiker in die Affäre um das gesunkene Schiff Lucona verstrickt sind.

17. Januar   Die KSZE-Delegierten in Wien einigen sich nach zweijährigen Verhandlungen auf ein Schlussdokument. Die-

ses enthält vor allem Verbesserungen im Bereich der Menschenrechte.

19. Januar   Wegen seiner Verwicklung in die Lucona-Affäre tritt Innenminister Karl Blecha (*1933) zurück. Sein Nachfolger wird Franz Löschnak (*1940) von der SPÖ.

25. Januar   Der Erste Präsident des Nationalrates Leopold Gratz (1929–2006) tritt wegen seiner persönlichen Beziehung zu Udo Proksch (1934–2001), dem Auftraggeber im Fall Lucona, zurück.

2. Februar   Die Demonstration gegen den Opernball eskaliert zu einer Straßenschlacht. Die vermummten Demonstranten schleudern Steine und Flaschen gegen die Polizei.

14. März   In Wien wird Kaiserin Zita, die im Alter von 97 Jahren verstorben ist, in einer glanzvollen Zeremonie in der Kaisergruft bei den Kapuzinerpatres beigesetzt.

17. April   Im ÖVP-Bundesparteivorstand einigt man sich auf Josef Riegler (*1928) als neuen Bundesparteiobmann.

8. Mai   Jörg Haider wird mit den Stimmen der FPÖ und der ÖVP zum Landeshauptmann von Kärnten gewählt.

17. Juli   Außenminister Alois Mock überreicht in Brüssel das österreichische Beitrittsgesuch zu den Europäischen Gemeinschaften.

10. August   Der sowjetische Botschafter in Wien überreicht am Ballhausplatz eine Note, in der die sowjetischen Bedenken gegen einen EG-Beitritt Österreichs angeführt werden.

19. August   Bei einem gemeinsamen Fest der Paneuropa-Union/Österreich und des Demokratischen Forums/Ungarn in Sopron kommt es zu einer Massenflucht von DDR-Bürgern nach Österreich. Erleichtert wird dies durch die Tatsache, dass die westdeutsche Botschaft in Budapest ausreisewilligen DDR-Bürgern westdeutsche Pässe ausstellt.

10. September   Ungarn öffnet für DDR-Bürger seine Grenzen nach Österreich.

16. September   Umweltministerin Marilies Flemming (*1933) wird in La Baule (Frankreich) zur Präsidentin der EFU (Europäische Frauenunion) gewählt.

27. September   Der Nationalrat beschließt gegen die Stimmen der SPÖ die Einsetzung eines parlamentarischen Untersuchungsausschusses zur Klärung der Noricum-Affäre und den damit verbundenen Waffengeschäften.

2. Oktober   Udo Proksch, Hauptverdächtiger im Fall Lucona, wird bei der Einreise nach Österreich verhaftet.

17. Dezember   In einem symbolischen Akt durchtrennen Alois Mock und sein tschechoslowakischer Kollege Jiři Dienstbier (*1937) den »Eisernen Vorhang« zwischen den beiden Staaten.

1990

21. Januar   Der langjährige Chef der KPÖ Franz Muhri (1924–2001) wird von einem Führungsduo abgelöst.

28. Februar   Auslandsösterreicher, das sind etwa 370.000 Wähler, erhalten das Wahlrecht im Inland.

13. März   Bundeskanzler Vranitzky und Chryslerchef Lee Iacocca (*1924) nehmen den Spatenstich für ein Chryslerwerk in Graz vor.

3. April   Der Untersuchungsausschuss zum Noricum-Skandal legt den Abschlussbericht vor. Ergebnis ist, dass trotz des Verbots Waffen in Krieg führende Staaten zu exportieren, dies geschehen ist. Einige SPÖ-Politiker haben dies unterstützt.

16. Mai   Alle Bundesländer außer Kärnten einigen sich auf einen Verteilungsschlüssel für die Aufnahme von Flüchtlingen.

1. Juni   Die ehemalige Stadträtin und Vorstandsmitglied der OMV (= Österreichische Mineralöl Verwaltung) Maria Schaumayer (*1931) wird zur Präsidentin der Oesterreichischen Nationalbank bestellt. Sie ist weltweit die erste Frau als Notenbankchefin.

29. Juli   In Wien stirbt der ehemalige Bundeskanzler und Parteiobmann der SPÖ Bruno Kreisky. Zahlreiche Staatsmänner nehmen an seiner Beerdigung teil.

13. August   Österreich schließt sich den UN-Sanktionen gegen den Irak nach dessen Überfall auf Kuwait an.

25. August   Bundespräsident Kurt Waldheim erreicht vom irakischen Diktator Saddam Hussein (1937–2006) die Freilassung der österreichischen Geiseln.

25. September   Ex-Bundeskanzler Fred Sinowatz wird wegen falscher Zeugenaussage im Zusammenhang mit der Noricum-Affäre zu einer Geldstrafe verurteilt.

7. Oktober Bei den Nationalratswahlen erleidet die ÖVP eine schwere Niederlage, 17 Mandate gehen verloren. Die SPÖ hält ihren Mandatsstand, die FPÖ gewinnt 15 Mandate.

6. November In einer Note an die vier Signatarstaaten des Staatsvertrages erklärt Österreich einige Punkte des Vertrages, die die Souveränität des Staates einschränkten, für überholt. Die Signatarstaaten stimmen zu.

23. November Österreich wird nichtständiges Mitglied des UN-Sicherheitsrates.

17. Dezember Die neue SPÖ-ÖVP-Koalitionsregierung wird vom Bundespräsidenten angelobt.

1991

1. Januar Österreich übernimmt für ein halbes Jahr den EFTA-Vorsitz.

1. Februar Im Noricum-Prozess werden 14 Angeklagte schuldig gesprochen, das Strafausmaß bewegt sich zwischen sechs Monaten und zweieinhalb Jahren Haft.

5. Februar Auf Grund einer UN-Resolution genehmigt Österreich die Durchfahrt von 103 US-Bergepanzern in den Irak.

6. Februar In einem speziellen Tauchverfahren wird das Wrack des Schiffes Lucona im Indischen Ozean geortet.

11. März Udo Proksch wird wegen sechsfachen Mordes im Zusammenhang mit dem Untergang der Lucona zu 20 Jahren Haft verurteilt. 1992 wird das Urteil auf lebenslänglich verschärft.

17. Mai In einer Volksbefragung spricht sich die Wiener Bevölkerung gegen eine EXPO im Jahr 1995 aus.

13. Juni Die Bemerkung des Kärntner Landeshauptmannes Haider im Landtag, dass es im Dritten Reich eine »ordentliche Beschäftigungspolitik« gegeben hätte, löst einen Eklat aus. Haider wird vom Landtag abgewählt, an seiner Stelle wird der ÖVP-Mandatar Christof Zernatto (*1949) gewählt.

15. Juni Am Bundesparteitag der SPÖ stimmen die Delegierten einer Namensänderung der Partei zu. Sie heißt nunmehr Sozialdemokratische Partei.

28. Juni Auf dem Bundesparteitag der ÖVP wird Erhard Busek (*1941) zum Parteiobmann gewählt.
Abfangjäger werden wegen Luftraumverletzungen durch jugoslawische Flugzeuge in Südösterreich stationiert.

8. Juli   Bundeskanzler Vranitzky gibt im Parlament eine Erklärung zu Österreichs Haltung gegenüber dem Nationalsozialismus ab. Der Kanzler betont die Mitverantwortung
Österreichs und entschuldigt sich für begangenes Unrecht.

12. Juli   Kurt Krenn wird zum Bischof von St. Pölten ernannt.

31. Juli   Die EG-Kommission übermittelt Österreich das so genannte Avis, eine positive Stellungnahme zum Beitritt Österreichs. Die Neutralität stellt kein Hindernis dar.

19. September   Auf dem Hauslabjoch im Ötztal wird die Leiche eines etwa 5000 Jahre alten Mannes entdeckt. Die Leiche
wurde im Gletschereis hervorragend konserviert und ist daher ein Sensationsfund.

2. Oktober   Der Österreicher Franz Viehböck (*1960) fliegt mit
der russischen Trägerrakete »Sojus« ins All. Er wird an Bord
der Raumstation »Mir« verschiedene Experimente durch-
führen.

1. November   Die sozialdemokratische Parteizeitung »Arbeiter-Zeitung« wird eingestellt.

1992

15. Januar   Österreich anerkennt Slowenien und Kroatien sowie die GUS(= Gruppe unabhängiger Staaten)-Staaten.

24. Februar   Die Bank Austria erleidet im Geschäftsjahr 1991
einen Verlust von fünf Milliarden Schilling.

26. Februar   Durch eine Novelle zum Verbotsgesetz wird die
so genannte Auschwitzlüge, d. h. die Leugnung von KZs
und Holocaust, strafbar.

27. März   Die Staaten der »Hexagonale«, 1989 als Zusammenarbeit der Anrainerstaaten Österreichs entstanden, nennen
sich ab nun »Initiative Mitteleuropa«.

24. Mai   Thomas Klestil (1932–2004) wird im zweiten Wahlgang mit 56,89% der Stimmen zum Bundespräsidenten gewählt.

2. Juni   Im Balkankrieg schließt sich Österreich den UN-Sanktionen gegen Belgrad an.

10. Juni   Österreich und Italien legen formell den Streit um
Südtirol bei. Beide Staaten hinterlegen eine entsprechende
Urkunde bei der UNO.

16. Juli   Die vollen diplomatischen Beziehungen mit Israel werden wieder aufgenommen. Sie waren wegen der Waldheim-Affäre herabgestuft worden.

13. September   In St. Pölten, der neuen Landeshauptstadt Niederösterreichs, erfolgt der erste Spatenstich für das Regierungsviertel.

22. September   Mit den Stimmen der Koalitionsparteien SPÖ und ÖVP ratifiziert der Nationalrat den EWR(= Europäischer Wirtschaftsraum)-Vertrag.

17. Oktober   Roma und Sinti werden als Volksgruppe anerkannt.

27. November   Bei einem Großbrand werden die historischen Redoutensäle in der Wiener Hofburg zerstört.

1. Dezember   Im Nationalrat wird ein Gleichbehandlungspaket für Männer und Frauen beschlossen.

1993

23. Januar   Die Plattform »SOS-Mitmensch« veranstaltet in Wien ein »Lichtermeer« gegen Ausländerhass.

1. Februar   In Brüssel beginnen die Verhandlungen über das österreichische Beitrittsansuchen.

4. Februar   Fünf Abgeordnete verlassen die FPÖ und gründen das Liberale Forum. Unter der Führung Heide Schmidts (*1948) distanzieren sie sich von Jörg Haiders Politik.

26. Mai   Um der Bevölkerung im vom Bürgerkrieg heimgesuchten Bosnien zu helfen, wird die Aktion »Nachbar in Not« gestartet. Bis Jahresende spendet die Bevölkerung in Österreich, Deutschland und der Schweiz 220 Millionen Schilling.

14. Juni   In Wien beginnt eine Menschenrechtskonferenz der Vereinten Nationen.

10. Juli   Die FPÖ tritt aus der Liberalen Internationalen aus.

17. Oktober   Die Innsbrucker Bevölkerung lehnt in einer Abstimmung die dritte Olympiade in ihrer Stadt ab.

5. Dezember   Der Wiener Bürgermeister Helmut Zilk (*1927) wird durch eine Briefbombe schwer verletzt.

1994

1. Januar   Der Europäische Wirtschaftsraum (EWR), in dem auch Österreich Mitglied ist, tritt in Kraft.

12. Januar   ÖVP und SPÖ einigen sich auf eine Zivildienstlösung: Die Dauer wird ab 1.1.1994 auf elf Monate, ab 1.1.1995 auf zwölf Monate verlängert.

31. Januar   Bundeskanzler Vranitzky trifft den italienischen Ministerpräsidenten Carlo Azeglio Ciampi (*1920). Im Mittelpunkt der Gespräche steht Österreichs EU-Beitritt.

2. März   Kurz nach 22.00 Uhr wird in Brüssel die letzte Phase der österreichischen Beitrittsverhandlungen abgeschlossen.

20. März   Beim Parteitag der KPÖ in Linz spricht sich die Mehrheit der Delegierten für eine Abkehr vom Marxismus-Leninismus aus.

11. April   Bundespräsident Klestil absolviert einen dreitägigen Staatsbesuch in Syrien. Im Mittelpunkt der Gespräche mit Präsident Hafez al-Assad (1930–2000) steht der Friedensprozess im Nahen Osten.

21. April   Bundeskanzler Franz Vranitzky beendet einen mehrtägigen Besuch in den Vereinigten Staaten, wo er unter anderem mit Präsident Bill Clinton (*1946) über den Krieg in Bosnien-Herzegovina und über den Fortgang des KSZE-Prozesses konferierte.

5. Mai   Mit 140 Pro- und 35 Gegenstimmen beschließt der Nationalrat das EU-Beitrittsgesetz.

21. Mai   Außenminister Alois Mock erhält den »Europäischen Karlspreis«, mit dem sein Eintreten für die europäische Integration gewürdigt wird.

15. Juni   Der Nationalrat beschließt ein Verfassungsgesetz über die Direktwahl der Bürgermeister. Es bleibt den einzelnen Landtagen und Gemeinden überlassen, mit einfacher Mehrheit ein entsprechendes Durchführungsgesetz zu beschließen.

24. Juni   Die österreichische Delegation unterzeichnet auf der Insel Korfu den österreichischen EU-Beitrittsvertrag.

29. Juni   Der chinesische Ministerpräsident Li Peng (*1928) absolviert einen fünftägigen Staatsbesuch in Österreich. Es wird über den Ausbau der Wirtschaftsbeziehungen verhandelt, aber auch die Frage der Menschenrechte in China angesprochen.

12. Juli   Bundeskanzler Vranitzky stattet Großbritannien einen Besuch ab, wobei Fragen des europäischen Einigungsprozes-

ses und die Lage der mittel- und südosteuropäischen Staaten besprochen werden.

12. Juli Die ÖIAG (Holdinggesellschaft der Verstaatlichten Industrie) legt ihre Bilanz für 1993 vor. Sie weist ein Minus von 3,9 Milliarden Schilling auf.

Im Ministerrat wird mit dem 9. Oktober der Termin für die Nationalratswahlen bestimmt.

24. August Vor der zweisprachigen Renner-Schule in Klagenfurt wird eine Rohrbombe entdeckt. Während der Untersuchung der Bombe explodiert sie und reißt dem Polizisten Theodor Kelz (*1953) beide Hände weg.

9. Oktober Nationalratswahl in Österreich: Beide Koalitionsparteien verlieren Mandate, Freiheitliche und Grüne gewinnen, das Liberale Forum schafft den Einzug ins Parlament (Mandatsstand: SPÖ 65, ÖVP 52, FPÖ 42, Grüne 13, Liberales Forum 11).

25. Oktober Im Ministerrat wird die zwei Jahre lang verhandelte »Bundesstaatsreform« genehmigt.

22. November Bundespräsident Thomas Klestil und Bundeskanzler Franz Vranitzky unterzeichnen die Ratifizierungsurkunde des österreichischen Beitrittsvertrages. Die Urkunde wird in Rom hinterlegt.

29. November Die neue Bundesregierung Vranitzky IV wird angelobt.

22. Dezember Der Nationalrat wählt jene 21 Abgeordneten, die Österreich im Europäischen Parlament vertreten sollen: 8 SPÖ, 6 ÖVP, 5 FPÖ, 1 Grüner, 1 Liberales Forum.

Österreich als Mitglied der Europäischen Union

1995

1. Januar   Gemeinsam mit Finnland und Schweden wird Österreich Mitglied der Europäischen Union.

18. Januar   Franz Fischler (*1946) wird EU-Kommissar für Landwirtschaft.

31. Januar   Der Ministerrat beschließt die Teilnahme am Programm »Partnerschaft für den Frieden«. Die offizielle Urkunde wird am 10. Februar in Brüssel durch Außenminister Alois Mock unterzeichnet.

4. Februar   Neuerlicher Bombenterror in Österreich: Im burgenländischen Oberwart werden vier Roma bei einem Bombenanschlag getötet. Einen Tag später geht im burgenländischen Stinatz eine Bombe hoch und verletzt einen Gemeindebediensteten schwer.

6. Februar   Bundeskanzler Franz Vranitzky und Vizekanzler Erhard Busek einigen sich grundsätzlich über das Budget 1995.

21. Februar   Bundespräsident Thomas Klestil nimmt zur Neutralitätsfrage Stellung: Mit dem EU-Beitritt habe sich Österreich zum Aufbau gemeinsamer Sicherheitsstrukturen verpflichtet. Man könne militärischen Schutz nur erwarten, wenn man anderen zu Hilfe komme.

8. März   Der Konsumkonzern muss den Ausgleich anmelden. Konsum-Generaldirektor Hermann Gerharter (*1939) wird seines Postens enthoben. Wenige Tage später ermittelt die Wirtschaftspolizei gegen Gerharter.

9. März   Die Europaabgeordneten der ÖVP werden in die Europäische Volkspartei (EVP) aufgenommen.

26. März   Laut einem Bericht des Nachrichtenmagazins »profil« soll der Wiener Kardinal Hans Hermann Groer in seiner Amtszeit als Erzieher im Knabenseminar Hollabrunn Schü-

ler sexuell missbraucht haben. Der Erzbischof schweigt beharrlich zu den Vorwürfen.

13. April Der Wiener Weihbischof Christoph Schönborn (*1945) wird vom Papst zum Erzbischof-Koadjutor für die Erzdiözese Wien ernannt. Damit verknüpft ist das Nachfolgerecht als Wiener Erzbischof.

19. April Auf eine Starkstromleitung bei Ebergassing wird ein Bombenattentat verübt. Zwei der wahrscheinlich drei Attentäter sprengen sich dabei selbst in die Luft. Sie werden als Mitglieder einer Wiener Anarchistengruppe identifiziert.

22. April Beim 30. Bundesparteitag der ÖVP in Wien löst Wolfgang Schüssel (*1945) den bisherigen Parteiobmann Erhard Busek ab.

26. April Österreich tritt dem Schengener Abkommen bei.

29. Mai Die Bayerische Landesbank wird Großaktionär der BAWAG, sie übernimmt insgesamt 45% der Aktien, 30 % stammen aus dem Anteil des Konsums, 15% vom ÖGB.

1. Juni Der Nationalrat beschließt die Einrichtung eines NS-Opferfonds, der Leistungen an alle jene Personen erbringt, die auf Grund von Abstammung, Religion, Nationalität, sexueller Orientierung oder in einer anderen Weise Opfer nationalsozialistischen Unrechts wurden. In einer ersten Etappe wird der Fonds mit 500 Millionen Schilling dotiert.

3. Juni Bundesweit liegt das so genannte »Kirchenvolksbegehren« auf: Es wird von 505.154 Österreichern unterschrieben.

7. Juli Bundeskanzler Franz Vranitzky trifft in Rust (Burgenland) mit seinen Amtskollegen Gyula Horn (Ungarn, *1932) und Vladimir Mečiar (Slowakei, *1942) zu Gesprächen über wirtschaftliche und politische Zusammenarbeit, sowie über Minderheitenfragen zusammen.

22. August Der 3.000ste Lkw der Hilfsaktion »Nachbar in Not« wird nach Bosnien-Herzegowina abgefertigt. Bisherige Bilanz: 900 Millionen Schilling Spendengelder wurden aufgebracht.

26. August Anlässlich des 50-Jahre-Jubiläums der Zweiten Republik einigt sich die Regierung auf eine dreiteilige Veranstaltung für den 26. Oktober.

14. September   Christoph Schönborn tritt sein Amt als neuer Erzbischof von Wien an. Der Rücktritt von Kardinal Hans Hermann Groer wird vom Vatikan angenommen.

1. Oktober   Vizekanzler Wolfgang Schüssel kündigt das vorläufige Ende der Budgetverhandlungen in der Koalition an.

12. Oktober   Da keine Einigung über das Budget erzielt wird, scheitert die Regierung Vranitzky IV. Neuwahlen werden für den 17. Dezember festgelegt.

16. Oktober   Eine Briefbombenserie versetzt Österreich in Unruhe: Im Bezirk Mistelbach werden ein aus Syrien stammender Arzt und eine engagierte Flüchtlingshelferin verletzt.

10. November   Die österreichische Bischofskonferenz nimmt zu den Forderungen des Kirchenvolksbegehrens insofern Stellung, als sie im Grunde alle Forderungen ablehnt.

15. Dezember   Österreich beschließt, sich mit einem Kontingent von etwa 300 Mann an der Friedenstruppe für Bosnien-Herzegowina zu beteiligen.

17. Dezember   Die Nationalratswahlen enden mit einem deutlichen Stimmengewinn für die SPÖ und einem leichten für die ÖVP, die FPÖ stagniert.

22. Dezember   Erste Koalitionsgespräche zwischen Franz Vranitzky und Wolfgang Schüssel finden statt.

1996

7./8. Januar   SPÖ und ÖVP beschließen, Koalitionsverhandlungen aufzunehmen. Beginn der Verhandlungen ist am 12. Januar.

20. Januar   Durch eine Veröffentlichung in einer amerikanischen Zeitung wird bekannt, dass der CIA in Österreich in den Jahren 1952 bis 1955 insgesamt 79 Waffenarsenale angelegt hatte. Diese waren Teil einer amerikanischen Strategie im Kalten Krieg. Wenige Tage später übergibt die amerikanische Botschafterin Swanee Hunt (*1950) Innenminister Caspar Einem (*1948) alle Unterlagen über diese Waffendepots. Die Lager werden in den nächsten Monaten geöffnet, der Großteil des gefundenen Materials ist noch funktionsfähig.

23. Januar   Mit Waltraud Klasnic (*1945) wird zum ersten Mal eine Frau zum Landeshauptmann der Steiermark gewählt.

31. Januar   Der Nationalrat beschließt das Europawahlrecht, das ein einziges Ermittlungsverfahren vorsieht. Als Wahltermin wird der 13. Oktober festgelegt.

5. Februar   SPÖ und ÖVP einigen sich auf ein 100-Milliarden-Schilling-Paket zur Budgetsanierung.

7. März   Die beiden Großparteien SPÖ und ÖVP einigen sich auf eine Neuauflage der Großen Koalition.

27. März   Die Bundesregierung startet eine Informationskampagne zur EU.

16. April   Dem Beispiel anderer EU-Staaten folgend, anerkennt Österreich die aus Serbien und Montenegro gebildete Bundesrepublik Jugoslawien.

26. April   Im Nationalrat werden mit den Stimmen der beiden Regierungsparteien die Budgets für 1996 und 1997 beschlossen. Es ist das erste Mal, dass für zwei Jahre das Budget auf einmal beschlossen wird.

31. Mai   Zum ersten Mal nach dem Ersten Weltkrieg halten die beiden Landtage von Nordtirol und Südtirol eine gemeinsame Sitzung in Trentino ab. Thema der Gespräche ist die Zusammenarbeit in der Europaregion Tirol.

12. August   Österreichische Soldaten nehmen erstmals an einer Übung der »Partnerschaft für den Frieden« in den USA teil.

20. September   Im Nationalrat wird über ein Jahr EU-Mitgliedschaft Bilanz gezogen.

13. Oktober   Zum ersten Mal finden in Österreich Wahlen zum Europäischen Parlament statt: Von den insgesamt 21 Sitzen entfallen auf die ÖVP 7, auf die SPÖ 6, ebenso auf die FPÖ, je einer auf Grüne und Liberales Forum.

4. Dezember   Der Österreichische Nationalfonds hat bisher 700 Mio. ATS an Opfer des Nationalsozialismus geleistet. Pro Person werden durchschnittlich 70.000 ATS angewiesen.

1997

12. Januar   SPÖ und ÖVP einigen sich in der Frage der Privatisierung der Creditanstalt-Bankverein. Die Bank Austria übernimmt die Anteile des Bundes um 17,161 Milliarden Schilling.

16. Januar   Anlässlich eines Aufenthaltes von NATO-Generalsekretär Javier Solana (*1942) in Österreich wird ein Truppenstatut unterzeichnet, das die juristische und finanzielle

Grundlage für den Aufenthalt von NATO-Kontingenten auf österreichischem Boden im Rahmen der Partnerschaft für den Frieden regelt.

18. Januar   Bundeskanzler Franz Vranitzky legt sein Amt sowie den Vorsitz der SPÖ nieder.

28. Januar   Bundespräsident Thomas Klestil vereidigt das neue Kabinett von Viktor Klima (*1947). Neuer Finanzminister wird der bisherige Wiener Stadtrat Rudolf Edlinger (*1940).

4. März   Ex-Bundeskanzler Franz Vranitzky wird Sonderbeauftragter der OSZE für Albanien.

5. März   Erste Bank und Bank Austria/AVZ sind über den Kauf der GiroCredit einig: Die Erste Bank übernimmt die Giro Credit, eine Woche später billigt die EU-Kommission den Kauf der Creditanstalt Bankverein durch die Bank Austria.

7. März   Bund, Bundesländer und Hilfsorganisationen einigen sich über ein Rückkehrhilfsprogramm für bosnische Kriegsflüchtlinge.

9. April   Beim 35. Ordentlichen Bundesparteitag der SPÖ wird Viktor Klima als neuer Parteiobmann gewählt.

24. April   Außenminister Wolfgang Schüssel befürwortet einen baldigen NATO-Beitritt Österreichs, sein Vorschlag wird heftig kritisiert.

28. Mai   Schloss und Park von Schönbrunn werden als erstes österreichisches Objekt in die Weltkulturerbeliste eingetragen.

3. Juni   Die EU-Außenminister beschließen, die Europäische Beobachtungsstelle für Rassismus und Fremdenfeindlichkeit in Wien ansässig zu machen.

13. Juni   In Österreich findet ein Treffen aller NATO-Verteidigungsminister mit den Amtskollegen der Staaten Mittel- und Osteuropas sowie den bündnisfreien Staaten, zu denen auch Österreich gehört, statt. Zentrales Thema ist die Zusammenarbeit im Rahmen der »Partnerschaft für den Frieden«.

18. Juli   Experten aus Österreich, Italien und Deutschland treffen in Innsbruck zu einem Schengen-Gipfel zusammen. Sie beschließen das Ende der Landgrenzkontrollen zum 1. April 1998.

29. Juli   Der Ministerrat beschließt die Entwürfe für das Doppelbudget 1998/1999.

9. September   Ex-Bundeskanzler Franz Vranitzky lehnt eine Kandidatur für das Bundespräsidentenamt endgültig ab.

23. September   Der israelische Ministerpräsident Benjamin Netanjahu (*1949) beendet einen mehrtägigen Besuch in Österreich. Er erörtert die bilateralen Beziehungen mit Bundespräsident, Bundeskanzler und Außenminister.

2. Oktober   Im Zuge einer Fahrzeugkontrolle im südsteirischen Gralla bei Leibnitz verliert der Fahrzeuglenker Franz Fuchs (1949–2000) durch die Explosion einer selbst gebauten Bombe beide Hände. Im Zuge weiterer Untersuchungen verdichtet sich der Verdacht, dass Fuchs der seit vier Jahren gesuchte Bombenleger sein könnte.

8. Oktober   Innenminister Karl Schlögl (*1955) erklärt im Parlament, dass die Beweise gegen Franz Fuchs als möglichen Bombenleger erdrückend seien.

10. Oktober   Die Regierung beschließt nach langen und schwierigen Verhandlungen eine Pensionsreform: Ab 2003 werden in allen Pensionssystemen die Durchrechnungszeiträume harmonisiert.

26. Oktober   Fünf Jahre nach dem verheerenden Brand werden die Redoutensäle in der Wiener Hofburg wieder eröffnet.

14. November   Bundespräsident Thomas Klestil gibt seine neuerliche Kandidatur für das Amt bekannt.

1. Dezember   Das Schengener Durchführungsabkommen tritt in Kraft. Pass- und Zollkontrollen für Schengen-Bürger fallen am Flughafen weg.

1998

4. Januar   Da neuerliche Beschuldigungen gegen den früheren Wiener Erzbischof Hans Hermann Groer erhoben werden, legt er sein Amt als Prior des Benediktinerinnenklosters Maria Roggendorf zurück. Clemens Lashofer (*1941), Abt von Groers Heimatkloster Göttweig, beantragt eine Apostolische Visitation.

17. Januar   Die im September 1991 im Gletschereis zwischen Österreich und Südtirol gefundene mumifizierte Leiche eines Mannes (»Ötzi«) wird vereinbarungsgemäß nach Jahren der wissenschaftlichen Forschungen ins Museum nach Bozen überführt.

23. Januar   Der italienische Staatspräsient Oscar Luigi Scalfaro (*1918) begnadigt vier Südtirolaktivisten, die in den sechziger und siebziger Jahren in Abwesenheit verurteilt worden waren.

10. Februar   Die Koalitionsparteien einigen sich auf eine Reform des Bundesheeres: Bis 2000 wird es statt 144.000 nur noch 110.000 Mann geben.

27. Februar   Der Vorsitzende der österreichischen Bischofskonferenz Johann Weber (*1927) bestätigt in einer Pressekonferenz, dass die »gegen Kardinal Hans Hermann Groer erhobenen Vorwürfe im wesentlichen« zutreffen.

13. März   Der Budgetvoranschlag für 1999 sieht ein Defizit von 70,1 Milliarden Schilling vor, das entspricht 2,6 % des BIP.

25. März   Die EU-Kommission empfiehlt in ihrem Konvergenzbericht die Wirtschafts- und Währungsunion ab 1999 für Österreich.

9. April   Das Stift Göttweig erhält das Ergebnis der Visitation zum Fall Kardinal Groer, der Inhalt wird jedoch nicht veröffentlicht.

14. April   Kardinal Hermann Groer bittet allgemein um Vergebung und teilt mit, dass er seinen bisherigen Aufgabenkreis abgibt.

19. April   Bundespräsident Thomas Klestil erreicht im ersten Wahlgang 63,42 % der Stimmen und ist damit für eine zweite Amtsperiode wiedergewählt.

23. April   Der OECD-Bericht stellt Österreich insgesamt ein gutes Zeugnis aus.

18. Juni   Der Nationalrat ratifiziert den Amsterdamer Vertrag.

19. Juni   Papst Johannes Paul II. absolviert einen dritten Pastoralbesuch in Österreich. Die Stationen sind Salzburg, St. Pölten und Wien.

1. Juli   Österreich übernimmt erstmals die Ratspräsidentschaft der Europäischen Union. Österreich feiert dies mit einem Volksfest auf dem Wiener Heldenplatz.

8. Juli   Bundespräsident Thomas Klestil wird von der Bundesversammlung vereidigt.

6. September   In Salzburg wird ein zweitägiges informelles Treffen der EU-Außenminister beendet. Es wird beschlossen, einen eigenen Kosovo-Beauftragten einzusetzen. Russland

erhält nur dann Finanzhilfe von der EU, wenn damit auch die soziale und demokratische Situation verbessert wird.

18. September Der Nationalrat beschließt ein Demokratiepaket, das neue Bestimmungen für das Einbringen von Wahlvorschlägen für die Bundespräsidentenwahl sowie für Volksbegehren enthält.

12. Oktober Die Kosovo-Krise steht im Mittelpunkt eines Treffens der mitteleuropäischen Präsidenten in Wien.

24. Oktober In Pörtschach am Wörthersee findet das zweitägige informelle Treffen der EU-Staats- und Regierungschefs statt. Bei diesem Gipfel wird die Beschäftigungslage, die innere Sicherheit und die gemeinsame Außen- und Sicherheitspolitik besprochen.

26. Oktober Der mehrtägige »Dialog für Österreich«, wo es um eine Neupositionierung der katholischen Kirche ging, wird abgeschlossen.

29. Oktober Die Bundesregierung einigt sich über die Zusammensetzung einer Historikerkommission, die den gesamten Komplex Vermögensentzug während der NS-Ära in Österreich sowie die Rückstellungen nach 1945 erforschen soll.

30. Oktober Die SPÖ beschließt ein neues Parteiprogramm. Bis 2003 soll eine Frauenquote von 40 % auf Parteiebene erreicht werden.

5. November Der Nationalrat beschließt einstimmig das Raubkunstgesetz, nach dem alle Kunstgegenstände, die in der NS-Zeit und der Nachkriegszeit widerrechtlich abgepresst wurden, rückerstattet werden müssen.

20. November Papst Johannes Paul II. bejaht in einer Rede an die österreichischen Bischöfe den laufenden Reformdialog, allerdings ohne auf Details einzugehen.

8. Dezember In einem offenen Brief an den Apostolischen Nuntius ersuchen 80 katholische Experten und Persönlichkeiten des öffentlichen Lebens den Papst, Bischof Kurt Krenn von der Diözese St. Pölten abzuberufen. Krenn habe der Seelsorge schwer geschadet und die Kirche in der Öffentlichkeit zum Gespött gemacht.

11. Dezember Zum Abschluss der österreichischen Ratspräsidentschaft findet in Wien ein zweitägiges Gipfeltreffen der Staats- und Regierungschefs statt.

1999

1. Januar Elf der 15 EU-Mitgliedsländer führen den Euro als gemeinsame Währung ein.

5. Januar Die Bischofskonferenz beschließt für den Fünf-Jahres-Bericht an Rom eine Streitbeilegungserklärung; Fehler werden zugegeben, doch die seien ausgeräumt. Der »Dialog für Österreich« wird fortgesetzt.

25. Januar Beim jährlich stattfindenden Dreiländertreffen zwischen Ungarn, Slowakei und Österreich in Sopron stehen Fragen der wirtschaftlichen Zusammenarbeit im Mittelpunkt der Gespräche.

26. Januar Im Ministerrat wird beschlossen, »SOS-Kinderdorf international« für den Friedensnobelpreis vorzuschlagen.

5. Februar Österreich nominiert offiziell den SPÖ-Finanzsprecher Ewald Nowotny (*1944) als Vizepräsidenten der Europäischen Investitionsbank.

16. Februar Unter Berufung auf das Kriegsmaterial- und Neutralitätsgesetz untersagt das Bundeskanzleramt einen Militärtransit von Ungarn und Tschechien zu einer NATO-Übung nach Italien.

10. März Franz Fuchs, dem in einem Indizienprozess alle Briefbombenanschläge und die Attentate von Oberwart, Stinatz und Klagenfurt zur Last gelegt werden, wird in dem Verfahren zu lebenslänglicher Haft verurteilt. Der Anklagte hatte wegen Schreiexzessen fast nicht am Verfahren teilgenommen.

16. März Die Historikerkommission zur Aufarbeitung der Arisierungen übergibt ein Arbeitskonzept an Nationalratspräsident Heinz Fischer (*1938). Ein Schlussbericht soll 2002 vorliegen.

28. März Erstmals besucht ein chinesisches Staatsoberhaupt Österreich: Präsident Jiang Zemin (*1926) erörtert mit Bundespräsident Thomas Klestil bilaterale Wirtschaftsfragen, aber auch Menschenrechte und die Tibetfrage.
Laut einer WIFO-Studie brachte die EU-Ratspräsidentschaft für Österreich 2,6 Milliarden Schilling Gewinn vor allem im Kongresstourismus, dem stehen 500 Millionen Schilling als österreichische Kosten gegenüber.

25. Mai Die ehemaligen Verantwortlichen des Konsums, Hermann Gerharter, sowie zwei weitere Vorstandsmitglieder

werden wegen fahrlässiger Krida zu bedingten Haftstrafen und unbedingten Geldbußen verurteilt.

4. Juni Bundeskanzler Viktor Klima versichert, dass Österreich weder an einem Militärbündnis noch an einem Krieg teilnehmen werde, außer die UNO-Charta ist Grundlage.

13. Juni Bei den Europawahlen erzielt die SPÖ die meisten Stimmen, doch bleiben ÖVP und SPÖ gleich mandatsstark. Die FPÖ verliert ein Mandat, das LIF ist nicht mehr im Europäischen Parlament vertreten, die Grünen gewinnen ein Mandat.

23. Juni Der ÖVP-Abgeordnete Walter Schwimmer (*1942) wird zum neuen Generalsekretär des Europarates gewählt.

1. Juli Im Verfassungsausschuss des Nationalrates kommt es zu einem Fünfparteienbeschluss, dass Österreich atomfrei bleibt.

2. Juli ÖGB-Präsident Fritz Verzetnitsch (*1945) wird beim 9. Kongress des Europäischen Gewerkschaftsbundes für eine zweite Funktionsperiode zum Präsidenten gewählt.

6. Juli Der Ministerrat nominiert erneut Franz Fischler als österreichisches Mitglied der Europäischen Kommission.

13. Juli Der Nationalrat verankert einstimmig das »atomfreie Österreich« in der Verfassung.

19. Juli UN-Generalsekretär Kofi Annan (*1938) eröffnet in Wien die dritte UNO-Weltraumkonferenz Unispace III.

21. September Sowohl Bundeskanzler Viktor Klima als auch Vizekanzler Wolfgang Schüssel äußern ihre Präferenz für ein Berufsheer.

3. Oktober Die Nationalratswahlen enden mit deutlichen Verlusten für die SPÖ, die mandatsstärkste Partei bleibt. Die ÖVP erzielt ihr schlechtestes Ergebnis in der Zweiten Republik und fällt auf Platz drei hinter die FPÖ zurück. Der Stimmenabstand zwischen FPÖ und ÖVP beträgt 415 Stimmen. Mandatsstand: 65 SPÖ, 52 FPÖ, 52 ÖVP, 14 Grüne.

4. Oktober Der Ausgang der Wahlen macht internationale Schlagzeilen, vor allem die Gewinne der FPÖ schockieren.

7. Oktober Bundespräsident Thomas Klestil weist die internationale Kritik wegen des Wahlergebnisses vom 3. Oktober »mit aller Entschiedenheit« zurück.

14. Oktober Bundespräsident Klestil erteilt Bundeskanzler Viktor Klima den Auftrag zu Sondierungsgesprächen mit allen im Parlament vertretenen Parteien.

1. November Der Jüdische Weltkongress stimmt dem Vergleich zwischen der Creditanstalt/Bankverein-Gruppe und Überlebenden des Holocaust über eine Summe von 40 Millionen US-Dollar zu.

12. November Etwa 25.000 Menschen demonstrieren in der Wiener Innenstadt mit einem »Lichtermeer« gegen Fremdenfeindlichkeit und Rassismus.

6. Dezember Bundeskanzler Klima überreicht Bundespräsident Klestil einen Bericht über den Fortgang der Sondierungsgespräche.

9. Dezember Bundespräsident Klestil beauftragt Bundeskanzler Klima mit der Regierungsbildung.

2000

3. Januar Bundeskanzler Klima kündigt an, dass Österreich bei der Entschädigung von ehemaligen NS-Zwangsarbeitern sich an das deutsche Vorbild einer Fondslösung halten werde.

FPÖ-Generalsekretär Peter Westenthaler (*1967) will eine Koalition mit der ÖVP unter einem Kanzler Wolfgang Schüssel nicht ausschließen.

6. Januar Ein New Yorker Gericht stimmt dem Vergleich zwischen NS-Opfern und der Bank Austria zu. Die Bank Austria leistete eine Entschädigung in der Höhe von 531 Millionen Schilling. Damit sind alle Sammelklagen in den USA beendet.

7. Januar Die Koalitionsverhandlungen zwischen SPÖ und ÖVP verzögern sich im Streit um die Budgetsanierung und die Anhebung des Pensionsalters für Frühpensionen.

11. Januar Innerhalb der ÖVP wächst der Widerstand gegen die Neuauflage einer Koalition mit der SPÖ.

19. Januar Der Österreichische Gewerkschaftsbund protestiert heftig gegen den von SPÖ und ÖVP vereinbarten Koalitionspakt. Der SPÖ-Vorstand nimmt die Vereinbarung mit 32 zu 13 Stimmen an. Die ÖVP fordert noch die Unterschrift von Rudolf Nürnberger (*1945) vom ÖGB, damit ein paktkonformes Umsetzen der Maßnahmen im Parlament gewährleistet ist.

20. Januar   Die Koalitionsverhandlungen scheitern nach massiven Einsprüchen der Gewerkschaft.

21. Januar   Bundeskanzler Klima kündigt an, ein Minderheitskabinett bilden zu wollen.

24. Januar   ÖVP-Obmann Wolfgang Schüssel gibt Regierungsverhandlungen mit der FPÖ bekannt.

26. Januar   Im Rahmen der in Stockholm stattfindenden Holocaust-Konferenz wird heftige Kritik an einer möglichen Regierungsbeteiligung der FPÖ geübt.

27. Januar   Viktor Klima informiert den Bundespräsidenten offiziell, dass er dem Auftrag zur Regierungsbildung nicht nachkommen konnte. Inzwischen äußern Belgien und Frankreich ihre Besorgnis wegen einer möglichen Regierungsbeteiligung der FPÖ.

29. Januar   Die portugiesische Präsidentschaft bringt offiziell in Wien ihre Besorgnis wegen einer Regierungsbeteiligung der FPÖ zum Ausdruck.

31. Januar   Der amtierende EU-Ratspräsident António Guterres (*1949) übermittelt an Österreich eine Erklärung der 14 EU-Staaten, nach der bei einer eventuellen Regierungsbeteiligung der FPÖ mit Isolation Österreichs gedroht wird.

1. Februar   ÖVP und FPÖ verkünden ihre Einigung bei den Koalitionsverhandlungen, Bundeskanzler soll Wolfgang Schüssel werden. Als Reaktion zieht Israel seinen Botschafter aus Wien ab.

2. Februar   Die Parteichefs von ÖVP und FPÖ unterrichten den Bundespräsidenten über ihre Einigung über ein Regierungsprogramm.

4. Februar   Vereidigung der ÖVP-FPÖ-Koalitionsregierung durch Bundespräsident Thomas Klestil. Am Ballhausplatz vor der Präsidentschaftskanzlei kommt es zu heftigen Demonstrationen. Neuer Bundeskanzler wird Wolfgang Schüssel, erstmals in der Geschichte Österreichs übernimmt mit Susanne Riess-Passer (FPÖ, *1961) eine Frau das Amt des Vizekanzlers und auch das Ressort für öffentliche Leistungen und Sport. Außenministerin wird ebenfalls als erste Frau Benita Ferrero-Waldner (ÖVP, *1948).

7. Februar   Portugals Staatspräsident Jorge Sampaio (*1939) sagt wegen der Sanktionen der 14 EU-Länder seinen Staatsbesuch in Wien ab.

8. Februar   Aus Protest gegen die neue Regierungskoalition in Österreich sagt der britische Thronfolger Prinz Charles (*1948) seinen Besuch in Österreich ab.

9. Februar   Bundeskanzler Wolfgang Schüssel präsentiert im Nationalrat seine Regierungserklärung.

11. Februar   Der belgische Außenminister Louis Michel (*1947) protestiert gegen die FPÖ-Regierungsbeteiligung und meint: »Ski fahren in Österreich ist unmoralisch«.
Viktor Klima gibt sein Ausscheiden aus der österreichischen Politik bekannt.

15. Februar   Der Ministerrat bestellt die ehemalige Notenbankpräsidentin Maria Schaumayer zur Regierungsbeauftragten für die Entschädigung ehemaliger Zwangsarbeiter.

17. Februar   Alfred Gusenbauer (*1960), erst vor wenigen Tagen zum SPÖ-Bundesgeschäftsführer bestellt, wird als neuer Parteiobmann nominiert.
Finanzminister Karl-Heinz Grasser (*1969) präsentiert das Ergebnis eines »Kassasturzes«: Das Defizit beträgt 109 Milliarden Schilling, es müssen im laufenden Jahr 47 Milliarden Schilling eingespart werden, um den Maastricht-Kritierien gerecht zu werden.

19. Februar   Am Wiener Heldenplatz kommt es zur größten Antiregierungsdemonstration der Zweiten Republik.

23. Februar   Der österreichische EU-Botschafter Gregor Woschnagg (*1939) wird aus Protest gegen die Regierungsbeteiligung der FPÖ von den Feierlichkeiten zur Eröffnung für »Brüssel Kulturhauptstadt 2000« ausgeladen.

24. Februar   Auf Antrag der Regierungsparteien findet eine Sondersitzung des Nationalrates zur Budgetsituation statt.

26. Februar   Ein Jahr nach der Urteilsverkündung erhängt sich der Bombenterrorist Franz Fuchs in seiner Zelle in Graz-Karlau.

28. Februar   FPÖ-Obmann Jörg Haider kündigt überraschend seinen Rückzug aus der Bundespolitik an.

1. März   Der Nationalrat beschließt mit den Stimmen der Regierungsparteien das Budgetprovisorium für 2000 und das neue Kompetenzgesetz für die Bundesministerien.

9. März   Der frühere Vizekanzler Erhard Busek wird zum Regierungsbeauftragten für die Erweiterung der Europäischen Union bestellt.

13. März   Bundeskanzler Wolfgang Schüssel fordert in Brüssel die EU-Partner zu einem Dialog mit Österreich auf.

 5. April   Im Ministerrat werden die Eckpunkte der Pensionsreform beschlossen: Das Pensionsantrittsalter wird ab 1. Oktober schrittweise um 1,5 Jahre angehoben.

12. April   Bundespräsident Thomas Klestil plädiert in einer Rede vor dem Europaparlament in Straßburg für das Ende der Sanktionen.

28. April   Im Ministerrat wird die Angleichung der Rechte von Arbeitern und Angestellten beim Krankengeld beschlossen.

29. April   Beim SPÖ Bundesparteitag in Wien wird Alfred Gusenbauer mit 96,5% zum neuen Parteichef gewählt.

 1. Mai   Beim FPÖ-Parteitag in Klagenfurt wird Vizekanzlerin Susanne Riess-Passer mit 91,5% der Stimmen zur neuen Vorsitzenden gewählt.

 5. Mai   Die Bundesregierung beschließt einen »Aktionsplan« zur Aufhebung der Sanktionen der EU-14. Als letzter von insgesamt 18 Punkten soll eine Volksbefragung durchgeführt werden.

 8. Mai   Bei einem Treffen der EU-Finanzminister wird das österreichische Budget kritisiert, Österreich soll bis November zusätzliche Maßnahmen zur Budgetkonsolidierung vorlegen.

16. Mai   Bundeskanzler Wolfgang Schüssel warnt in einem Brief an seine Amtskollegen in der EU vor Schäden für Österreich und die EU, sollten die Sanktionen nicht bis Ende Juni beendet sein.

17. Mai   Die Regierungsbeauftragte für die Entschädigung von ehemaligen NS-Zwangsarbeitern Maria Schaumayer und der US-Unterhändler Stuart Eizenstat (*1943) erzielen eine Einigung bezüglich der Höhe der Entschädigungen. Jeder der etwa 150.000 Zwangsarbeiter wird eine Entschädigung zwischen 5.000 und 105.000 Schilling, je nach Härte der Arbeitsbedingungen, erhalten.

18. Mai   Im Nationalrat wird mit den Stimmen der Regierungsparteien das Budget 2000 beschlossen. Das Defizit wird 54,65 Milliarden Schilling betragen.
Die Bundesregierung nominiert den ehemaligen Botschafter Ernst Sucharipa (1947–2005) als Sondergesandten für die Verhandlungen über die Entschädigung des »arisierten« jüdischen Vermögens.

12. Juni   Außenministerin Benita Ferrero-Waldner lehnt eine Beobachtung Österreichs durch die EU ab.

27. Juni   In Brüssel wird ein Ausstiegsszenario aus den Sanktionen gegen Österreich bekannt: Ratspräsident Guterres wird den Präsidenten des Europäischen Menschenrechtsgerichtshofes Luzius Wildhaber (*1937) ersuchen, »drei Weise« zu benennen, die einen Bericht über die Lage in Österreich erstellen sollen.

5. Juli   Der Nationalrat beschließt mit den Stimmen von ÖVP und FPÖ die Pensionsreform, die eine schrittweise Anhebung des Antrittsalters für Frühpensionen vorsieht.

7. Juli   Der Nationalrat beschließt einstimmig das Versöhnungsfondsgesetz zur Entschädigung der ehemaligen NS-Zwangsarbeiter. Die Mittelaufbringung erfolgt durch die Bundesregierung, aber auch durch die Privatwirtschaft.

12. Juli   Die Namen der »drei Weisen« werden bekannt gegeben: Es sind dies der ehemalige finnische Präsident Martti Ahtisaari (*1937), der deutsche Jurist Jochen Frowein (*1934) und der frühere spanische Außenminister Marcelino Oreja (*1935).

8. September   Die »drei Weisen« legen einen Bericht vor, in dem sie vorschlagen, die Sanktionen der EU 14 aufzuheben. Sie betonen vor allem die positive Lage der Menschenrechte in Österreich.

12. September   Die französische Ratspräsidentschaft erklärt nach Vorliegen und Studium des Berichts der »drei Weisen« die Sanktionen der EU-14 gegen Österreich für aufgehoben.

19. September   Die Bundesregierung legt das Sparpaket für den Sozialbereich vor: Vorgesehen ist u. a. eine Studiengebühr von 5.000 Schilling pro Semester und eine Besteuerung der Unfallrenten.

23. Oktober   In Wien werden die Verträge über die Entschädigung ehemaliger NS-Zwangsarbeiter unterzeichnet.

1. November   Entsprechend den Regelungen der EU und der OECD schafft Österreich die anonymen Sparbücher mit einer Übergangsfrist bis Mitte 2002 ab.

6. Dezember   Im Nationalrat wird mit den Stimmen der Regierungsparteien das Budget 2001 beschlossen. Es ist das letzte in Schilling erstellte Budget.

12. Dezember   Bei einem Treffen von Tschechiens Premier Miloš Zeman (*1944) und Bundeskanzler Wolfgang Schüssel in Stift Melk stimmt die tschechische Seite einer umfassenden Umweltverträglichkeitsprüfung für das tschechische AKW Temelin zu. Erst danach kann das AKW ans Netz gehen.

19. Dezember   In Wien konstituiert sich der Versöhnungsfonds für die Entschädigung der ehemaligen NS-Zwangsarbeiter.

20. Dezember   Bundespräsident Thomas Klestil trifft zu einem offiziellen Besuch in Prag ein, er lehnt eine Verknüpfung des Zwistes um das AKW Temelin mit dem tschechischen EU-Beitritt ab.

2001

8. Januar   Finanzminister Karl-Heinz Grasser legt die Zahlen zum Budgetvollzug des Jahres 2000 vor. Das Defizit beträgt um 15 Milliarden Schilling weniger als veranschlagt.

10. Januar   Bei den Verhandlungen über die Entschädigung der Arisierungsopfer wird zwischen Österreich, den USA, jüdischen Organisationen und Wirtschaftsvertretern eine Einigung erzielt: Österreich erklärt sich bereit, Entschädigungen in der Höhe von 5,27 Milliarden Schilling (= 383 Mio €) zu leisten.

17. Januar   Österreichs Sonderbotschafter Ernst Sucharipa und der amerikanische Vize-Finanzminister Stuart Eizenstat kommen zu einer Einigung über die Entschädigung für jüdische NS-Opfer in der Gesamthöhe von 5,27 Milliarden Schilling. Dieser Betrag wird teils von der Wirtschaft, teils vom Staat aufgebracht.

23. Januar   Dem Ministerrat wird der Analyseteil der neuen Sicherheitsdoktrin vorgelegt. Bundeskanzler Wolfgang Schüssel erklärt, dass das Beharren auf der Neutralität dem Denken des Kalten Krieges entspreche. Österreich ist nicht neutral, sondern bündnisfrei.

24. Januar   EU-Währungskommissar Pedro Solbes (*1942) bescheinigt Österreich »spektakuläre Verbesserungen« in der Haushaltspolitik.

8. Februar–11. Februar   Der russische Staatspräsident Vladimir Putin (*1952) trifft zu einem dreitägigen Staatsbesuch in Österreich ein. Erörtert wird die russische Sorge um einen möglichen NATO-Beitritt Österreichs.

13. Februar   In Linz treffen der tschechische Außenminister Jan Kavan (*1946) und der österreichische Umweltminister Wilhelm Molterer (*1955) zu Gesprächen über Temelin zusammen. In einer gemeinsamen Erklärung wird festgehalten, dass Temelin nicht ohne eine weitere Umweltprüfung in Betrieb geht.

23. Februar   Der Europäische Gerichtshof stellt fest, dass die Kommission rechtswidrig gehandelt hat, als sie 2000 den österreichischen Transitvertrag nicht korrekt umgesetzt hat.

27. Februar   Finanzminister Karl-Heinz Grasser präsentiert überraschenderweise für das Jahr 2000 einen positiven Budgetvollzug. Anstatt des erwarteten Defizits von 54 Milliarden Schilling beträgt dieses nur 32,5 Milliarden Schilling.

6. März   Die Koalitionsregierung einigt sich im Ministerrat auf die Einführung des Kindergeldes in der Höhe von 6.000 Schilling monatlich für einen Zeitraum von bis zu drei Jahren, wenn der zweite Elternteil mindestens sechs Monate das Geld in Anspruch nimmt.

4. April   Im Nationalrat wird mit den Stimmen der Regierungsparteien das Budget 2002 beschlossen.

6. April   Die Landeshauptleutekonferenz beschließt, gegen den Bund eine Verfassungsklage einzureichen, um eine Revision des Finanzausgleichs zwischen Bund und Ländern zu erzwingen.

11. April   Die EU-Kommission präsentiert einen Vorschlag, wonach Arbeitnehmer aus den neuen Beitrittsländern nach einer Übergangsfrist von maximal sieben Jahren frei in den EU-Ländern arbeiten dürfen.

24. April   Der Vorsitzende des Rats der Kärntner Slowenen fordert die Umsetzung des Volksgruppengesetzes von 1976, vor allem das Aufstellen der 34 noch fehlenden Ortstafeln.

26. Mai   Ein zweitägiger Besuch des deutschen Bundeskanzlers Gerhard Schröder (*1944) sorgt für Unmut, da ursprünglich gegen alle Usancen kein Treffen mit Bundeskanzler Wolfgang Schüssel geplant war. Bei einem dann stattfindenden Arbeitsgespräch mit Bundeskanzler Wolfgang Schüssel erklären beide, an einer Verbesserung der Beziehungen nach den Sanktionen des Vorjahres interessiert zu sein.

6. Juni   Auf einer Regionalkonferenz mit den Außenministern Polens, der Slowakei, Sloweniens, Tschechiens und Un-

garns schlägt Außenministerin Benita Ferrero-Waldner eine »Regionale Partnerschaft« mit den künftigen EU-Mitgliedsländern vor.

18. Juni   Nach 37 Jahren endet Österreichs Einsatz bei der friedenserhaltenden Mission der UNO in Zypern.

1. Juli   Die jährliche Tagung des Weltwirtschaftsforums wird in Salzburg eröffnet. Neben Bundespräsident Thomas Klestil sind zahlreiche seiner Amtskollegen aus den Staaten Ost- und Südosteuropas anwesend. Seitens der EU nimmt Erweiterungskommissar Günter Verheugen (*1944) an der Tagung teil.

26. Juli   Mit der Abweisung der beiden letzten Klagen von NS-Zwangsarbeitern gegen Österreich macht ein US-Gericht den Weg für Entschädigungszahlungen durch Österreich an ehemalige NS-Zwangsarbeiter frei.

5. September   Das EU-Parlament stimmt mit überwiegender Mehrheit einem Antrag der Kommission zu, die im österreichischen Transitvertrag vorgesehene Obergrenze für Lkw-Fahrten ersatzlos zu streichen.

12. September   Aus Anlass der Terroranschläge in den USA findet ein Sonderministerrat statt.

11. Oktober   Die Pensionsversicherungsanstalten der Arbeiter und Angestellten fusionieren.

23. Oktober   Der Nationalrat beschließt einstimmig die Einrichtung eines nationalen Sicherheitsrates und die Vorbereitung zur Ratifizierung des Vertrages von Nizza, der die Basis für die EU-Erweiterung darstellt.

1. November   Bundeskanzler Wolfgang Schüssel trifft in Washington zu Gesprächen mit US-Präsident George W. Bush (*1946) zusammen. Themen sind die bilateralen Beziehungen und der internationale Terror.

6. November   Bundeskanzler Wolfgang Schüssel und Finanzminister Karl-Heinz Grasser teilen mit, dass das angestrebte »Nulldefizit« schon 2001 erreicht werde.

21. November   Der Nationalrat beschließt einstimmig die Ratifizierung des Vertrages von Nizza, der eine Voraussetzung für die Erweiterung darstellt.

26. November   Drei Vertreter der Landeshauptleutekonferenz, nämlich Erwin Pröll (*1946), Jörg Haider und Sepp Rieder (*1939) einigen sich mit dem Vorsitzenden der Israelitischen

Kultusgemeinde Ariel Muzicant (*1952) auf eine Entschädigung für in der NS-Zeit geraubtes Vermögen in der Höhe von 18,17 Millionen €.

29. November   Unter Vermittlung von EU-Kommissar Günter Verheugen einigen sich Miloš Zeman und Wolfgang Schüssel auf den Abschluss des »Melker Prozesses«. Tschechien verpflichtet sich zu sicherheitstechnischen Nachrüstungen für das AKW Temelin.

4. Dezember   Österreich gibt in Brüssel auf Beamtenebene grünes Licht für den Abschluss der Verhandlungen des Energiekapitels mit der Tschechischen Republik.

12. Dezember   Der Nationalrat beschließt mit den Stimmen der Regierungsparteien eine neue Sicherheitsdoktrin. Österreich bezeichnet sich als »allianzfreier« Staat.

13. Dezember   Der Verfassungsgerichtshof hebt die bisherige Ortstafelregelung im Volksgruppengesetz auf, wonach die Anbringung von zweisprachigen Aufschriften erst ab einem Anteil von 25% der Minderheit vorgesehen ist. Der Verfassungsgerichtshof reduziert diesen Anteil auf 10%.

2002

1. Januar   Der Euro wird neue österreichische Währung.

4. Januar   Finanzminister Karl-Heinz Grasser gibt bekannt, dass die Euroumstellung schneller als erwartet vor sich ging. Bisher wurden bereits ein Drittel der Schillingmünzen und 20 % der Banknoten eingezogen.

8. Januar   Der Ministerrat beschließt die Entsendung von 60 österreichischen Soldaten zur Afghanistan-Friedenstruppe.

15. Januar   Im Ministerrat wird ein Konjunkturpaket mit einem Finanzvolumen von 220 Millionen € beschlossen, dessen Herzstück die Liberalisierung der Gewerbeordnung ist.

16. Januar   Als Ergebnis der Volkszählung 2001 verlieren die Bundesländer Steiermark und Wien je ein Nationalratsmandat, die Länder Niederösterreich und Vorarlberg gewinnen ein Mandat.

21. Januar   In Straßburg wird der Österreicher Peter Schieder (SPÖ, *1941) zum Präsidenten der Parlamentarischen Versammlung des Europarates gewählt.

28. Januar   Bundeskanzler Wolfgang Schüssel reist zu einem Arbeitsbesuch nach Russland: Er führt Gespräche zum Aus-

bau der Wirtschaftsbeziehungen und trifft auch Staatspräsident Wladimir Putin.

31. Januar Bundeskanzler Wolfgang Schüssel gibt ein klares Bekenntnis zur EU-Erweiterung ab, die Frage der Beneš-Dekrete kann bilateral gelöst werden.

21. Februar In der Wiener Hofburg findet die Auftaktveranstaltung zum EU-Konvent statt. Politiker, Parlamentarier und Vertreter der Gerichte und der Interessenvertretungen nehmen daran teil.

2./3. März In Lech am Arlberg findet das 6. Europa-Forum statt, Bundeskanzler Wolfgang Schüssel empfängt prominente Europa-Politiker, an ihrer Spitze Kommissionspräsident Romano Prodi (*1939).

8. März Im Ministerrat wird von den Regierungsparteien das Gesetz zur Familienhospizkarenz beschlossen. Es soll schon mit 1. Juli 2002 in Kraft treten.

11. März Der iranische Staatspräsident Mohammad Khatami (*1943) beginnt einen dreitätigen Staatsbesuch in Österreich.

12. März Der außenpolitische Beauftragte der EU Javier Solana führt in Wien Gespräche mit Bundeskanzler Wolfgang Schüssel, trifft aber auch mit Staatspräsident Mohammad Khatami zusammen, wobei die Nahostfrage erörtert wird.

20. März Im Parlament kommt es zu hitzigen Debatten zwischen den Regierungsparteien und der Opposition wegen der Abfangjäger.

11. April Finanzminister Karl-Heinz Grasser und Staatssekretär Alfred Finz (*1943) geben in einer Pressekonferenz bekannt, dass bis zum Jahre 2010 die Steuerquote auf 40 % gesenkt werden soll.

29. Mai Staatssekretär Franz Morak (*1946) bedauert bei einem Aufenthalt in Tel Aviv den Exodus zahlreicher Künstler und Intellektueller nach 1938. Nach 1945 habe die Republik kaum Anstrengungen unternommen, um die Vertriebenen zurückzuholen.

12. Juni Im Nationalrat wird einstimmig die Abfertigung Neu beschlossen. Ein Anspruch besteht bereits ab dem ersten Beschäftigungstag. Bei Selbstkündigung kann die angesammelte Summe in einer Kassa weiter angelegt werden.

24. Juni Der Verfassungsgerichtshof hebt den Homosexuellen § 209 wegen Verfassungswidrigkeit auf.

2. Juli   Der Ministerrat einigt sich auf den Nachfolgetyp für die veralteten Draken. Zur Luftraumüberwachung sollen Eurofighter des Typs Typhoon angeschafft werden. Die Stückzahl wird nicht festgelegt. 24 Jets würden 1,791 Milliarden Euro kosten.

4. Juli   Bundeskanzler Wolfgang Schüssel, Wirtschaftsminister Martin Bartenstein (*1953) und Finanzminister Karl-Heinz Grasser legen den Wirtschaftsbericht für 2001 vor. Bei wachsendem BIP greifen die Maßnahmen des Konjunkturpakets, auch die Beschäftigung steigt.

13. Juli   Erstmals stattet ein japanischer Tenno, nämlich Kaiser Akihito (*1934), Österreich einen Staatsbesuch ab.

24. Juli   Der Streit zwischen Österreich und der EU-Kommission in der Transit-Frage steuert einem neuen Höhepunkt zu. Die EU lehnt eine Verringerung der vorgesehenen Lkw-Fahrten ab, Verkehrsminister Mathias Reichhold (*1957) will den Europäischen Gerichtshof bemühen.

6. August   Nach heftigen Regenfällen kommt es im Bereich Krems und St. Pölten zu ersten Überschwemmungen. In wenigen Tagen entwickelt sich ein Hochwasser ungeheuren Ausmaßes. Experten reden von einem Jahrhunderthochwasser. Betroffen sind die Bundesländer Niederösterreich, Oberösterreich und Salzburg. Die gesamte Schadenshöhe wird mit etwa 7,7 Milliarden € ermittelt.

14. August   Angesichts der Hochwasserkatastrophe verspricht die Bundesregierung 650 Millionen € Direkthilfe. Außerdem wird die Steuerreform für 2003 abgesagt, der Kauf von 24 Abfangjägern soll auf 18 reduziert werden.

3. September   380 von 751 Parteitagsdelegierten der FPÖ unterschreiben für die Abhaltung eines Sonderparteitages, um die Differenzen zwischen Regierungsmannschaft und Länderorganisationen auszuräumen.

8. September   Nach der Delegiertenversammlung der FPÖ in Knittelfeld treten Vizekanzlerin Susanne Riess-Passer, Finanzminister Karl-Heinz Grasser, Infrastrukturminister Mathias Reichhold und Klubobmann Peter Westenthaler von ihren Ämtern zurück.

9. September   Bundeskanzler Wolfgang Schüssel nimmt die Knittelfelder Delegiertenversammlung der FPÖ und den

Rücktritt der drei Kabinettsmitglieder zum Anlass, um Neuwahlen auszurufen.

10. September Bundeskanzler Wolfgang Schüssel geht mit dem Vorschlag für Neuwahlen in die Parteigremien der ÖVP.

23. Oktober Die ÖVP legt sich fest, in der kommenden Legislaturperiode keinen Nato-Beitritt Österreichs anzustreben.

30. Oktober Hilde Zach (*1942) wird in Innsbruck als erste Frau Bürgermeisterin einer österreichischen Landeshauptstadt.

12. November Finanzminister Karl-Heinz Grasser nimmt Wolfgang Schüssels Angebot an, als parteiunabhängiger Finanzminister in ein eventuelles Kabinett Schüssel II einzutreten.

24. November Erdrutschsieg der ÖVP bei den Wahlen zum Nationalrat: Die ÖVP steigert sich von 26,9 % auf 42,27 %, die SPÖ gewinnt 3,7 % dazu, die Grünen 1,5 %, großer Verlierer sind die Freiheitlichen, die von 26,9 % auf 10,16 % abstürzen. Die ÖVP ist damit stimmenstärkste Partei.

26. November Bundespräsident Thomas Klestil beauftragt Wolfgang Schüssel mit der Regierungsbildung.

3. Dezember Erste Koalitionsgespräche zwischen ÖVP und SPÖ.

Das Endergebnis der Nationalratswahl nach Auszählung aller Wahlkarten lautet: ÖVP 42,3 % und 79 Mandate, SPÖ 36,51 % und 69 Mandate, FPÖ 10,01 % und 18 Mandate, Grüne 9,47 % und 17 Mandate.

10. Dezember Brigitte Bierlein (*1949) wird als erste Frau als Vizepräsidentin des Verfassungsgerichtshofes vereidigt.

12. Dezember Österreich erhält gemeinsam mit der Schweiz den Zuschlag für die Ausrichtung der Fußball-EM im Jahre 2008.

13. Dezember Der erweiterte Parteivorstand der Grünen spricht sich für Koalitionsverhandlungen mit der ÖVP aus.

2003

2. Januar Bei den Sondierungsgesprächen zwischen ÖVP und SPÖ zur Regierungsbildung sind noch immer Differenzen hinsichtlich der Pensionsreform zu verzeichnen.

13. Januar Erstmals seit Jahrzehnten ist die österreichische Handelsbilanz positiv.

16. Januar   Finanzminister Karl-Heinz Grasser erklärt, dass das Budgetdefizit für 2001 nur ein Prozent des BIP beträgt.

24. Januar   Bundeskanzler Wolfgang Schüssel lehnt eine Beteiligung Österreichs am Irak-Krieg entschieden ab.

27. Januar   Alexander van der Bellen (*1944) von den Grünen greift das Angebot von Bundeskanzler Wolfgang Schüssel zu Sondierungsgesprächen auf.

29. Januar   Finanzminister Karl-Heinz Grasser verlässt die FPÖ.

6. Februar   ÖVP und Grüne nehmen Regierungsverhandlungen auf.

11. Februar   Als einzige Landespartei sprechen sich die Wiener Grünen gegen eine Koalition mit der ÖVP aus.

16. Februar   Die Koalitionsverhandlungen zwischen ÖVP und Grünen scheitern.

20. Februar   Der ÖVP-Parteivorstand entscheidet, die Koalition mit der FPÖ fortzusetzen.

24. Februar   Nach vier Jahren Forschungen legt die Historikerkommission einen Abschlussbericht im Umfang von 14.000 Seiten vor.

28. Februar   Bundespräsident Thomas Klestil vereidigt die neue Koalitionsregierung aus ÖVP und FPÖ.

19. März   Das von der Republik China dem Tiergarten Schönbrunn für Forschungszwecke zur Verfügung gestellte Pandapärchen wird der Öffentlichkeit präsentiert.

20. März   Bei Ausbruch des Irakkrieges erklärt Österreich den Neutralitätsfall für gegeben und sperrt den österreichischen Luftraum.

8. April   Bundeskanzler Wolfgang Schüssel und Außenministerin Benita Ferrero-Waldner erhalten mit Ministerratsbeschluss die Vollmacht zur Unterzeichnung der EU-Beitrittsverträge.

16. April   In Athen werden die Beitrittsverträge mit den zehn neuen EU-Mitgliedern unterzeichnet.

24. April   Die OPEC-Minister treffen in Wien zu einer Krisensitzung wegen des Irakkrieges und der damit verbundenen Folgen zusammen.

29. April   Im Ministerrat wird die Pensionsreform beschlossen.

5. Juni   Österreich beteiligt sich mit fünf Soldaten am EU-Einsatz im Kongo.

11. Juni   Mit den Stimmen der Regierungsparteien wird im Nationalrat die Pensionsreform beschlossen.

20. Juni   Im Nationalrat wird ein Doppelbudget für 2003/2004 beschlossen.

30. Juni   Der Präsident des Rechungshofes Franz Fiedler (*1944) eröffnet den Österreichkonvent. Dieses aus 70 Fachleuten bestehende Gremium soll Vorschläge zur Straffung der Bundesverfassung ausarbeiten.

1. Juli   Der Kaufvertrag für die Anschaffung der Eurofighter wird unterzeichnet.

Alle vier im Parlament vertretenen Parteien einigen sich darauf, das Wahlalter auf 18 Jahre zu senken.

20. Juli   Seitens des israelischen Außenministeriums wird mitgeteilt, dass wieder ein Botschafter nach Österreich entsandt wird.

23. September   Durch das Urteil des Berliner Oberverwaltungsgerichts verliert die österreichische KPÖ endgültig alle Ansprüche auf das Vermögen der Novum GmbH, das laut Urteil der SED gehört habe. Die KPÖ verliert damit etwa 250 Millionen €.

7. Oktober   Im Ministerrat einigen sich die Koalitionsparteien auf die Elternteilzeit.

28. Oktober   Im Ministerrat wird das E-Government-Gesetz beschlossen.

4. November   Anträge der Familie Habsburg auf Restitutionen werden als unzulässig abgewiesen.

20. November   Als erster Konzern der ÖIAG wird Böhler-Uddeholm vollständig privatisiert. Die ÖIAG trennt sich von 25 % der Aktien.

3. Dezember   Der Nationalrat stimmt mit überwältigender Mehrheit der Ratifizierung der Beitrittsverträge der neuen EU-Mitglieder zu, nur zwei Abgeordnete der FPÖ stimmen wegen der ungelösten Frage der Beneš-Dekrete dagegen.

17. Dezember   Der im Dezember 2000 mit 436 Millionen € dotierte Versöhnungsfonds hat bisher 113.877 Zwangs- und Sklavenarbeiter des NS-Regimes entschädigt.

31. Dezember   Der Transitvertrag zwischen Österreich und der EU läuft aus, das Ökopunktesystem wird nicht mehr verlängert.

2004

3. Januar   Die SPÖ nominiert den Zweiten Nationalratspräsidenten Heinz Fischer als Kandidaten für die Bundespräsidentenwahlen.

8. Januar   Im Ministerrat wird beschlossen, das Auslaufen des Transitvertrages vor dem Europäischen Gerichtshof anzufechten.

15. Januar   Die ÖVP nominiert Bundesministerin Benita Ferrero-Waldner als Kandidatin für die Präsidentschaftswahlen im April.

EU-Agrarkommissar Franz Fischler teilt anlässlich der Grünen Woche in Berlin mit, dass er nicht mehr für eine dritte Amtsperiode als EU-Kommissar zur Verfügung stehen werde.

24. Januar   Bundespräsident Thomas Klestil fährt zu einem dreitägigen Staatsbesuch in den Iran. Er sagt österreichische Unterstützung für die von einem Erdbeben heimgesuchte Stadt Bam zu.

10. Februar   Im Ministerrat wird die Elternteilzeit beschlossen.

2. März   Im Ministerrat wird beschlossen, die österreichische Präsenz bei der internationalen Friedenstruppe auf dem Balkan zu erhöhen.

13. März   In Wien stirbt der ehemalige Wiener Erzbischof Kardinal Franz König (1905–2004) im 99. Lebensjahr. Der »Brückenbauer« zwischen den christlichen Kirchen und auch Nichtgläubigen sowie versierter Diplomat der Weltkirche erfreute sich größter Wertschätzung in allen Kreisen der Bevölkerung.

15. März   Das Parteipräsidium der FPÖ beschließt, auf einen eigenen Präsidentschaftskandidaten zu verzichten.

25. April   Bei den Präsidentschaftswahlen bleibt Heinz Fischer mit 52,4% der Stimmen siegreich. Benita Ferrero-Waldner erzielt nur 47,6%. Die Wahlbeteiligung liegt bei nur 70,76%.

29. April   Im Salzburger Landtag wird mit Gabi Burgstaller (*1963) erstmals eine Frau zur Landeshauptfrau von Salzburg gewählt.

13. Juni   Bei den Wahlen zum Europäischen Parlament erreicht die SPÖ 33,5%, die ÖVP 32,7% und die Grünen 12,8%. Die Liste HPM (= Hans Peter Martin, *1957) erzielt 14%, die FPÖ gewinnt nur 6,3%.

17. Juni   Barbara Prammer (*1954) von der SPÖ löst Heinz Fischer als Zweite Nationalratspräsidentin ab.

24. Juni   Der Hauptausschuss des Nationalrates nominiert den FPÖ-Kandidaten Josef Moser (*1955) als neuen Rechnungshofpräsidenten.

7. Juli   Wenige Stunden vor Ende seiner offiziellen Amtszeit stirbt Bundespräsident Thomas Klestil.

8. Juli   Der neu gewählte Bundespräsident Heinz Fischer wird durch die Bundesversammlung vereidigt.

23. Juli   Der österreichische Mineralölkonzern OMV übernimmt um 1,4 Milliarden Euro 51% der rumänischen Erdölfirma Petrom.

27. Juli   Bundeskanzler Wolfgang Schüssel teilt mit, dass die derzeitige Außenministerin Benita Ferrero-Waldner ab November neue EU-Kommissarin wird.

28. Juli   Auf Wunsch von Visitator Klaus Küng (*1940) und des Papstes darf Bischof Kurt Krenn keine Interviews mehr geben. Wegen einer Sex- und Kinderpornoaffäre im Priesterseminar ist es zur Bestellung des Visitators gekommen.

11. August   Der Hauptausschuss des Nationalrates nominiert offiziell Benita Ferrero-Waldner als neue EU-Kommissarin.

3. Oktober   Der letzte Herrscher der Habsburgermonarchie Karl I. wird von Rom selig gesprochen.

7. Oktober   Der Vatikan nimmt den Rücktritt von Bischof Kurt Krenn an, zu seinem Nachfolger wird der bisherige Vorarlberger Bischof Klaus Küng bestellt.

20. Oktober   Ursula Plassnik (*1956) wird als neue Außenministerin vereidigt.

6. Dezember   Die Schiedsinstanz für Naturalrestitutionen beschließt, dass die Familie Habsburg-Lothringen keine früheren Vermögenswerte aus dem Besitz des Bundes und der Stadt Wien restituiert bekommt. Gegen diese Entscheidung gibt es kein Rechtsmittel.

9. Dezember   Im Nationalrat wird das neue Sicherheitspolizeigesetz beschlossen, das eine Vereinigung von Polizei und Gendarmerie zu einem einheitlichen Wachkörper vorsieht.

17. Dezember   In der Residenz des schwedischen Botschafters in Wien wird der österreichischen Literatin Elfriede Jelinek (*1946) der Literatur-Nobelpreis überreicht.

26. Dezember   Ein Tsunami im Indischen Ozean verheert zahlreiche Küsten Ostasiens. Unter den Opfern befinden sich auch Österreicher, 75 von ihnen können im Laufe des Jahres identifiziert werden. Österreich hilft den Katastrophenopfern durch den Wiederaufbau von Dörfern an der Küste, vorwiegend in Sri Lanka.

2005

Der Entschädigungsfonds leistet auf Grund des Washingtoner Abkommens aus 2001 erste Entschädigungszahlungen an NS-Opfer.

10. Januar   In Fortsetzung der Privatisierung werden die noch im Staatsbesitz befindlichen 14,7% der VA-Tech um 120 Millionen an Siemens verkauft.

28. Januar   Der Österreich-Konvent beendet seine Arbeit ohne einheitlichen Schlussbericht.

14. Februar   Bei einem Bildungsgipfel erklärt Bundesministerin Elisabeth Gehrer (*1942), für die Abschaffung der Zweidrittelmehrheit beim Beschluss von Schulgesetzen stimmen zu wollen.

4. April   Eine Gruppe innerhalb der FPÖ um Ursula Haubner (*1945) trennt sich von der FPÖ und bildet das BZÖ (= Bündnis Zukunft Österreich).

5. April   Die ÖVP erklärt, nach Abtrennung des BZÖ von der FPÖ, mit dem BZÖ die Koalition fortsetzen zu wollen.

13. April   Der Verfassungsgerichtshof lehnt eine Klage der Familie Habsburg auf Rückgabe des 1919 enteigneten Vermögens aus Formalgründen ab.

14. April   Für eine Ausstellung zum Staatsvertragsjubiläum kommt das Original des Vertrages aus dem Moskauer Archiv nach Wien.

17. April   Gründungskonvent des BZÖ: Landeshauptmann Jörg Haider wird zum Parteiobmann gewählt.

23. April   Mit Heinz-Christian Strache (*1969) erhält die FPÖ einen neuen Parteiobmann.

Mai   Durch die Fusion der deutschen Hypovereinsbank und der italienischen UniCredit gelangt auch die Bank Austria-

Creditanstalt, eine Tochter der Hypovereinsbank, unter italienische Fittiche.

11. Mai   Der Nationalrat ratifiziert die EU-Verfassung mit nur einer Gegenstimme, die von der FPÖ-Abgeordneten Barbara Rosenkranz (*1958) abgegeben wird.

24. Mai   Im Ministerrat werden die Eckpunkte der Heeresreform beschlossen. Das Bundesheer wird verkleinert, ab Januar 2006 dauert der Präsenzdienst nur mehr sechs Monate, der Zivildienst wird auf neun Monate reduziert.

27. Mai   Die israelitische Kultusgemeinde erhält von der Republik Österreich 18,2 Millionen Euro als Entschädigung für Verluste während der NS-Zeit.

7. Juni   Verteidigungsminister Günther Platter (*1954) kündigt an, an 53 Standorten Liegenschaften des Bundesheeres zu schließen und sie in der Folge zu verkaufen.

30. Juni   Die frühere SPÖ-Staatssekretärin für Europafragen und Finanzstadträtin von Wien Brigitte Ederer (*1956) wird Chefin von Siemens Österreich.

18. Oktober   Die BAWAG PSK liefert einen der größten Kreditskandale der österreichischen Bankengeschichte. Auslösendes Moment dafür ist die Pleite der US-Börsenfirma Refco, zu deren Hauptgläubigern die BAWAG gehört. Die Finanzmarktaufsicht leitet eine Untersuchung ein.

20. Oktober   Raiffeisen International erwirbt für 1,028 Milliarden Dollar die ukrainische Aval-Bank, damit ist Raiffeisen Marktführer in diesem Land.

4. November   Als Folge der steirischen Landtagswahlen verliert die Bundesregierung die Mehrheit im Bundesrat, nunmehr verfügen SPÖ und Grüne über 32 der 62 Sitze. Damit könnte der Bundesrat das Inkrafttreten von Gesetzen verzögern.

17. November   Der rechtsextreme britische Historiker David Irving (*1938) wird in der Steiermark festgenommen. Ihm droht ein Verfahren wegen Wiederbetätigung.

24. November   Ewald Nowotny wird zum neuen Generaldirektor der BAWAG bestellt.

13. Dezember   Der Ministerrat beschließt offiziell Rechtssicherheit im Zusammenhang mit den NS-Entschädigungen.

2006

1. Januar   Österreich übernimmt für ein halbes Jahr den Vorsitz der Europäischen Union.
Bundespräsident Heinz Fischer fordert in seiner Neujahrsansprache die Umsetzung des Urteils des Verfassungsgerichtshofes hinsichtlich der zweisprachigen Ortstafeln in Kärnten.

12. Januar   Der Ministerrat beauftragt die Staatsholding ÖIAG, 49% der Postanteile auf den Markt zu bringen.

20. Februar   Der britische Historiker und Holocaust-Leugner David Irving wird in Wien zu drei Jahren unbedingter Haft verurteilt.

24. März   Der ÖGB-Finanzchef Günter Weninger (*1940) teilt mit, dass die BAWAG Ende 2000 einen Verlust von einer Milliarde Euro hinnehmen musste. Nur eine Garantie des ÖGB habe damals der Bank eine ordentliche Bilanzierung erlaubt.

27. März   Der Präsident des ÖGB Fritz Verzetnitsch (*1945) tritt zurück. Am selben Tag werden vier Vorstandsdirektoren der BAWAG abgesetzt, die Finanzmarktaufsicht erstattet eine Anzeige.

30. März   Der Vorstand des Österreichischen Gewerkschaftsbundes (ÖGB) beschließt, die BAWAG zu verkaufen.

30. April   Wegen der im BAWAG-Skandal ans Licht gekommenen Tatsachen wird ÖGB-Boss Fritz Verzetnitsch vom ÖGB fristlos entlassen. Er bringt dagegen Klage vor dem Arbeitsgericht ein.

1. Mai   Bei einem mehrstündigen Krisengipfel im Bundeskanzleramt zum BAWAG-Skandal beschließt die Bundesregierung eine Garantie in der Höhe von 900 Millionen €. Der Beschluss des Nationalrates dazu erfolgt am 8. Mai.

11. Mai   In Wien versammeln sich 60 Staats- und Regierungschefs zum EU-LAK(=Lateinamerika)-Gipfel.

13. Mai   Das Oberhaupt der Tibeter, der Dalai Lama (*1935), legt in Hüttenberg in Kärnten den Grundstein für ein Tibet-Zentrum.

22. Mai   Das BZÖ nominiert Peter Westenthaler als Spitzenkandidaten für die bevorstehende Nationalratswahl.

1. Juni   Die BAWAG erzielt eine Einigung mit den Gläubigern des Brokerhauses Refco. Mit einer Zahlung von 675 Millionen Dollar kauft sich die Bank von Klagsrisiken frei und ebnet damit den Weg für den Verkauf des Instituts.

20. Juni   Zu einem Gipfelgespräch zwischen EU und USA trifft auch Präsident George W. Bush in Wien ein. Der Besuch wird von extremen Sicherheitsmaßnahmen begleitet.

5. Juli   Finanzminister Karl Heinz Grasser gibt bekannt, dass die Kosten für die österreichische EU-Präsidentschaft 86,5 Millionen betragen.

24. Juli   Unter dem Vorsitz des UN-Chefverhandlers Martti Ahtisaari verhandeln serbische und kosovarische Spitzenpolitiker erstmals in Wien.

14. September   Der Ex-BAWAG-Generaldirektor Helmut Elsner (*1935) wird in Frankreich verhaftet.

25. September   Justizministerin Karin Gastinger (*1964) verlässt mitten im Nationalratswahlkampf das BZÖ, weil sie dessen Ausländerpolitik nicht mittragen will.

1. Oktober   Bei den Nationalratswahlen siegt die SPÖ mit 35,3% der Stimmen, die ÖVP fällt mit 34,3% auf Platz zwei. Erstmals landen die Grünen mit 11% bei einer Wahl auf Platz drei.

11. Oktober   Bundespräsident Heinz Fischer beauftragt Alfred Gusenbauer von der SPÖ mit der Bildung einer Regierung.

30. Oktober   Barbara Prammer von der SPÖ wird zur Präsidentin des Nationalrates gewählt.

30. Dezember   Die BAWAG PSK wird um 3,2 Milliarden € an den US-Fonds Cerberus und ein österreichisches Bieterkonsortium verkauft.

2007

8. Januar   Drei Monate nach der Wahl einigen sich SPÖ und ÖVP auf eine Koalition, Alfred Gusenbauer wird Bundeskanzler.

11. Januar   Die neue Bundesregierung wird vereidigt. Infolge Unzufriedenheit in den Reihen der SPÖ wegen Nichteinhaltung von Wahlversprechen, etwa die Aufhebung der Studiengebühren, kommt es zu lautstarken Protesten, als sich die Bundesregierung zum Bundespräsidenten begibt.

1. März   Die Regierung einigt sich auf das Doppelbudget für 2007/2008; am 29. März präsentiert Finanzminister Wilhelm Molterer das Budget im Parlament.

2. März   Die letzte Runde der Kosovo-Gespräche endet in Wien ohne Ergebnisse. Sowohl Belgrad als auch Priština beharren auf ihren Standpunkten.

5. April   Österreich erhält von 2007 bis 2013 1,46 Milliarden € Förderungen von der EU; das sind 469 Millionen € weniger an Regionalförderungen. Ursache der Kürzungen ist die Tatsache, dass das Burgenland nicht mehr Ziel-1-Gebiet ist.

2. Mai   Im Ministerrat wird beschlossen, das Wahlalter von 18 auf 16 Jahre zu senken.

26. Juni   Verteidigungsminister Norbert Darabos (*1964) senkt ohne Zustimmung des Koalitionspartners ÖVP die Anzahl der Abfangjäger von 18 auf 15 Stück.

3. Juli   Mit Ingela Brunner wird erstmals eine Frau Rektorin an der Universität für Bodenkultur.

12. Juli   Der erste von 15 Abfangjägern landet in Zeltweg in der Steiermark.

13. Juli   Der Staatsschuldenausschuss teilt mit, dass das Budgetdefizit für 2006 mit 1,1 % deutlich unter den Erwartungen geblieben ist.

16. Juli   In Wien beginnt der BAWAG-Prozess, es wird gegen neun Personen verhandelt, u. a. Helmut Elsner, Wolfgang Flöttl (*1955) und Günther Weninger.

23. August   Im Schönbrunner Tiergarten wird ein Pandababy geboren.

7. September   Papst Benedikt XVI. (*1927) hält sich für drei Tage in Österreich auf. Anlass ist der 850. Jahrestag der Gründung des Marienwallfahrtsortes Mariazell in der Steiermark.

10. Oktober   Bund und Länder einigen sich auf einen neuen Finanzausgleich.

17. Oktober   Der neue BAWAG-Vorstand beschließt den Verkauf der Tochterunternehmungen in der Slowakei und in Tschechien. Beide Banken haben gemeinsam einen Buchwert von 230 Millionen Euro.

26. Oktober   In Linz im Mariendom wird Franz Jägerstätter (1907–1944), Wehrdienstverweigerer während des NS-Regimes und deshalb hingerichtet, selig gesprochen.

9. November   SPÖ und ÖVP beschließen im Hauptausschuss des Nationalrates, österreichische Soldaten im Rahmen einer EU-Mission in den Tschad zu entsenden.

16. Dezember Bundespräsident Heinz Fischer und Verteidigungsminister Norbert Darabos beginnen einen Besuch bei den österreichischen Soldaten am Golan.

21. Dezember Der neue BAWAG-Eigentümer Cerberus verkauft die Klaviermanufaktur Bösendorfer an den japanischen Konzern Yamaha, angeblich um 15 Millionen Euro. Die Japaner geben eine Standortgarantie ab.

2008

11. Januar Die Koalitionsregierung einigt sich bei ihrer Klausur über drei anstehende Themen: Bei illegalen Pflegern, die rückwirkend angemeldet werden, wird auf Rückforderungen verzichtet. Die so genannte »Hacklerregelung«, die es Schwerarbeitern ermöglicht, früher in Pension zu gehen, wird bis 2013 verlängert. Sexualverbrecher sollen in einer speziellen Kartei erfasst werden.

16. Januar Im BAWAG-Prozess legt Wolfgang Flöttl ein Teilgeständnis ab, was die übrigen ehemaligen Vorstandsmitglieder schwer belastet.

20. Februar Österreich anerkennt den Kosovo als unabhängigen Staat.

25. Februar Zum ersten Mal erhält ein österreichischer Film einen Oscar: Die deutsch-österreichische Coproduktion »Die Fälscher«, in der Regie von Stefan Ruzowitzky (*1961), wird mit der begehrten Trophäe als bester fremdsprachiger Film ausgezeichnet.

26. Februar Verteidigungsminister Norbert Darabos verabschiedet ein Kontingent österreichischer Soldaten, das im Tschad eingesetzt werden wird.

10. März Bundespräsident Heinz Fischer ruft die Spitzen der Bundesregierung zu einem Krisentreffen in die Hofburg und mahnt sie zur Zusammenarbeit.

29. März In Wien demonstrieren Tausende gegen den EU-Reformvertrag von Lissabon. Einer der wichtigsten Initiatoren dieser Kundgebung ist Hans Dichands (*1921) »Kronen-Zeitung«.

4. April Bundeskanzler und SPÖ-Parteiobmann Alfred Gusenbauer richtet angesichts der zunehmenden innerparteilichen Kritik an seiner Amtsführung einen offenen Brief an

alle Parteimitglieder, in dem er die Berechtigung der Kritik einräumt.

9. April   Im Nationalrat wird der Beschluss über die Ratifizierung des EU-Reformvertrages gefasst.

11. Mai   Im Rahmen einer zehntägigen Südamerikareise trifft Bundeskanzler Alfred Gusenbauer in Brasilien ein. Er ist der erste österreichische Bundeskanzler, der dieses lateinamerikanische Land besucht.

16. Juni   Der wegen Nichteinhaltung von Wahlversprechen und unglücklicher Äußerungen zunehmend ins Kreuzfeuer der innerparteilichen Kritik geratene Bundeskanzler Alfred Gusenbauer wird in einer Präsidiumssitzung der SPÖ von der Funktion des Parteiobmannes abgelöst. An seine Stelle tritt Infrastrukturminister Werner Faymann (*1960) als geschäftsführender Obmann. Er muss sich am 9. Oktober beim Bundesparteitag der Wahl stellen.

26. Juni   Bundeskanzler Alfred Gusenbauer und geschäftsführender Parteiobmann Werner Faymann teilen in einem Brief an den Herausgeber der »Kronen Zeitung« mit, dass künftig Vertragsänderungen auf europäischer Ebene durch eine Volksabstimmung entschieden werden sollen. Dies ist eine qualitativ bedeutende Richtungsänderung der SPÖ in der Europapolitik.

27. Juni   Als Nachfolgerin von Innenminister Günther Platter, der das Amt des Tiroler Landeshauptmannes übernommen hat, wird Maria Fekter (ÖVP, *1956), bisher Volksanwältin, von der ÖVP nominiert. Ihre Vereidigung erfolgt am 1. Juli.

Redaktionsschluss: 30. Juni 2008

Personenregister

Abdulhamid II., Sultan 1905
Acheson, Dean G. 1952
Adler, Friedrich 1916
Adler, Victor 1882, 1886, 1888, 1916
Ahrer, Jakob 1926
Ahtisaari, Martti 2000, 2006
Akihito, Kaiser von Japan 2002
Albrecht, Erzherzog von Österreich 1851, 1860, 1866
Alexander I., Zar von Russland 1805, 1815, 1821
Alexander II. 1872, 1876
Alexander III. 1881
Altmann, Karl 1947
Andrássy, Gyula Graf, der Ältere 1867, 1871, 1876, 1879
Andrássy, Gyula Graf, der Jüngere 1918
Androsch, Hannes 1975, 1980, 1981, 1988
Annan, Kofi 1999
Antonescu, Mihail 1943
Apponyi, Graf 1875
Arafat, Jassir 1979
Assad, Hafez al- 1994
Auersperg, Adolf Carl Daniel Fürst 1871, 1879
Auersperg, Carlos Wilhelm Fürst 1868
Außerer, Karl 1886
Austerlitz, Friedrich 1927

Bach, Alexander Freiherr von 1849, 1852, 1859
Badeni, Kasimir Graf 1895, 1896, 1897
Baillet, Theodor Graf von Latour 1848
Baldacci, Anton Freiherr von 1829
Bartenstein, Martin 2002
Battenberg, Alexander von 1889
Battisti, Cesare 1916
Bauer, Franz 1977

Bauer, Otto 1918, 1919, 1926
Baumann, Oskar 1892
Beck, Ludwig 1938
Beck, Max Wladimir Freiherr von 1906, 1908
Beethoven, Ludwig van 1827
Belcredi, Richard Graf 1867
Bell, Graham 1881
Benedek, Ludwig August Ritter von 1860, 1866
Benedikt XVI. 2007
Beneš, Edvard 1918, 1935
Berchtold, Leopold Graf 1912
Bernardis, Robert 1944
Bettauer, Hugo 1925
Beust, Friedrich Ferdinand Freiherr von 1867
Biedermann, Karl 1945
Bienerth-Schmerling, Richard Graf 1908, 1909, 1911
Bierlein, Brigitte 2002
Bismarck, Otto von 1863, 1865, 1876, 1878
Blagodatow, Alexej 1945
Blecha, Karl 1989
Blomberg, Werner von 1937
Blome Gustav Graf 1865
Borodajkewycz, Taras 1965, 1966
Brandl, Franz 1933
Breisky, Walter 1922
Breitner, Burghard 1951
Brentano, Heinrich von 1958
Breschnew, Leonid 1979
Briand, Aristide 1926
Brockdorff-Rantzau, Ulrich Graf 1919
Broda, Christian 1987
Bruck, Karl Ludwig Freiherr von 1860
Brunner, Ingela 2007
Brussilow, Alexei 1916
Buber, Martin 1942
Bubna, Ferdinand Graf 1821

Fey, Emil 1931, 1932, 1933, 1934, 1935
Fiala, Gottlieb 1951
Fiedler, Franz 2003
Figl, Leopold 1945, 1951, 1952, 1954, 1955, 1958, 1959, 1960, 1961
Finz, Alfred 2002
Fischer, Ernst 1953
Fischer, Heinz 1999, 2004, 2006, 2007, 2008
Fischler, Franz 1995, 1999, 2004
Flemming, Marlies 1989
Flotow, Ludwig Freiherr von 1918
Flöttl, Wolfgang 2007, 2008
Ford, Gerald 1975
Frank, Felix 1923
Frank, Hans 1933
Franz Ferdinand, Erzherzog von Österreich 1896, 1900, 1906, 1908, 1913, 1914
Franz II. (I., Kaiser) 1804, 1805, 1806, 1807, 1809, 1810, 1812, 1815, 1821, 1823, 1829, 1832, 1833, 1835, 1837, 1859
Franz Joseph I., Kaiser 1848, 1849, 1850, 1852, 1853, 1854, 1859, 1860, 1863, 1865, 1867, 1868, 1869, 1871, 1872, 1875, 1876, 1881, 1884, 1885, 1890, 1894, 1895, 1896, 1897, 1903, 1907, 1908, 1910, 1911, 1914, 1916
Franz Karl, Erzherzog von Österreich 1824
Freihsler, Johann 1971
Fried, Alfred Hermann 1911
Friedjung, Heinrich 1882, 1909
Friedrich Wilhelm III., König von Preußen 1815, 1819
Friedrich Wilhelm IV., König von Preußen 1833
Friedrich, Erzherzog von Österreich 1916
Frimont, Johann Maria Graf Palato 1821, 1831
Frisch, Karl von 1973
Frischenschlager, Friedhelm 1985
Frowein, Jochen 2000
Fuchs, Franz 1997, 1999, 2000

Gaddhafi, Muammar al- 1982
Gastinger, Karin 2006
Gautsch, Paul Freiherr von Frankenthurn 1897, 1898, 1905, 1906, 1911
Gehrer, Elisabeth 2005
Gentz, Friedrich 1809
Georg VI. 1937
Gerharter, Hermann 1995, 1999
Ghega, Karl Ritter von 1854
Glaise-Horstenau, Edmund 1936, 1937
Gleißner, Heinrich 1951
Globocnik, Odilo 1939
Gmeiner, Hermann 1951
Goebbels, Joseph 1932, 1940
Goluchowski, Agenor Graf 1895
Gorbach, Alfons 1960, 1961, 1963, 1964, 1965
Göring, Hermann 1937, 1938
Gortschakow, Alexander Fürst 1876
Grasser, Karl Heinz 2000, 2001, 2002, 2003, 2006
Gratz, Leopold 1989
Greene, Graham 1950
Gregor XVI., Papst 1831
Grillparzer, Franz 1827, 1845
Grocholski, Kasimir Ritter von 1871
Groer, Hans Hermann 1986, 1995, 1998
Gruber, Karl 1946, 1947, 1952, 1953
Guterres, António 2000
Gürtler, Alfred 1922
Gusenbauer, Alfred 2000, 2006, 2007, 2008

Habicht, Theo 1933
Habsburg-Lothringen, Otto 1938, 1942, 1958, 1961, 1963, 1965, 1967
Haider, Jörg 1986, 1991, 1993, 2000, 2001, 2005
Hainisch, Ludovika 1951
Hainisch, Marianne 1924
Hainisch, Michael 1920, 1924, 1928
Hansen, Theophil 1883
Harrer, Heinrich 1938
Hartmann, Eduard 1960
Hartmann, Otto 1940, 1947

Klasnic, Waltraud 1996
Klaus, Josef 1963, 1964, 1966
Klecatsky, Hans 1983
Klestil, Thomas 1992, 1994, 1995,
  1997, 1998, 1999, 2000, 2001,
  2002, 2003, 2004
Klima, Viktor 1997, 1999, 2000
Koerber, Ernest von 1900, 1904,
  1905, 1916
Kohout, Pavel 1979
Kollmann, Josef 1926
Kolowrat, Franz Anton Graf Lieb-
  steinsky 1826
König, Franz 2004
Koren, Stephan 1968, 1978
Körner, Theodor 1923, 1945, 1950,
  1951, 1957
Kossuth, Lajós 1848
Kramař, Karl 1917
Krauland, Peter 1948, 1954
Kraus, Herbert 1949
Kraus, Karl 1899, 1927
Krawarik, Johannes 1938
Kreisky, Bruno 1936, 1959, 1963,
  1967, 1970, 1971, 1974, 1976,
  1983, 1990
Krenn, Kurt 1987, 1991, 1998, 2004
Kronawetter, Ferdinand 1886
Kuhn, Richard 1938
Kun, Béla 1928
Küng, Klaus 2004
Kunschak, Leopold 1892, 1929,
  1932, 1934, 1944, 1945
Kurassow, Wladimir 1946
Kutschera, Franz 1941

Lamberg, Franz Philipp Graf 1848
Lamezan-Salins, Eduard Graf 1881
Lammasch, Heinrich 1918
Landsteiner, Karl 1930
Landwehr, Ottokar 1918
Lasalle, Ferdinand 1868
Lashofer, Clemens 1998
Lászlo, Stefan 1960
Lebrun, Albert 1939
Lederer, Karl 1940, 1944
Lehár, Anton 1921
Lenin, Wladimir Iljitsch 1913
Leodolter, Ingrid 1972

Leopold II., Kaiser 1860
Lexa, Alois Graf von Aehrenthal
  1906, 1908, 1912
Li, Peng 1994
Lie, Trygve 1952
Liebitzky, Emil 1936
Ligne, Charles Joseph Fürst de
  1814
Lloyd George, David 1918
Loewi, Otto 1936
Lorenz, Konrad 1973, 1985
Löschnak, Franz 1989
Lueger, Karl 1887, 1895, 1896, 1897,
  1909, 1910
Lugmayr, Karl 1923
Lütgendorf, Karl 1971, 1977

Mack, Karl Freiherr von 1805
Mackensen, Hans Georg von 1939
Macmillan, Harold 1955
Mahdi 1895
Mailath, Georg Graf 1865
Makart, Hans 1879
Mannlicher, Eduard Ritter von 1886
Maria Louise, Erzherzogin von
  Österreich 1810, 1814, 1821, 1831,
  1832, 1845, 1940
Maria Theresia, Erzherzogin von
  Österreich, Königin von Ungarn
  und Böhmen 1821
Marogna-Redwitz, Rudolf 1944
Martin, Hans Peter 2004
Masaryk, Tomaš Garrigue 1918
Maschin, Draga, Königin von
  Serbien 1903
Mataja, Viktor 1910, 1917
Matsch, Franz 1959
Maximilian, Erzherzog von Öster-
  reich 1863, 1867
Mayr, Michael 1920, 1921
Mečiar, Vladimir 1995
Mehmet Ali, Vizekönig von Ägyp-
  ten 1840
Meinl, Julius 1915
Meir, Golda 1973
Metternich, Clemens Wenzel Lothar
  Fürst 1806, 1809, 1810, 1813,
  1814, 1817, 1819, 1820, 1821,
  1826, 1829, 1848, 1859

Putin, Vladimir 2002
Puzyna, Jan 1903

Raab, Julius 1929, 1930, 1953, 1955, 1959, 1960, 1961
Radetzky, Johann Josef Wenzel Graf von Radetz 1813, 1831, 1836, 1849, 1853, 1858
Rainer, Erzherzog von Österreich 1860
Rainer, Friedrich 1940, 1941
Ramek, Rudolf 1924, 1926
Rampolla, Mariano 1903
Raschke, Rudolf 1945
Rašin, Alois 1917
Reagan, Ronald 1982, 1983
Reder, Walter 1985
Redl, Alfred 1913
Reichhold, Mathias 2002
Reimann, Viktor 1949
Renner, Karl 1918, 1919, 1928, 1938, 1945, 1949, 1950
Resch, Josef 1933
Rieder, Sepp 2001
Riegler, Josef 1989
Riess-Passer, Susanne 2000
Rintelen, Anton 1921, 1934, 1935
Röhm, Ernst 1932
Roosevelt, Franklin D. 1945
Roosevelt, Theodore 1910
Rosenkranz, Barbara 2005
Rost, Meinoud van Tonningen 1931, 1936
Rothschild, Louis Nathaniel 1931
Rothschild, Salomon von 1836
Rothstock, Otto 1925
Rudolf, Erzherzog von Österreich, Kronprinz 1881, 1889, 1896
Ruzowitzky, Stefan 2008

Sadat, Anwar as- 1975, 1978
Salcher, Herbert 1981, 1984
Sampaio, Jorge 2000
Scalfaro, Oscar Luigi 1998
Schärf, Adolf 1945, 1953, 1957, 1963, 1965
Schaumayer, Maria 1990, 2000
Scheel, Gustav 1941
Schieder, Peter 2002

Schindler, Franz Martin 1891
Schirach, Baldur von 1940, 1942, 1944
Schlegel, Julius1943
Schlick, Moritz 1936
Schlögl, Karl 1997
Schmerling, Anton Ritter von 1861, 1865
Schmidt, Guido 1936, 1937, 1947
Schmidt, Heide 1993
Schober, Johannes 1921, 1922, 1927, 1929, 1930, 1931, 1932
Scholz, Karl Roman 1938, 1940, 1944, 1947
Schönborn, Christoph 1995
Schönerer, Georg Ritter von 1882, 1888
Schröder, Gerhard 2001
Schrödinger, Erwin 1933
Schuschnigg, Kurt 1930, 1933, 1934, 1935, 1937, 1938, 1947
Schüssel, Wolfgang 1995, 1997, 1999, 2000, 2001, 2002, 2003
Schwarzenberg, Felix Fürst zu 1849, 1851, 1852
Schwarzenberg, Karl Philipp Fürst zu 1812, 1813
Schwimmer, Walter 1999
Sedlnitzky, Josef Graf 1817
Seidler, Ernst von Feuchtenegg 1917, 1918
Seipel, Ignaz 1920, 1922, 1923, 1924, 1926, 1927, 1929
Seitz, Karl 1919, 1944
Sekanina, Karl 1985
Senn Franz 1869
Sever, Albert 1928
Seyß-Inquart, Arthur 1937, 1938, 1940, 1946
Sikorski, Władysław 1942
Sinowatz, Fred 1972, 1983, 1984, 1985, 1986, 1990
Sixtus von Bourbon-Parma 1917
Skorzeny, Otto 1943
Skubl, Michael 1937
Slatin, Rudolf 1895
Solana, Javier 1997, 2002
Solbes, Pedro 2001
Sophie von Bayern 1824

PERSONENREGISTER

Staber, Johann 1970
Stadion, Franz Graf 1849
Stadion, Johann Philipp Reichsgraf 1805, 1807, 1809
Stalin, Josef 1913, 1941, 1942, 1945, 1947
Staps, Friedrich 1809
Starhemberg, Ernst Rüdiger 1930, 1931, 1933, 1934, 1935, 1936
Steidle, Richard 1920, 1930, 1931
Steiner, Ludwig 1989
Stephan Viktor, Erzherzog von Österreich 1848
Stephanie von Belgien 1881
Steyrer, Kurt 1985
Strache, Heinz-Christian 2005
Straffner, Sepp 1933
Streeruwitz, Ernst Streer von 1929
Stremayer, Karl von 1879
Stresemann, Gustav 1926
Strobach, Josef 1896, 1897
Stürgkh, Karl Reichsgraf 1911, 1916
Suchripa, Ernst 2000, 2001
Suttner, Bertha von 1889, 1905
Suvich, Fulvio 1934
Széchenyi, István Graf 1825
Szokoll, Carl 1945

Taaffe, Eduard Graf 1867, 1868, 1879, 1893
Taus, Josef 1979
Tavs, Leopold 1937
Tegetthoff, Wilhelm von 1864, 1866
Thaler, Andreas 1926, 1931
Theiß, Siegfried 1932
Thun-Hohenstein, Franz Anton Graf 1898, 1899
Thun-Hohenstein, Leo Graf 1848, 1849
Tinbergen, Nikolaas 1973
Tisza, István Graf 1913, 1917
Tito, Josip (eigentlich Josip Broz) 1943
Tolbuchin, Fjodor 1945
Tončić-Sorinj, Lujo 1969
Truman, Harry S. 1945
Ude, Johannes 1951

Uiberreither, Siegfried 1940, 1941

Van der Bellen, Alexander 2003
Vas, Michael 1931
Vaugoin, Carl 1930, 1933
Verheugen, Günter 2001
Verzetnitsch, Fritz 1987, 1999, 2006
Veselsky, Ernst Eugen 1977
Vetsera, Baronesse Mary 1889
Viehböck, Franz 1991
Viktor Emanuel I., König von Sardinien 1821
Viktor Emanuel II., König von Sardinien 1849, 1859
Vranitzky, Franz 1986, 1987, 1988, 1990, 1991, 1994, 1995, 1997

Wagner-Jauregg, Julius 1925, 1927
Waitz, Sigismund 1930
Waldheim, Kurt 1969, 1971, 1973, 1975, 1976, 1979, 1985, 1986, 1987, 1988, 1990
Wallack, Franz 1930, 1935
Weber, Johann 1998
Weiskirchner, Richard 1907
Weisz, Robert 1977
Wekerle, Alexander Graf 1917
Weninger, Günter 2006, 2007
Werfel, Franz 1918
Westenthaler, Peter 2000, 2002, 2006
Weyprecht, Karl 1872
Wiesenthal, Simon 1987
Wilczek, Hans Graf 1881
Wildgans, Anton 1942
Wildgans, Friedrich 1942
Wildhaber, Luzius 2000
Wilhelm I., Kaiser 1860, 1871, 1872, 1881, 1888
Wilhelm II., Kaiser 1918
Wilson, Thomas Woodrow 1918, 1919
Windischgraetz, Alfred Fürst zu 1848
Windischgrätz, Alfred Fürst zu 1893, 1895
Winkler, Ernst 1927
Winkler, Franz 1931
Withalm, Hermann 1960

Wittek, Heinrich 1899

Zach, Hilde 2002
Zeilinger, Gustav 1977
Zeman, Miloš 2000, 2001
Zernatto, Christof 1991

Zilk, Helmut 1993
Zimmermann, Alfred 1922, 1926
Zita von Bourbon-Parma 1911,
    1921, 1982, 1989
Zsigmondy, Richard 1925
Zweig, Stefan 1942